친밀감의 딜레마

친밀감의 딜레마

〈 L 박사의 심리치료 이야기 〉

Schopenhauer's Porcupines
Intimacy And Its Dilemmas

데보라 안나 루에프니츠 지음 | 이기련 옮김

학지사

역자

서문

　심리상담(혹은 심리치료)을 받기 위해 문의전화를 하시는 분들 중 종종 '상담에서 무엇을 하나요?'라고 묻는 경우가 있다. 구조화된 프로그램이 아닌 열린 방식의 소위 '대화치료'를 하는 많은 다른 상담자분들은 이 질문에 어떻게 답변을 할까 궁금해지곤 한다. 만약 '자신의 이야기를 합니다.'라는 식의 답을 하면 '내 이야기는 친구들에게도 많이 하는데요.'라는 반응이 돌아올 때도 있다. 예비 내담자들은 물을 수 있지만, 심리상담의 구체적인 과정을 한마디 말로 소개하기는 늘 어렵다고 느낀다.

　이 책은 상담을 받고자 하는 분들이 궁금해할 만한 질문들, '상담에서 무엇을 할까?' 더 구체적으로는 '말을 하는데 어떻게 치료가 될까?'라는 질문에 답을 줄 수 있는 책이다. 상담은 말로 이루어진다. 우리 생활의 많은 부분이 언어를 매개체로 하듯 상담도 언어화 작업을 바탕으로 진행된다. 자신에 관해 말로 표현할 수 있는 모든 것—경험, 행동, 생각, 감정, 지각, 감각, 환상 등등—이 언어화의 자료가 되며, 상담 공간에서 언어화된 내용은 내담자와 상담자의 치료적 소통의 통로가 된다. 상담자는 대개 이 분야의 전문적인 교육을 받은 잘 훈련된 사람으로, 자신의 모든 감각을 동원해 내담자의 말을 경청하고 내담자를 이해하고자 하며 상담 공간에서 감지되는 모든 자료를 내담자의 치료적 변화를 위해 활용한다. 상담 작업은 연속적인 소통의 과정이라 할 수 있으며, 이 소통은 오로지 내담자만을 위한 특별한 형태의 소통이다. 이 과정은 입체적이고 역동적이며 개인마다 다르게 진행된다.

이 책은 이러한 소통이 어떻게 변화를 가져오는지를 저자가 경험한 실제 사례를 통해 보여 주고 있다. 치료자가 내담자(이 책에서는 환자)를 처음 만나는 순간부터 종결의 시간에 이르기까지 상담의 전 과정이 마치 옆에서 지켜보듯 생생하게 묘사되어 있어서, 독자들은 어떤 소통과 상호작용을 거치며 작업이 진행되는지를 세세하게 살펴볼 수 있다. 또한 저자는 치료 과정의 단계마다 그 배경이 되는 이론적 설명들을 곁들이고 있어서 실제 상황에서 이론이 어떻게 녹아드는지 체험적으로 보여 주고 있다. 치료 과정과 관련된 이야깃거리들 또는 저자의 개인적인 단상들도 이 책을 더욱 풍성하게 만들어 주는 것 같다.

심리 상담이 낯선 독자들은 이 책을 통해 말을 하는 치료가 어떤 것인지를 살펴볼 수 있는 좋은 기회를 갖게 될 것이다. 다만 역자의 개인적 노파심에서, 모든 상담이 이 책의 사례들처럼 진행되지는 않으리라는 말을 덧붙이고 싶다. 개개 상담의 과정이 어떠하든 상담자와의 만남이 지속되다 보면, 내담자는 어느 순간 자신이 처음과는 다른 자리에 와 있음을 발견하게 될 것이다. 또한 숙련된 치료자가 직접 진행한 치료 사례의 전 과정을 임상 현장에서 접할 수 있는 기회가 매우 드물다는 점에서, 이 분야를 공부하거나 종사하고 있는 분들에게도 이 책이 또 다른 배움의 기회를 제공해 주리라 생각한다. 이 책이 20여 년 전에 출간되었고, 제시되는 사례가 진행된 시기는 더 이전으로 거슬러 올라가기 때문에 현재와는 시대적, 문화적 차이가 있지 않을까 여길 수도 있을 것이다. 그러나 사람들이 살아가는 이야기라는 점에서 본질은 다르지 않으며, 지금 우리의 삶을 비춰 주는 부분 역시 많다고 생각한다.

낸시 맥윌리엄스(Nancy McWilliams)는 『정신분석적 진단』에서 이 책을 '마치 좋은 소설을 읽을 때처럼 빨려 들어가는 보석 같은 책'이라고 소개하고 있다. 독자들도 저자의 친근하고, 재치 있고, 솔직한 문장들 속으로 빠져들 수 있기를 바란다. 번역 과정에서 훼손이 덜했기만을 바랄 뿐이다.

책의 번역 출간에 흔쾌히 동의하고 번역서가 나오기까지 수고를 아끼지 않은 학지사 관계자분들께 감사드린다. 그리고 영어 표현을 이해하는 데 도움을 준 사랑하는 조카 유니스에게도 고마움을 표한다.

이 기 련

목 차

사랑을 이길 수 있는 유일한 방법은 탈출이다.

– 나폴레옹

… 여성의 신은 자율권이다.

– 앨리스 워커

그 무엇보다도 사랑에 대해 (조금만) 더 조심하라.

– E. E. 커밍스

사랑 안에 미움의 방 만들기

> 그는 그의 작은 조각들과 그림들이 흩어지는 생각
> 을 붙잡아 주거나 흔적 없이 사라져 버리지 않게
> 해 주었다고 말했다.
>
> H. D., 『Tribute to Freud』[1]

11월의 런던, 여느 때와 달리 쾌청한 아침이었다. 나는 메어즈필드 가든즈 20번지를 향해 걷고 있었다. 전에도 여러 번 '프로이트 박물관'을 방문한 적이 있지만, 오늘은 다를 것이다. 박물관 관장이 내게 관람제한구역의 출입을 잠시 허락해 주었기 때문이다.

누구나 세계의 위대한 미술품 컬렉션 사이를 걸어가는 상상을 해 보았을 것이다. 그러나 이 특별한 방들의 소장품들은 프로이트가 무의식에 관한 생각을 발전시키는 데 영향을 미쳤고, 정신분석적 심리치료자인 나 같은 사람에게 특히 더 감동적인 방문이 아닐 수 없다.

---

1) 책의 마지막 부분에 관련 참고문헌과 주석을 실었다(p. 335 참조). 이후부터 주석에 숫자 표기는 하지 않았다.

에리카 데이비스는 수레국화색 눈을 지닌 웨일스 여성으로 박물관에 소장되어 있는 이천여 점 가량의 미술품에 대한 해박한 지식을 갖고 있었다. 그녀는 그리스, 에트루리아, 콥트, 로마 등 여러 작품의 연대를 내게 말해 주었다. 나는 미국 시인 힐다 둘리틀이 프로이트와의 분석을 생생히 기록한 회고록에서 언급한 아테나 여신상이 어디에 있는지 물었다.

"여기 있어요."

에리카는 정중하지만 익숙한 손놀림으로 작은 조각상을 가볍게 두드렸다. 여신은 그녀에게 친숙한 존재였다.

"이 포큐파인[2]에 대해 말씀해 주시겠어요?" 나는 고대 유물들을 등지고 책상 한가운데 웅크리고 있는 청동 조각상을 가리켰다.

에리카는 미소 지었다. "고대 이집트의 샤브티(Shabti, 고대 이집트에서 묘의 부장품으로 묻혔던 작은 조각상)가 더 많이 알려져 있죠! 그 포큐파인 조각상은 1909년 프로이트가 미국을 처음이자 마지막으로 방문했을 때 심리학자 스탠리 홀이 프로이트에게 준 선물이었다. 어떤 설명에 따르면, 프로이트는 야생 포큐파인을 구경하고 또 강의도 좀 하기 위해 미국에 간다고 주장했다고 한다. 이 엉뚱한 말은 강의에 대한 불안을 빗겨가기 위함이었음이 분명하다. 그런데 왜 포큐파인이었을까? 우리가 지금 알 수 있는 것은 정신

---

2) [역주] 포큐파인(porcupine)은 몸통과 꼬리가 가시로 덮여 있는 포유류 동물로, 우리말로 호저(豪猪) 혹은 산미치광이로 불린다. 어떤 명칭이든 낯설기는 마찬가지여서 이 책에서는 최근 매체에서 사용되는 포큐파인이라는 영어 명칭을 사용하기로 하였다. 종종 몸에 가시가 달린 또 다른 포유류 동물인 고슴도치(hedgehog)와 혼동되지만, 포큐파인과 고슴도치는 목(目)이 다른 별개의 동물이며 가시의 특징도 다르다. 쇼펜하우어가 그의 우화에서 언급한 동물은 고슴도치가 아니라 포큐파인이다.

분석의 창시자가 그의 책상 잘 보이는 곳에 그 작은 동물상을 두었다는 사실이다.

나는 그 조각상이 포큐파인에 관한 쇼펜하우어의 유명한 우화와 혹시 관련이 있는지 물었다. 그 우화는 집단심리학에 관한 자신의 저서에서 인용할 만큼 프로이트가 좋아했었다. 에리카는 내 질문을 듣고 기분이 좋아 보였다. 차를 마시기 위해 자리에 함께 앉았을 때, 나는 다음과 같이 간단히 우화를 이야기해 주었다.

한 무리의 포큐파인들이 어느 추운 겨울날 서성거리고 있었다. 추위를 피하기 위해 포큐파인들은 서로 가까이 다가갔다. 그러나 옹송그릴 만큼 가까워지면 각자의 가시로 서로를 찌르기 시작했다. 고통을 멈추기 위해 밖으로 흩어지면 함께 모였을 때의 이점을 잃어버리고 또다시 추위에 떨기 시작했다. 그래서 다시 서로를 찾아 나서고 이렇게 흩어졌다 모이기를 반복하면서 서로 얽히지도 않고 추위도 피할 수 있는 편안한 거리를 찾으려고 애썼다.

이 이야기는 프로이트에게 경계에 관한 한 가지 교훈을 일깨워 주었다("누구도 옆 사람과의 너무 밀접한 접근을 견딜 수 없다."). 또한 사랑에는 늘 골치 아픈 일이 따르기 마련이라는 그의 신념을 확인해 주기도 했다. 프로이트는 다음과 같이 썼다. "정신분석에서 나온 증거들에 의하면, 두 사람 사이에 친밀한 정서적 관계가 얼마간 지속되면—결혼이든, 우정이든, 부모와 자식 간의 관계든—거의 모든 관계에 혐오감과 적개심의 요소들이 담겨지며, 단지 억압의 결과로 그런 감정들을 의식하지 못할 뿐이다." 한 가지 예외가 있다면 아들에 대한 어머니의 사랑이라고 그는 믿었다. 이는 '나르시시즘에 뿌리를 둔' 생각으로 다른 무엇보다도 그가 구시대의 가부장임을 보여 줄 뿐이다.

1940년대와 1950년대에, 영국의 소아과 의사이자 정신분석가인 도널드 위니컷(Donald Winnicott)은 부모와 자녀 사이의 애증의 관계라는 주제를 깊이 있게 탐구하였다. 그의 유명한 논문에서 그는 평범하고 자애로운 어머니가 아이를 미워할 수 있는 18가지 이유를 나열하였다―딸, 아들 **상관없이.** (예를 들어, "아기는 임신과 출산 중에 어머니의 몸을 위험하게 만든다." "아이가 아침 내내 짜증을 내고 고집을 부리다가, 집 밖에 나가서는 '낯선 사람에게 미소 지을 수 있다.'") 위니컷은 사랑은―아기들에 대한 사랑일지라도―양가적이라는 당혹스러운 사실을 인정할 수 있는 어머니가 그것을 부정하는 어머니보다 아이에게 해를 끼칠 가능성이 더 적다고 주장했다. 내 생각에 위니컷은 소설가 페이 웰돈(Fay Weldon)이 관찰했던 바를 잘 알고 있었던 것 같다. "아이를 갖지 않아서 좋은 가장 큰 이유는 자신이 좋은 사람이라고 계속 믿을 수 있다는 점이다." 아이를 갖게 되면, 어떻게 전쟁이 시작되는지 알게 된다.

가족뿐 아니라 모든 관계에서 우리는 같은 사람에 대해 모순된 감정을 갖게 될 수밖에 없다. 시인 몰리 피콕(Molly Peacock)이 관찰했듯, "사랑에는 미움의 방이 있음이 분명하다."

물론 사랑, 공격성, 친밀감, 사생활의 정의는 문화, 시대적 상황, 사회계층에 따라 상당히 다양하다. 전 세계적이라고 주장할 수는 없겠지만, 아마도 봉쇄 수도원의 수녀가 아니라면, 서구의 현대인들은 '포큐파인 딜레마'에 빠진 삶을 살고 있다고 가정할 수 있을 것이다. 말하자면, 우리는 사생활과 공동체 생활, 자신에 대한 관심과 타인에 대한 관심, 성적 결합과 개인적 공간 사이의 균형을 맞추기 위해 매일매일 분투하고 있다.

* * *

앞의 글을 쓰고 일 년 후, 봉쇄 수도회에 지원한 어떤 젊은 여성에 대한 심리학적 평가가 내게 의뢰되었다. 그녀는 정말로 금욕적이고 사색적으로 보였고, 나는 보고서에 그렇게 썼다. 그녀의 지도수녀님은 그 보고서를 보고 내가 예상했던 만큼 기뻐하지 않았다. 지도수녀님은, "이곳 젊은 여성들은 오직 서로와만 관계를 맺어야 하는 삶을 평생 살아야 해요. 그래서 뛰어난 사회기술이 필요하죠."라고 말했다. 카르멜 수녀원은 외톨이를 위한 곳이 아님을 나는 배웠다. 우리 모두는 포큐파인들이다.

이런 딜레마가 아주 흔함을 알고 있음에도, 우리는 늘 그렇게 경험하지만은 않는다. 일례로, 어느 상냥한 35세의 이혼한 변호사가 우울증 때문에 나를 찾아왔다. 그녀는 애정이 많은 입양 부모님 밑에서 자랐다. 그녀는 일을 좋아하고 친구들도 좋아했지만, 친밀한 관계에서는 만성적으로 불행하다고 느꼈다. 더욱이, 30대 중반의 많은 여성이 그러하듯, 외로움을 인간의 필연적인 조건으로 보기보다는 개인적인 실패로 받아들였다.

"저한테 진짜 무슨 문제가 있나 봐요." 그녀는 고아원 아이들에게 강제로 운동을 금지시키는 사람에게나 어울릴 법한 말투로 말했다. "제 인생에 남자가 없을 때는 공허하고 내가 사랑스럽지 않다고 느껴요. 그리고 거의 아무것도 즐길 수가 없죠. 남자와 가까워지면 숨이 막히고 응석받이가 된 느낌이에요, 사랑이 넘쳐난다고나 할까요. 혼자 생각하고, 늦게까지 일하고, 조금 벗어나 한적하게 느끼고, 그냥 있고 싶은 시간을 간절히 원해요. 이게 병인가요? 아님 뭐죠?" 내 마음속에서 그녀의 초기 애착, 입양에 관한 어린 시절의 환상, 남자와의 실제 경험 등과 관련된 몇몇 생각들이 스쳐지나갔다. 어떤 이유에서인지, 아마도 그녀가 자기 자신에게 나쁜 라벨을 붙이는 데 너무 예민했기 때문인지 모르겠는데, 나는 그녀에게 포큐파인의 우화를 들려주기로 했다. 그녀의 반응을 결코 잊지 못할 것이다.

"위로가 되네요."

다른 사람들도 똑같이 말했다. 이 우화는 많은 사람들이 기이한 성격적 결함일 뿐이라고 여기는 문제를 정상화해 준다.

사랑과 관계에 관한 더 친숙한 이야기가 있는데, 프로이트도 지나가는 말로 언급한 적이 있다. 이 이야기는 플라톤의 유명한 『향연』의 대화에 나온다. 이 대화에서 소크라테스와 친구들은 만찬 자리에 모여 '사랑은 무엇인가'라는 주제로 토론을 벌인다. 대부분의 독자가 기억하는 대답은 소크라테스가 아니라 아리스토파네스의 대답이다. 아리스토파네스는 태초에 사람은 지금의 우리처럼 하나의 몸이 아니라, 어깨가 붙어 있는 짝으로 되어 있었다고 말했다. 세 가지 유형의 짝이 있었다. 남성-여성, 남성-남성, 여성-여성. 짝으로 된 이 생명체는 하루 종일 이리저리 굴러다녔고, 걱정이 없었으며, 외롭지도 않았다. 어느 날, 이들은 제우스를 화나게 한 어떤 일을 저질렀고, 제우스는 그 벌로 그들을 반으로 갈랐다.

그날부터 이들은 다른 반쪽을 끊임없이 찾아다니며 정말로 혼자 돌아다니게 되었다. 이는 오늘날도 마찬가지로 우리의 진짜 본성은 하나가 아니라 둘이기 때문에 인간은 자신을 완성시켜 줄 사람을 찾아 일생 동안 방황한다고 아리스토파네스는 주장했다.

『향연』을 읽었든 아니면 다른 데서 이 이야기를 들었든, 우리 대부분은 아리스토파네스식 사랑에 일찌감치 젖어 있다. 현대의 문화와 사실상 모든 산업은 이상적인 짝을 찾고자 하는 기대에서 자기 자신을 완벽히 하려는 사람들의 강박에 기대고 있다. 우리가 살아가면서 그러한 종류의 사랑을 느끼는 순간 동안, 만약 정말로 그런 일이 일어난다면, 둘을 하나로 만드는 이야기에서 우리는 엄청난 기쁨을 맛본다. 그러나 우리가 혼자이거나 한몸처럼 느끼게 해 주지 않는 사람과 함께 있을 때는, 우리 문화의 애정 신화가 온갖 비난을 퍼부어 댄다.

더욱이, 보완을 해 주는 완벽한 짝은 없다는 증거가 우리 주변에 널려 있음에도 불구하고, 애정적인 결합에 대한 유혹은 여전히 남아 있으며, 혼자가 된다는 생각만으로도 끔찍하게 여긴다. 서구의 많은 독신자에게 독신의 삶이란 행복을 대체하는 두렵고 위험천만한 대안이다. 독신을 즐기는 사람들에게 독신이란 죄책감을 동반한 즐거움이다. 또 다른 사람들에게 독신은 열렬히 바라는 상태이지만, 일과 가족의 요구 때문에 이룰 수 없는 어떤 것이기도 하다. 아마도 서구인들이 다양한 동양철학에 관심을 갖는 이유는 부분적으로 이러한 현상 때문일 것이다. 수많은 미국인들이 마음의 평화를 찾아 불교를 기웃거리고, 요가를 공부하고, 명상을 배운다.

아르투어 쇼펜하우어(Arthur Schopenhauer, 1788~1860)는 인간의

욕망과 그것의 딜레마에 관한 중요한 무언가를 자신이 이해했다고 믿었다. 그는 불행을 우리 삶의 불가피한 부분으로 보았다. 그가 '의지(will)'라고 칭한 존재는 영원한 불만족의 근원이며, 이는 곧 고통 없는 삶은 없다는 뜻이다. 쇼펜하우어가 말한 의지는 개인이 '내가 원하는 것에 대한' 실행권을 갖는다는 의미가 아니다. 거의 그 **반대**로, 모든 생명체를 특징짓는 맹목적인 분투이다. 그는 인간에게 가장 끈질기게 표현되는 의지는 성욕이라고 말했다. '이성적 인간'이라는 18세기의 신화와 반대의 논리를 펼치면서, 쇼펜하우어는 이성은 의지와 영원히 갈등을 빚으며, 의지는 우리 대부분이 인정하는 것보다 더 많은 주도권을 행사한다고 주장했다. 그러므로 쇼펜하우어에 의하면, 의지를 제거하거나 초월할 때만이 진정한 만족의 기회가 찾아온다. 성인과 천재들은 일생 동안 그렇게 살 수 있을지 모르겠다. 나머지 우리들은 금욕 체험을 통해 간헐적으로 욕망의 실오라기에서 탈출할 수 있을 것이다. 미술, 문학, 음악에 몰두해 있을 때, 의지의 감옥에서 해방된다고 그는 말했다.

'고통으로서의 삶'이라는 말이 혹시 힌두교처럼 들린다면, 맞다. 쇼펜하우어는 베다와 불교경전을 연구한 최초의 서양철학자였다. 그 영향력이 (처음에는 인정하지 않았지만) 『의지와 표상으로서의 세계』전반에서 빛을 발하고 있으며, 나중에 발표한 대중적인 에세이와 경구에서도 찾아볼 수 있다.

그는 개인적인 삶에서도 『우파니샤드』의 도움을 받았다. 어찌됐건, 쇼펜하우어는 사람보다는 반려견을 더 좋아하는 고약한 사람이었다. 그는 괴팍했고, 한번은 이웃이 그를 방해한다는 이유로 계단에서 밀어버리기도 했다. 대체로 고립된 환경에서 살면서, 그는 철학을 난롯불 삼고, 예술에서 즐거움을 느꼈다. 잠시 심리학적으로 살펴본다면, 부유한 지식인이었던 그의 부모가 그들만의 방식으로 쇼펜하우어에게 비관주의를 가르쳤다고 추측해 볼 수 있다. 불안하고 정확한 사람이었던 아버지는 쇼펜하우어가 열일곱 살 때 자살했다. 또한 그는 어머니와 말다툼을 벌였고, 어머니는 그를 집에서 내쫓아 그가 스물여섯 이후로 한 번도 만나지 않았다. 어머니와의 관계가 그의 여성혐오증의 원인이었는지 결과였는지는 불분명하다. 우리가 알고 있는 바는 그가 우울증에 취약했고, "나는 항상 불안한 근심이 많아서 있지도 않은 위험을 찾아보곤 했다."라고 썼다는 사실이다. 그는 성스러운 힌두경전을 '내 삶의 위안'이라고 불렀다.

* * *

내가 쇼펜하우어에 관심을 갖는 이유는 정신분석의 역사에서 그가 차지하고 있는 위치 때문이다. (프로이트에 앞서) 이성적이고 통일된 자기라는 계몽주의적 관점과 결별한 사람이 쇼펜하우어였다. 그는 프로이트식 무의식과 성에 대한 강한 관심뿐 아니라 말실수의 의미와 꿈의 해석도 예견하였다.

쇼펜하우어와 프로이트의 결정적인 차이점은, 프로이트는 나누어진 본성이라는 우리의 타고난 고통을 치료할 수 있는 임상적 방법—정신분석—을 개발했다는 점이다. '안나 오'로 알려진 환자가 '대화치료(talking cure)'라는 용어를 만들어 낸 이후, 전 세계의 수많은 여자와 남자들이 정신분석을 받았고, 게슈탈트 치료, 부부치료, 집단치료, 가족치료 등등의 많은 치료법이 파생되었다.

　서구인들의 정신세계에 끼친 정신분석의 영향력이 과대평가되고 있다고 말하기는 어렵다. 프로이트는 철학, 종교, 교육, 법률, 미술, 문학, 영화, 재즈에 이르기까지 그 자취를 남겼다. 성경을 제외하고 역사상 가장 많이 팔린 책인『Baby and Child Care』의 저자 벤저민 스폭은 ‘프로이트의 정신분석’이 자기 책의 ‘기본 심리학’임을 인정했다. 프로이트는 이제 더 이상 개인을 지칭하는 이름이 아니며 ‘전반적인 여론의 동향’이라고 말한 1939년 W. H. 오든의 주장은 과장이 아니었다.

　그럼에도 대화치료에 대한 미국인들의 태도는 양가적이다. 세간의 주목을 받는 많은 사람이 낙인을 제거하고자 하는 목적으로 자신이 심리치료 환자라고 ‘커밍아웃’했다. 일찍이 1956년에, 희극영화배우 시드 시저가 잡지『Look』의 표지모델로 등장하여 그 자신의 유익했던 수년간의 카우치 경험을 묘사한 바 있다. 좀 더 최근에는 글로리아 스타이넘, 벨 훅스, 시빌 셰퍼드, 카를로스 산타나를 포함한 활동가, 지식인, 대중예술가들이 자신의 대화치료 경험을 공개적으로 언급하였다. 그러나 심각한 사회적 낙인이 여전히 남아 있음도 사실이다. 선출직 공무원이 대중에게 거짓말을 하고 살아남을 수는 있지만, 분석가의 카우치에 누워 봤다면 정치적인 사망선고가 될 수도 있을 것이다. 자립이라는 미국식 윤리가 이러한 금기에 반영되어 있다. 약물과 사랑에 빠져 알약의 마술을 신봉하는 미국인들에 의해 이러한 현상은 더욱 뒷받침되고 있다. 대략 10명 중 1명의 미국인들이 프로작(Prozac)이나 선택적 세로토닌 재흡수 억제제(SSRIs)를 복용한다. 의사들은 장기복용에 관한 충격적인 데이터에도 불구하고, 50만 명의 아동들에게 이들 약물을 처방하였다.

대화치료에 대한 약의 이러한 명백한 승리를 어떻게 설명할 수 있을까? 비용보다는 일반인들 사이의 인식 차이가 더 중요했을 수 있다. 제약회사들은 자기 상품의 잠재적 유용성에 관해 소비자들을 교육시키기 위해 (그리고 잘못된 정보를 전달하기 위해) 수십억 달러를 쓴다. 반면, 대부분의 미국인은 TV와 영화를 통해 치료를 알게 되는데, 여기서 치료자들은 선한 엉터리, 성적 가해자, 조직폭력배를 돕지 않겠다고 말하지 못하는 유능한 일반인으로 묘사된다. 어떤 것은 웃기고(**해리 파괴하기**), 어떤 것은 대본이 탄탄하다(**소프라노스**). 또 어떤 것은 정말 따분하다(**사랑과 추억, 굿 윌 헌팅**). 사람들은 치료에서 무엇을 기대할지 모른 채 여전히 치료를 받으러 오고, "어떻게 말을 하는데 치료가 되죠?"라고 묻는다. 이상하지만 이는 사실이다. 젊은 시절 처음 치료를 받기 시작할 당시의 나도 같은 질문을 했다.

많은 치료자들은 대화치료가 '교정적 정서경험'을 제공한다고 믿는다. 이들 치료자들은 치료는 학대받거나 방치됐던 사람들을 존중하고 인정해 주는 새로운 심리적 현실을 제공해 준다고 말한다. 보다 최근에 어떤 연구자들은 심리치료가 세로토닌의 수준을 높여 주는 약물처럼 뇌에 화학적 변화를 일으킨다고 주장하였다. 그러나 이론이 아무리 훌륭하더라도 이론만으로 '말'과 '치유'의 관계를 설명할 수는 없다. 이는 치료자 혹은 환자가 직접 쓴 사례를 통해 가장 잘 달성될 수 있다.

일반 독자들을 위한 최초의 사례서는 1954년 로버트 린드너

(Robert Lindner)의 『The Fifty Minute Hour』이며, 여전히 가장 좋은 책이다. 보급판의 표지에는 다음과 같이 써 있다. "나는 정신분석가이다. 나는 살인자, 가학성애자, 변태성욕자들을 만나 작업한다. 이들은 폭력의 벼랑 끝에 서 있으며, 어떤 사람은 벼랑 끝을 넘어섰다. 이 책은 이 사람들에 관한 이야기이며, 이들이 나에게 말해 준 탐색적이고, 폭로적이고, 아마도 충격적인 이야기 그대로이다."

린드너의 수사(修辭)가 과열되어 있고 치료자로서의 그의 모습이 다소 영웅적이긴 하지만, 그가 묘사한 치료는 지적이며 효과적이다. 그는 정신분석이 부유한 신경증 환자들만을 위한 치료라는 (여전히 횡행하는) 인식을 바로잡고자 열심히 노력하였다. 환자들에게 성실하고 온정적이었던 그는 회기 중에 집중하지 않고 잘 조는 거만한 분석가라는 신화를 깨뜨리기도 했다.

이후 수십 년간 출간된 정신분석적 사례서 중에서는 수지 오바크(Susie Orbach)의 『Impossibility of Sex』가 가장 좋은 것 같다. 오바크는 페미니스트의 관계 정신분석적 관점에서 역전이—환자에 대한 분석가의 심리적인, 때로는 신체적인 반응—의 사용을 아주 의욕적으로 파헤쳤다. 치료자인 다른 많은 저자들과 마찬가지로, 오바크의 사례는 픽션이다. '지면 속의 환자'를 만들어 냄으로써, 그녀는 위장과 비밀보장의 문제를 해결했지만, 다른 문제에 부딪혔다. 일부 독자들은 다음과 같이 이의를 제기하지 않을 수 없었다. "치료는 설득력이 있지만, 사례를 만들어 냈다고 말한다면, 정말 효과가 있는지 어떻게 알죠?"

치료를 받은 환자에 관해 쓰면서 그에 따른 문제를 해결할 수 있는 완벽한 방법은 없다. 그러나 우리 사회에서 정신이상, 꾀병, 자살 가능성을 규정할 수 있는 권한이 보험회사 직원들의 손에 넘어가고 있는 이 시점에 사례에 관해 쓰지 않는다면, 그것이 가장 위험한 선택이라고 나는 생각한다.

불완전하지만 내가 찾은 해결책은, 고맙게도 내게 허락을 해 준 진짜 (그러나 세심하게 위장을 한) 환자에 관한 이야기를 쓰는 것이다. 나는 임상작업의 자료를 충실하게 제공하려고 노력하면서, 그 사람이 실제 누구인지를 확인할 수 있는 정보는 변경하였다. 또한 가명을 포함하여 스스로 자신을 어떻게 위장할지 선택할 수 있는 기회를 환자들에게 주었다.

나의 목적은 치료실 안에서 어떤 일이 일어나는지 배울 수 있는 기회를 일반 독자들에게 준 린드너, 오바크, 그리고 다른 저자들의 노력에 힘을 보태는 것 그 이상도 이하도 아니다. 이 책에 '살인자 혹은 변태성욕자'는 없으며, 기이한 신경학적 질환을 앓고 있는 사람도 없다. 즉, 아내를 모자로 착각하는 사람은 없다. 내가 여기서 기술하는 사람들은 흔히 있을 수 있는 결혼생활의 절망감, 성적 과실행동, 의학적인 위기상황, 창작 작업의 난관과 같은 삶의 문제를 겪고 있다. 백인, 흑인, 혼혈, 이성애자, 동성애자이며, 부유한 사람, 가난한 사람, 노동자와 중산층이다.

수개월 혹은 14년에 이르는 치료기간 동안, 그들도 나도 어느 날 그들에 관해 내가 책을 쓰리라고는 예상하지 못했었다. 치료가 끝난 이후에야 겨우 생각해 보았던 문제이며, 따라서 일부러 꾸밀 수는 없었다.

25년의 세월 동안, 나의 치료방법에 만족하지 못했던 환자들도 있었고, 나로서는 '성급하게' 치료를 떠난 환자들도 있었다. (그들이 "그렇게 일찍은 아니에요."라고 말할지도 모른다.) 이런 사람들은 이 책에 나오지 않는다. 사실 치료자에게 만족하지 못했던 환자가 허락을 해 줄 리는 없다.

신상정보를 바꾸면 사례가 픽션이 되지 않느냐는 질문을 독자들이 할 수도 있다. 필립 로스(Philip Roth)의 소설 『My Life as a Man』에서, 유대인 소설가 피터 타나플은 그의 분석가인 오토 스필보겔 박사가 자신을 이탈리아계 미국 시인으로 바꾼 것에 대해 비난을 퍼부었다. 타나플은 민족성이 교환될 수 있다는 가정 자체가 '멍청하다'고 말했다. 직업을 바꾼 것에 대해서는 "그럴 수 있다 치더라도, 시인과 소설가의 공통점은 경마 기수와 디젤차 운전자의 공통점 정도"라며 맹비난했다.

나는 이런 주장에 동감하며, 비밀보장을 이유로 개인의 신상자료를 바꾸어야 하는 현실이 싫다. (환자가 번개에 맞은 적이 있다는 사실을 어떻게 바꾸어야 할까?) 그리고 우리는 질병이 장소나 재산에 상관없이 찾아온다는 사실을 안다. 소설가, 시인, 트럭운전사의 우울은 맥 빠질 정도로 비슷하다.

어쨌든, 내가 하고자 하는 일은 전기를 쓰는 일이 아니다. 이 이야기들의 주인공은 환자가 아니라 과정, 즉 대화치료이다. 나는 치료가 매주 전개되는 모습을 기술하려고 노력하였다. 치료비를 정하고, 꿈을 해석하고, 흥미진진한 탐색작업을 하고, 어쩔 수 없는 지루함을 견디고, 길을 잘못 들었다가 가끔 제대로 도착하는 기쁨을 맛보는 과정 말이다. 치료의 이러한 면면들을 전달하는 일이 실질적인 인구통계학적 특성, 사건, 외모보다 더 어려웠다.

여기서 제시되는 사례는 고전적 정신분석의 표준적인 예가 아니다. 첫 번째 사례는 부부이고, 두 번째 사례는 가족이다. 개인치료를 받는 환자들은 일주일에 네다섯 번 카우치에 눕는 것이 아니라, 일주일에 한두 번 앉아서 치료를 받았다. (행동치료 혹은 인지치료와 달리) 정신분석적 심리치료를 정의하는 것은 무의식적 과정, 특히 **전이**와 **저항**에 관심을 기울인다는 점이다. 프로이트는 "이러한 사실(전이와 저항)을 인식하고 그것을 치료의 시작점으로 삼는다면, 그것이 내가 했던 치료와 다른 결과에 도달할지라도 마땅히 정신분석이라고 불러야 한다."라고 썼다. 전이의 개념은 다음과 같은 현상에서 유래한다. 우리가 다른 사람을 만날 때 어린 시절로 거슬러 올라가는 예전 경험을 바탕으로 그 사람을 만들어 낼 수 있으며, 그렇다면 그 사람을 만나는 것이 아니다. 프로이트는 우리는 특히 분석가나 치료자를 우리 부모님의 이미지에 따라 지각하는 경향이 있음을 관찰하였다. 같은 치료자가 어떤 환자에게는 엄격한 아버지처럼 경험되고, 어떤 환자에게는 온정적인 어머니처럼 경험되는 것이다. 어떤 예비환자의 경우를 살펴보자. 그녀는 세 번의 예비회기를 마친 뒤, 나와 치료를 시작하기로 결정했다는 편지를 보내왔다. 나의 따뜻함과 통찰력을 매우 높이 산다는 내용의 편지는 내게 도착하는 데 한 달이 걸렸다. 환자가 펜실베이니아가 아니라 캘리포니아 우편번호를 썼기 때문이다. 게다가 여느 캘리포니아 우편번호가 아닌 그녀 어머니의 우편번호였다. 그녀는 자신의 어머니가 비판적이고 차갑다고 묘사한 바 있다. 전이관계가 벌써 시작된 것인데, 말하자면, 환자는 내가 그녀의 어머니와 다르다고 정말로 믿었지만, 그녀의 무의식은 우리를 한 덩어리로 보았다. 실수를 발견하자, 사실은 자신이 정식으로 나의 환자가 되면 나의 '억지 청중'이 되고 내가 그녀를 전과 달리 비판적으로 대하리라 걱정했다고 말했다.

사람들은 세상을 어린 시절의 잔인한(혹은 인색한, 응석을 받아주는) 부모처럼 경험하며 평생을 보낼 수 있다. 심리치료는 이러한 가정을 인식하고 의문을 제기할 수 있는 기회를 제공한다. 전이는 환자가 치료자를 만나면서 생기는 모든 감정, 생각, 환상, 행동을 말한다. 그리고 역전이는 치료자가 환자를 만나면서 생기는 일련의 감정, 생각, 환상, 행동을 말한다.

프로이트는 역전이를 문제시하며 아마도 분석가가 좀 더 분석을 받을 필요가 있다는 신호라고 믿었다. 영국학파의 중요한 공헌은 역전이를 재구성했다는 점이다. 이들은 역전이는 제거할 수 없으며, 치료과정 자체에 관한 중요한 정보를 제공해 주는 유용한 도구라고 보았다. 만약 내가 환자에게 동떨어진(혹은 지루한, 보호해 주고 싶은) 감정을 느끼고 있음을 알아차린다면, 왜 치료의 이 순간에 그런 감정을 느끼는지 내 자신에게 물어본다. 이런 감정은 결코 상연되지 않으며, 환자에게 드러내는 경우도 거의 없다. 그러나 치료자가 이런 감정을 알아차리지 못한다면, 치료는 길을 잃을 수 있다.

앞서 예로 든 잘못된 우편번호는 저항의 낌새도 풍긴다. 때로 저항은 치료에 대한 장애물 구축이라고 정의되기도 한다. 저항은 나쁜 것이 아니며, 없애야 할 것이 아니라 존중받고 이해받아야 한다. 우리는 변화를 위해 치료에 오지만, 그만큼 그대로 남아 있고 싶기도 하다. 우리의 신경증적 증상은 괴롭고 성가실 수 있지만,

익숙하기도 하다. 또한 우리가 말을 할 수 없을 때 대신 말을 해 주기도 한다. 아마도 환자는 "당신의 번호를 알고 있어요."라고 말하기가 두려워서 우편번호를 잘못 썼을 수 있다. 치료를 시작하는 일이 정말로 두려웠던 이 젊은 여성은 이런 실수를 함으로써 일을 천천히 진행할 수 있었다.

정신분석적 치료자는 각자 스타일이 상당히 다르며, 또한 환자에 따라 달라지기도 한다. 나 자신도 어떤 사람한테는 말이 많아지고, 어떤 사람한테는 말을 자제하게 된다. 프랑스 분석가인 고(故) 세르주 르클레르는 "정신분석은 각 환자마다 다시 개발되어야 한다."라고 말함으로써 이런 양상을 매우 잘 표현했다.

나의 작업은 많은 혁신적인 임상가들과 이론가들의 영향을 받았다. 프로이트를 계속 언급할 것이며, 위니컷, 라캉, 그리고 많은 분석적 페미니스트들을 언급할 것이다. 도널드 위니컷은 '중간 대상'이라는 개념으로 가장 잘 알려져 있다. 우리 삶에서 첫 번째 중간 대상은 어린 시절 우리를 안심시켜 준 담요이며, 이후에는 음악, 미술, 그리고 모든 종류의 창작활동이 이에 해당된다. 프로이트가 분석의 목표를 '일과 사랑'이라고 보았다면, 위니컷은 여기에 세 번째 중요한 차원을 더하였다. 일, 사랑, **놀이**. 위니컷을 통해 나는 환자를 위해 제공해 주어야 하는 '버텨 주는 환경'의 중요성을 배웠다. 이는 엄마들이 아기에게 제공하듯 안전하고 신뢰할 수 있는 분위기를 만들어 주는 것이다. 이러한 공간이 주어져야, 환자가 거짓되고 순응적인 자기 그 이상의 모습을 드러낼 수 있는 용기를 낼 수 있다.

또한 '이만하면 좋은 엄마'라는 논쟁적인 용어를 만들어 낸 사람도 위니컷이다. 이 용어는 인간의 삶에서 잘못될 수 있는 모든 것에 대해 어머니를 연루시키는 방식으로, 그의 추종자들에 의해 잘못 사용되어 왔다. 그러나 위니컷은 그렇게 감상적으로 이 용어를 정의하지 않았다. 이만하면 좋은 엄마란 '유아와 솔직하게 애증의 관계를 맺을 수 있는' 엄마를 말한다.

인습타파에 앞장섰던 프랑스의 분석가이자 철학자인 자크 라캉은 영어권 독자들에게 그다지 친숙하지 않을 수 있다. 그는 위니컷과 달리 분석가들조차도 이해하기 어려울 정도로 터무니없이 어렵게 글을 썼다. 라캉은 다른 분석가들이 환자들을 부르주아적인 사회관습에 순응하도록 만든다고 보면서 이에 대해 내내 비판적인 태도를 유지하였다. 일례로, 영국분석가들은 그들의 작업에서 어머니와 아이의 사랑을 강조하지만 이는 일반적인 성인의 성과 성애에 주목하지 못하게 만든다고 라캉은 믿었다. 위니컷의 핵심단어가 '엄마의 보살핌'이라면, 라캉의 핵심단어는 '욕망(desire)'이다. 라캉에게 욕망이란, 우리를 인간 주체이게 하는 동시에 우리를 완전하게 할 수 없는 혹은 전체가 될 수 없게 하는 것이라고 정의된다. 무언가를 원한다는 것은 결국 무언가가 결핍되어 있다는 뜻이다. 위니컷의 비유가 유기적인 방향으로 향하는 데 반해—그는 '성장' '발달' '성숙'에 관해 말했다—라캉의 형상화는 보다 음침하다. ("언젠가는 죽을 운명의 하찮은 존재"가 전형적인 라캉식 표현이다.) 위니컷에게 '자기'는 병들었을 때만 나뉘어 있다. 그러나 라캉에게 '인간의 주체성'이란 나뉘어 있을 수밖에 없다. 무의식이 존재하기 때문이다. 우리가 아무리 성공을 하더라도, 아무리 사랑을 많이 받아도, 우리는 언제든 비합리적인 공포에 사로잡힐 수 있으며, 가장 자기패배적인 행동을 저지를 수 있다. 프로이트가 말했듯이, 우리는 결코 '우리 집의 주인'이 될 수 없다.

라캉에게도 가족은 중요하지만 그가 생각하는 가족의 영향력은 핵가족의 단위를 훨씬 넘어선다. 가족치료자들이 '정신병리의 세대 간 전이'에 관해 말하기 시작하기 수십 년 전에, 라캉은 개인의 증상을 이해하기 위해서는 분석가들이 세 세대(두 세대가 아니라)를 파악해야 한다고 주장했다.

라캉의 유명한 가르침 중 하나가 수수께끼 같은 그의 말에 표현되어 있다. "성적인 관계는 존재하지 않는다." 이는 사람들이 사랑에 빠지지 않는다거나 성적 쾌락에 탐닉하지 않는다는 말이 아니다. 그의 말은 우리 대부분이 갈망하는 성적인 관계—나누어진 인간을 전체로 만들어 주는 아리스토파네스식의 이상적인 사랑—는 존재하지 않는다는 뜻이다. 라캉식의 관점에서 보면, 『향연』에 나오는 연애담은 엄마와 아기의 축복받은 결합으로 시작되는 위니컷의 세계관과 일치한다고 말할 수 있을 것이다. 라캉에게, 엄마와의 완벽한 결합이란 결코 없으며, (양성 모두에게) 로맨틱한 그녀의 '재발견'은 불완전한 만족만을 줄 뿐이다. 라캉에 따르면, **결핍**되어 있는 자기 자신을 아는 사람만이 오히려 사랑할 수 있다.

위니컷과 라캉을 하나의 거장의 이론으로 통합하기란 불가능할 것이다. 이들의 작업은 서로 방향을 달리하며, 어떤 면으로는 양립이 불가능하다. 예를 들어, 라캉은 분석의 목표는 '치료적'이지 않다고 주장했다. 그에게 정신분석은 무의식의 주체가 목소리를 낼 수 있게끔 해 주는 것이다. 그 결과로 환자들의 기분이 나아지고 더 잘 살 수는 있지만, 분석가는 환자를 교육하거나 위로해 주는 식으로 자신의 위치를 벗어나지 않도록 조심해야 한다. 위니컷은 치료를 경멸하지 않았다. 그는 환자의 필요에 따라 심리치료도 하고 정신분석도 했으며, 위로해 주는 것을 반대하지 않았다. 그는 친밀한 관계에서 사랑하고 소통할 수 있는 환자의 능력을 향상시켜 줄 '살아있는 경험'을 제공하기를 바랐다. 라캉은 소통의 증진보다는 서구사회에서 가장 억눌려 있는 것, 즉 우리가 유한한 생명이라는 사실을 사람들이 생각하게끔 하는 데 관심이 더 많았다.

영국학파와 프랑스학파의 추종자들은 서로를 겨냥하며 사실상 **"우리**가 하는 것이 정신분석이고, **당신들**이 하는 것은 아니다."라고 말한다고 알려져 있다.

위니컷과 라캉 모두에게서 많은 것을 배운 나는 그들이 각각 풍성한 정신분석적 사고의 희극적인 가치와 비극적인 가치를 대표한다고 생각하게 되었다. 희극은 결혼으로 끝나고, 비극은 죽음으로 끝난다. (셰익스피어의 희곡을 생각해 보라.) 위니컷에서 우리는 선한 세계관과 개량주의를 발견한다. 즉, 건강하고 행복한 가정은 가능하며 인류는 더 좋게 변화될 수 있다는 믿음이다. 라캉에서 우리는 프로이트식 비관주의를 만나기가 더 쉽다. 즉, 인간 존재에는 근본적으로 통제할 수 없는 무언가가 있으며, '건강'과 같은 단어들을 극히 의심스럽게 만든다고 본다. 이러한 두 가지 관점을 서로 녹아들게 하기란 헛된 일일지 모른다. 하지만 어느 한쪽을 무시하는 것 역시 상상하기 힘들다.

21세기의 치료자들이 이들 이론의 광활하고 짜릿한 모순 속에서 일한다는 사실은 다행일 수 있다. 나 자신이 이런 상황 속에서 작업하며 얻은 성공과 실패의 경험을 이 책에서 제시하는 사례에서 보여 줄 것이다.

* * *

처음의 질문으로 돌아가 보자. 말을 하면 어떻게 치료가 될까?

25세의 음악교사가 공황장애 때문에 치료를 받으러 왔다. 공황장애가 너무 심해서 그는 안정적인 직업을 가질 수가 없었고, 관계를 지속적으로 맺을 수도 없었다. 그는 치료자가 그의 불행에 대해 '정상적이고 열심히 일하는' 그의 부모를 탓할 것 같은 생각 때문에 치료받기를 망설였다. 그는 가족을 가끔씩만 보았지만, 가족을 만난 다음 날에는 항상 공황장애가 심해지는 대가를 치렀다.

어릴 때는 여동생과 친했지만, 지금은 여동생과 말을 섞기도 싫었다. 그들은 정치와 종교에 관한 견해가 달랐고, 종종 짧은 입씨름 끝에 서로 전화를 끊어 버리곤 했다. 나의 환자는 이런 일을 그리 크게 보지 말라고 내게 요구했다. 자기 친구들도 가족에 관해 모두 다 그렇게 말한단다. "당신은 가족을 전염병 보듯 피하다가 죄책감도 들고 의지도 하고 싶을 때 집에 가는군요." "아니라니까요." 그는 내 말에 화가 나서 대답했다. "폭력적인, 정신병자 같은 아동학대는 없었어요. 부모님은 최선을 다해 열심히 일하셨던 분들이에요."

1년간 이야기를 하다 보니 이 단순한 그림이 복잡해졌다. 나의 환자가 아버지를 '폭력적'이라고 하지 않은 이유는 아버지가 자녀를 때린 적이 없으며, 그가 아는 한 어머니를 때린 적이 세 번밖에 없었기 때문이다. 어머니는 우울했지만, 그는 어머니를 '아픈' 사람이라고 하지 않았다. 어머니는 아이들이 차를 멈추라고 울부짖는데도 음주운전을 했지만, 이런 습관은 설명될 수 있었다. 그녀는 남편에게 무시당한다고 느꼈고 그것만이 남편의 관심을 얻는 유일한 방법이었다. 열 살 때 나의 환자는 친척남성에게 성추행을 당하고 돈을 받곤 했다. 부모님 누구에게도 이 일을 말할 수 없었는데, 이는 물론 '부모님을 조용하게 하는 것이 내게 무엇보다 중요했기' 때문이었다.

"가족들이 다 문제가 있지는 않죠?" 그가 물었다. "아이들이 다 이런 걱정을 하지는 않죠?"

너무 많은 아이들이 정서적으로 그리고 신체적으로 파괴적인 장소를 집이라고 부르지만, 그렇다고 해서 그런 집들이 선한 의미에서 정상이라고 할 수는 없다. 앞서 언급했던 변호사처럼, 친밀감의 문제가 매우 전형적이지만 그것을 기이하고 수치스럽게 경험했던 경우와는 달리, 이 젊은이는 병리를 정상화하도록 배웠다.

대화치료를 통해 우리가 할 수 있는 일은, 개인의 가족과 사회 환경에서 비롯되는 특별한 재앙을 노화, 죽음, 쇼펜하우어의 우화에 묘사된 친밀감의 딜레마처럼 우리가 인간으로 태어났기 때문에 겪는 일반적인 재앙과 구분하는 것이다.

처음 나에게 이야기를 하고 그다음에는 여동생에게 이야기를 한 결과, 그 음악교사의 삶은 달라졌다. 남매는 싸우기를 멈췄고, 두려움에 떨었던 어린 시절에 대해 마침내 함께 울었다. 그들은 성인이 된 사촌들을 만나 지금은 젊은 세대를 위한 아기돌보미를 하고 있는 가해자에 대해 말했다. 결국, 이들 가족 구성원은 훨씬 솔직하게 서로에 대한 애증의 관계를 발전시킬 수 있었다. 1년 안에 젊은이의 공황발작은 멈췄고, 평생 처음으로 열정적인 성관계를 시작할 수 있었다.

이러한 종류의 작업에서 얻을 수 있는 성과는 어마어마하다. 우리가 가까운 사람을 사랑하고 학대하는 방식, 우리가 사랑받고 학대하도록 허용하는 방식은 무의식적으로 전달될 수 있다. 하나의 가족 혹은 한 개인과의 작업일지라도 세대로 전달되는 불행의 순환을 멈추게 할 수 있다. 아니면 적어도 정도를 덜하게는 할 수 있다.

심리치료가 우리를 완전하게 만들어 줄 수는 없지만, 고통을 말로 바꾸어 주고, 궁극적으로는 욕망에 따라 살도록 배우게 해 준다. 이 책에서 제시하는 사례들이 보여 주듯, 심리치료는 지독한 신경증적 불행을 일상생활의 포큐파인 딜레마로 바꿀 수 있게 해 준다.

1

동상이몽

1

동상이몽

사회학자 제시 버나드(Jessie Bernard)는 1972년 그녀의 고전 『결혼의 미래』에서 다음과 같이 말했다. "사실 모든 결혼은 둘이다, 남편의 결혼과 아내의 결혼."

중국에서는 이를 '동상이몽(同床異夢)'이라고 한다.

* * *

자동응답기의 메시지를 듣고 나는 마음이 아팠다. 3년 전 내가 치료했던 부부가 남긴 메시지였다. 당시 작별인사를 할 때, 이 부부는 아주 잘 지낼 것처럼 보였다. 아내인 다프네의 목소리에서는 약한 그리스 억양이 묻어났다.

"지금 우리 부부는 위기예요. 지난 금요일 밤 칼과 저는 밤새 응급실에 있었어요. 못 참겠어요. 이혼하고 싶어요. 제발 전화 좀…"

내가 전화를 걸었을 때 그들은 집에 없었다. 메시지를 남긴 후, 나는 가만히 앉아서 부부에 관해 생각하기 시작했다.

응급실?

그들은 폭력을 쓴 적이 없었다. 둘 다 자살을 언급한 적도 없었다. 처음 왔을 때 이들이 원한 건 다프네의 여동생 멜리나를 포함한 가족치료였다. 당시 30세의 멜리나는 부부와 함께 살고 있었다.

그때 내가 일하고 있던 수련 병원에서 처음 그들을 만나러 대기실로 갈 때가 생각난다. 접수 직원이 다른 직원에게 "저쪽의 저 새로 온 남자 '파비오'[1]처럼 생겼어."라고 속삭였다.

다른 직원은 "부인은 '셰어'[2] 닮았는데."라고 답했다. 그들을 찾기는 어렵지 않았다. 칼 로브는 40세의 건설노동자로 금발의 포니테일 머리에 기름진 검은 눈동자, 길고 가는 코를 갖고 있었다. 그의 근육질 몸매 때문에 그가 앉아 있는 의자가 작아 보였다. 칼은 우람한 손을 다프네의 손목 위에 얹고 있었다. 다프네는 매혹적인 갈색 눈동자에 긴 머리, 모조 다이아몬드 귀걸이를 한 호리호리한 36세의 여성이었다. 그렇게 사랑스러운 여인이라면 나른한 몸짓으로 앉아 있을 법도 한데, 다프네는 가만히 있지를 못하고 긴장돼 보였다. 그 순간 그녀는 빠르고 날랜 손놀림으로 동생의 머리를 매만져 주고 있었다. 귀엽게 생긴 빨간 머리의 멜리나는 성가신 듯 한손으로 언니의 손을 밀치며 다른 손으로는 안경을 쓰고 있었다.

---

1) [역주] Fabio. 이탈리아 출신 배우 겸 모델
2) [역주] 유명 팝가수 겸 배우

나와 처음 눈이 마주친 사람은 멜리나였다.

이 장면은 이들 가족구조를 스냅사진으로 찍은 듯 나에게 남아 있다. 칼은 아내 옆에 바짝 붙어 앉아 있었고, 다프네의 시선은 주로 멜리나를 향해 있었으며, 멜리나는 분명 그 장면 안에 속해 있긴 했지만 언니가 자신의 머리에서 손을 치워주기를 바라고 있었다.

그들을 향해 걸어갈 때, 기분이 좋고 자신만만했던 기억이 난다. 환자를 본 지 5년째였던 서른두 살의 나는 아직 배울 것이 많았다. 그러나 새로 온 환자가 나를 살펴보며, "이 일을 하신 지 얼마나 되셨어요?"라고 물은 적은 거의 없었다. 나는 내 소개를 마친 뒤 가족을 내 방으로 안내했다.

이들이 나에게 가져온 문제는 서로가 서로를 비참하게 만든다는 것이었다. 멜리나는 남편이 자신과 세 살 된 딸 릴리를 버리고 떠나자, '몇 개월만' 언니네 집에 들어와 살겠다고 했다. 멜리나가 생계를 꾸리려 애쓰면서 이 몇 개월은 곧 4년이 되었다. 그러다 어머니가 돌아가셨고, 이들 자매는 더욱 가까워졌다.

다프네는 활기차고, 정리를 잘하고, 깔끔한 사람이었다. 반면, 멜리나는 엉망이 돼도 참을 수 있는 태평한 사람이었다. 다프네가 멜리나에게 제멋대로 한다며 매일매일 호통을 치면, 멜리나는 "늘 나를 쥐고 흔들려" 한다며 다프네를 공격했다. 하지만 멜리나는 자동차 기름이 떨어지거나, 돈이 떨어지거나, 아이돌보미를 구하지 못해, 다프네가 간섭을 하지 않을 수 없게 만들었다. 이들 사이에서 칼은 늘 중재자 역할을 했지만, 점점 지쳐가고 있었다. 3주 전, 다프네가 자신이 임신했음을 알았을 때 갈등은 최고조에 이르렸다. 그녀는 늦게 결혼했는데, 마침내 아이가 생긴다는 사실에 감격했고, 아이가 태어나기 전에 상황을 정리하고 싶어 했다.

처음의 몇 회기에서는 예상할 수 있던 대로 고함이 오고갔지만, 나는 이 가족이 서로에 대한 애정이 매우 깊으며, 자매가 다투고는 있지만 그 밑에는 끈끈한 신뢰가 깔려 있음을 확인할 수 있었다. 둘 다 이제는 더 이상 함께 살지 못하겠다고 우겼지만, 멜리나가 이사를 나가면 어떻겠느냐고 내가 아주 조심스럽게 묻기만 해도 둘 다 눈물을 흘렸다.

마침내, 세 사람은 유방암으로 돌아가신 어머니를 잃은 고통을 직시하지 않기 위해 자신들이 어떻게 현재의 상황을 무의식적으로 만들어 냈는지 깨닫게 되었다. 4년 사이에 멜리나는 두 번의 큰 상실을 겪었고, 혼자 살게 될까 봐 두려워서 어린아이처럼 행동했다. 다프네가 자기 공간을 되찾고 싶어 하기는 하지만 그만큼 집에 조카가 있는 것도 좋아했다. 일곱 살이 된 릴리는 날마다 기쁨을 안겨줘서, 어머니가 험한 질병을 앓다가 돌아가셨다는 기억을 조금이나마 잊게 해 주었다. 다프네는 자신이 아이를 가졌음을 어머니가 모르고 가셨다는 사실에 마음이 아팠다. 엄마가 된다는 건 부모님 눈에는 딸의 성공으로 보일 수 있는 일이지만, 지금은 두 분 다 돌아가셨다.

자매는 자신들이 전 세대의 드라마를 되풀이하고 있음을 깨달았다. 그들의 어머니와 이모는 '초강력 접착제'로 붙여놓은 듯 끈끈했었다. 다프네의 비유에 의하면, "그들은 자칫 잘못하면 살점이 떨어질 수도 있는 접착제로 단단히 붙어 있었다."

치료자들이 '얽힘(enmeshment)'이라고 부르는 사랑의 습관이 한 세대에서 다음 세대로 전이되었다. 이들은 애도작업을 통해 자유로워졌으며, 변화를 준비할 수 있었다. 5개월의 치료기간 동안, 3명의 성인, 특히 자매는 자율성이 보장될 때만이 가능한 진정한 친밀감을 느끼기 시작했다.

계속 가족으로 함께 사는 것이 이들의 목표였을까? 그렇지 않았다. 멜리나는 좋은 직장에 자리를 잡아서 이사를 갔고, 전남편에게 양육비 소송을 제기했다.

멜리나가 매주 방문할 때마다 그들은 서로를 반겼다. 내게 가장 인상 깊었던 것은 다프네가 멜리나에게 "보고 싶었어." 그다음에는 "사랑해."라고 말할 수 있게 되었다는 사실이다. 이상하게도, 서로의 삶에 깊숙이 얽혀 있는 사람들은 그런 말을 하지 못한다. 이들에게는 '나'와 '너' 사이에 '사랑'이 끼어들 공간이 없다.

멜리나와 릴리가 이사를 가고 나서야, 다프네는 칼과 행복하지 않다는 사실을 발견했다. 동생과 그렇게 옥신각신했지만, 멜리나는 다프네에게 좋은 친구였고, 칼보다 정서적으로 더 도움이 되었다. 다프네가 휴가를 어떻게 해야 할지 얘기하고 싶을 때나 이웃과의 언쟁에 대해 얘기하고 싶을 때 멜리나가 옆에 있었고 이야기를 잘 들어주었다. 칼은 말이 많은 사람이 아니었다. 그가 생각하는 정서적인 지지행동이란 스포츠 채널에 시선을 고정한 채 그녀의 목을 문지르는 정도였다. 다프네가 신문기사를 보고 흥분하면, 칼은 진정하라고 말했다. 세계의 기아문제가 그녀의 잘못은 아니다. 집안일로 말하자면, 남편한테 해야 할 일을 하라고 상기시킬 때마다 투덜거리는 소리를 듣느니, 차라리 남편 몫까지 그녀가 하는 편이 더 나았다. 그녀는 사춘기 소년과 같이 사는 느낌이었고, 성인

동반자를 간절히 원했다.

집에는 이제 두 사람만 남고 몇 개월 후에는 아기가 태어날 예정이었다. 다프네는 둘의 관계를 다루어 보자며 칼에게 계속 치료를 받자고 했다.

칼은 개의치 않는다고 하긴 했지만, 그는 자신의 결혼이 '거의 완벽'하다고 생각했다. 반면, 다프네는 불만 목록이 점점 늘어난다고 느꼈다. 남편은 두 사람은 기질적으로 서로 반대이며 서로를 보완해 준다고 느꼈지만, 아내는 자신이 과로하고 있으며 사랑받지 못하고 있다고 느꼈다. 이들은 제시 버나드의 "사실 모든 결혼은 둘이다."라는 경구에 딱 맞는 경우였다. 다프네의 결혼은 불행했고, 칼의 결혼은 행복했다―다프네의 불행만 빼면 말이다.

멜리나가 이사를 가고 한 달 만에 이들에게 생긴 문제는 자매간의 문제와 다르지 않았다. 다프네는 칼이 게으르다고 보았다. 건설공사는 계절을 탔고, 이제 아이가 태어나기 때문에 다른 일거리를 찾기 위해 칼이 뭐든 해야 했다. 그리고 칼의 주요 관심사가 레슬링이라는 사실도 다프네를 괴롭혔다. 다프네는 주말을 오케스트라나 발레를 보며 보내고 싶어 했다. 그녀의 표현을 따르자면, '더 나은 사람'이 되고자 하지 않는 남편 때문에 그녀는 초조했다. 둘은 모두 노동자 계층의 이민자 가정 출신이었고 성인이 될 때까지 부모님 집에서 살았다. 다프네는 집안을 위해 밤늦게까지 일하고 절약하며 살면서 2년제 대학을 마치려고 애썼다. 반면, 칼은 방탕했다. 20대에 도박에 빠졌고, 이후 10년간 도박은 그의 삶이 되었다. 이 시기를 그는 "참혹하다."고 표현했다. 도박 빚을 갚기 위해 고리대금업자에게 돈을 빌리는 지경에 이르렀고, 그다음에는 도박에 돈을 걸려고 더 많은 돈을 빌리곤 했다. 그는 다섯 형제의 막내였는데, 그의 독일계 아버지는 고래고래 고함만 질렀고 궁지에 몰린 폴란드계 어머니는 아들 편을 들며 속을 끓였다. 때로 그의 어머니는 아들에게 도박자금을 빌려주기도 했다.

칼이 다프네를 처음 만났을 때, 그는 그녀의 미모에 홀딱 반했다. 다프네가 동료에게 말하는 소리를 듣고는 그녀가 "어떤 면에서는 그리스 여신이고, 또 어떤 면에서는 왈패 같다."라고 단정 지었다. 이는 그에게 딱 맞는 조합이었다.

다프네는 칼의 친절함과 유머감각을 좋아했고, 도박에 대해서는 알지 못하였다.

"도박을 하는 금발의 건설노동자, 흔히 볼 수 있는 유형은 아니죠? 하지만 도박꾼들 중에는 별의별 사람이 다 있어요." 그녀가 말했다. "여자들도 있다니까요." 다프네는 칼의 잘생긴 얼굴에 끌렸다고 말했다. 인정하고 싶어 하지 않는 듯 보였지만, 아주 만족스러운 성관계도 그녀가 그와 결혼한 중요한 이유 중 하나였다. 그런 건 말하기가 끔찍하지 않냐고 실제로 내게 묻기도 했다.

이 질문에 허를 찔려서, 나는 이렇게 되받았다. "왜요? 멋진 섹스는 중요하죠, 특히 결혼생활을 잘 하려면요."

다프네는 마치 내가 막 원자분열의 비밀이라도 밝힌 양 나를 쳐다봤다. 그녀는 완연히 안도하는 표정을 지으며 조용히 내 짧은 말을 반복했다. 경험이 더 많은 치료자라면 이 부분을 좀 더 깊이 탐색했을 것이다. 그녀는 왜 그런 말을 하기가 끔찍하다고 느꼈을까? 누구와 그런 생각을 나누었을까? 다행히, 나의 허세 섞인 말은 그녀에게 효과가 있었다.

이제까지 성은 그들의 관계에서 논란의 여지가 없는 유일한 영역이었다. 지금 이 시점에서는, 집안일, 여가생활, 직업, 영어문법 등등 그 외의 모든 주제가 언제든 싸움에 불을 지필 수 있었다.

칼과 다프네는 서로에게 잘한 일은 도통 보려고 하지 않는 사람들은 아니었다. 서로가 정반대의 성향으로, 그들은 정서적으로 중심을 잡을 수 있도록 서로를 끌어당겼다는 사실을 알고 있었다. 다프네는 강박적인 행동이 덜해졌고, 칼은 무절제한 사람에서 책임감 있는 사람으로 변하였다.

다프네는 칼의 도박치료를 결혼의 전제조건으로 삼았다. 그녀는 여기저기 조사를 해서 익명의 알코올 중독자 모임(AA)을 본뜬 익명의 도박자 모임(GA)의 12단계 프로그램을 찾았다. 칼은 GA에 참석하는 데 동의했고 프로그램을 실천하기로 결심했다. 이는 모든 도박에서 손을 떼겠다는 의미였다. GA는 도박자들에게 한동안 신용카드를 갖고 다니지 말고, 현금 10달러 이상을 갖고 돌아다니지 말라고 권고했다. 결혼한 사람들의 경우는 배우자가 부부의 돈, 즉 수표, 세금, 물품구입 등등을 관리하라고 명시했다. 이는 급격한 변화였지만, 칼은 기꺼이 받아들였다.

다프네는 아주 흡족한 마음으로 이런 책임을 떠맡았다. 가족의 돈을 제대로 관리할 수 있는 좋은 방법이기 때문이었다. 이후 10여 년간 주택 구매, 자동차 구입, 4년간의 조카 양육비 등 모든 가정경제를 다프네가 관리했고, 신용카드도 다프네가 갖고 있었다. 칼은 '용돈'을 받았다.

원만한 관계를 유지하기 위해 우리가 사용하는 모든 다른 전략과 마찬가지로, 이런 방법은 때가 되면 효용이 다하기 마련이다.

다프네는 돈 관리를 맡는 일이 점점 힘에 부친다며 불평하기 시작했다. 돈 문제에 있어서 자신이 엄마 같고 남편은 아들 같다고 느꼈다.

말을 하는 것이 도움이 되었다. 이후 16주의 치료기간 동안 이들은 이전의 결혼생활 그 어느 때보다도 서로의 말을 주의 깊게 들었다고 말했다. 치료가 종결될 무렵, 세 가지 일이 일어났다.

1. 칼은 돈 관리를 다시 맡을 준비가 되었다고 선언하며, 수표발행과 세금계산을 맡았다.
2. 다프네는 사람들 앞에서 칼에게 잔소리를 하지 않겠다고 맹세했다.
3. 부부는 밤 시간을 한 번은 외출하고, 한 번은 집에서 TV를 보기로 합의했다.

4개월 후, 부부는 이제 치료실 밖에서도 '잘해 낼' 수 있다며 치료를 종결하였다. 곧 아기가 태어날 것이고, 그러면 많이 바빠질 것이다. 2주 뒤, 로즈라는 이름의 예쁜 아기 사진과 함께 그들은 내게 출산 소식을 알려 왔다. 처음 상담을 시작한 지 8개월 만이었다.

* * *

3년이 흐른 토요일 오후 그들의 전화를 기다리면서, 나는 혹시 내가 그들의 치료를 너무 일찍 끝낸 건 아닐까 곰곰이 생각해 보았다. 칼이 연금에 손을 대서 도박으로 다 날렸을까? 다프네가 너무 지쳐서 칼에게 잔소릴 해댔을까?

멜리나와 릴리가 이사를 나가기로 한 결정은 어땠을까? 내 동료 중 한 명은 부모님이 짜증이 날 정도로 과하게 관여하는 부부를 치료한 적이 있었다. 이들의 부모님은 막 결혼한 부부의 신혼여행을 따라갈 정도였다. 2년의 결혼생활 후, 치료자의 도움을 받아서, 아내는 부부끼리만 휴가를 가겠다고 선언했다. 바로 그날 밤, 그녀의 어머니가 심장마비를 일으켜 돌아가셨다. 여러 가지 가능성을 생각할수록, 기분이 점점 나빠졌다.

저녁식사 무렵에, 나는 응급실 의사의 전화를 받았다. 환자는 다프네였다. 흉통, 심계항진, 메스꺼움, 곧 죽을 것 같은 느낌 등이 그녀의 증상이었고, 진단은 중증 공황발작이었다.

* * *

나는 공황발작을 경험해 본 적은 없지만, 이런 무시무시한 불안의 급습을 겪은 사람들을 치료해 본 적은 많았다. 심장마비로 죽을 것 같다고 믿어서 심장병의 가능성을 먼저 배제해야 했던 경우도 있었고, 어떤 끔찍한 일이 일어났다거나 혹은 일어나리라는 압도적인 공포에 떠는 사람도 있었다. 생각을 하지 못하도록 주의를 분산시키면 더 위험해진다. 그럴 수 있다 하더라도, 곧 그 생각을 기억해 내고 또다시 엄습하는 공포를 느끼기 때문이다. 어떤 젊은 여성은 이때의 신체감각을 "바늘구멍으로 숨을 쉰다."고 비유했다.

다프네가 그날 밤 전화를 했을 때, 그녀는 이미 상태가 나아져 있었다. 나는 여전히 여러 가능성들을 생각하며, 기분이 점점 나빠지고 있었다.

한 사람은 기분이 더 나아지고 다른 사람은 더 나빠지는 이러한 종류의 정서 교류는 '투사적 동일시'의 미묘한 한 예이다. 투사적 동일시라는 개념은 앞으로의 사례에서 자주 등장할 것이다. 투사적 동일시에서는 한 사람의 고통스러운 정서가 분열되어 다른 사람에게 '저장'되며, 이때 다른 사람은 그것을 간직해 주겠다고 동의한 사람이라고 할 수 있다. 이는 누군가를 기분 나쁘게 하려는 의식적인 전략이 아니라, 감당할 수 없는 정보를 전달하는 무의식적인 방법이다. 내가 그들의 경험을 이해하라고, 설명할 수 없는 혹은 아직 설명하지 않은 공포를 내가 느껴 보라고, 그들이 나에게 전화를 늦게 했다고 말할 수도 있다.

다프네는 전날 밤 무슨 일 때문에 공황발작이 일어났는지는 모르지만, 두 달 전 이상한 두려움을 느낀 적이 있다고 말했다. 하루에 한 번 정도 그런 두려움이 덮쳤고, 잠잠해질 때까지 누워 있어야 했다. 그러나 어제는 최악이었고, 이건 분명 심장에 문제가 있기 때문이라고 생각했다. 검사결과가 정상으로 나오자, 응급실 의사는 항불안제 처방을 제안했다. 다프네는 화가 났다. 담당 심리치료자가 있으니 그 치료자와 당장 이야기를 하고 싶다며 퇴원서류에 서명을 했다. 그래서 응급실 의사가 나와 정보를 공유할 수 있었다.

다프네는 공식적으로 '환자'라고 불린 적이 없었다. 아기를 출산할 때까지 병원에 가본 적이 없다는 사실은 그녀의 자랑거리였다. 전에 가족치료를 받을 때는 멜리나를 환자로 등록했고, 멜리나는 종종 환자처럼 행동하기도 했다. 마찬가지로, 이어진 부부치료에서도 통제가 안 되는 사람은 칼이라고 그녀는 주장했다.

다프네가 위기에 처했다는 건 들어본 적 없는 일이었다. 다음날 오전 회기에서 그녀는 자신에게 문제가 생겼음을 칼에게 납득시키기가 얼마나 어려웠는지 이야기했다.

"남편은 내가 과장하고 있다고 생각해요." 그녀가 말했다.

"그랬기를 바랐어요." 칼이 덧붙였다. "아내는 누구나 기댈 수 있는 마음속 지주니까요."

이전 치료 동안 다프네가 불안을 호소한 적은 없었다. 그녀는 바쁜 사람이었다. 그녀가 말하는 '불안한 에너지'가 있을 때, 그녀는 벽장을 청소하거나 바닥의 때를 벗겼다. 나는 처음 발작이 시작됐을 때를 기억할 수 있느냐고 물었다. 다프네는 시어머니가 가벼운 뇌졸중을 일으킨 이른 가을부터 기분이 안 좋았다고 말했다. 슬프고 불안했지만 그때는 공황을 겪지 않았다. 첫 번째 발작은 두 달 전 딸의 세 살 생일파티를 마친 다음에야 일어났다. 그녀는 임신한 이웃에게 주려고 딸이 입던 아기 옷을 싸고 있었다. 그러다가 문득 딸이 다 자란 건 아니지만 이제는 더 이상 아기가 아니라는 사실을 깨달았다. 로지는 다 큰 여자아이처럼 말했고, 놀랄 만큼 스스로 알아서 잘했다. 그 순간 다프네는 메스꺼움을 느끼며 속이 울렁거렸다.

"저는 그날 밤, 딸이 다 커서 집을 떠나는 생각을 했어요. 너무 속상해서 드러누워야 했죠."

그렇다면 그녀는 불안발작의 의미를 알고 있단 말인가?

"그래요, 남편은 내 삶을 충만하게 해 주는 한 가지를 빼앗으려 해요. 그렇게 하도록 놔두지 않겠어요. 반드시 아이를 하나 더 가질 거예요."

그녀가 아이를 더 갖고 싶어 한다는 말은 처음 듣는 이야기였다. '고집을 부린다.'가 더 정확한 표현일 것이다. 그리고 내가 들은 바로는, 칼도 만만찮게 아이를 그만 낳자고 고집하고 있었다. 나는 그에게 이유를 물었다.

그가 말했다. "나보고 철이 없다, 게으르다, 아님 뭐라 하든, 저는 제가 자식을 제대로 기를 수 있다고 생각한 적이 한 번도 없었어요. 거기 맞는 사람이 아니에요. 그냥 아이를 원하는 여자와 사랑에 빠진 거죠. 물론 저도 로지를 원했고, 로지는 내게 일어난 일중 가장 멋진 일이에요. 조카양육을 돕는 것도 괜찮았어요. 하지만 지금 제 나이가 마흔네 살이고 아내는 마흔이에요. 전 로지를 대학에 보내고 싶어요. 어머니도 몸이 약하시고, 경제적으로 제가 도와야 해요. 그래서 아이를 더 가질 생각을 할 수가 없어요. 아내에게 그렇게 얘기했고, 그래서 이 사달이 난 거죠."

그의 말은 내게 따뜻하고 애틋하고 책임감 있게 들렸다. 모두 아내가 원하던 남편의 모습이었다. 나는 다프네에게 지금 어떤 생각을 하느냐고 물었다.

"다른 사람이랑 결혼할 걸 그랬어요! 로지가 세 살인데, 왜 대학 얘기를 하죠? 하버드에 갈 필요는 없잖아요. 당신이 무슨 여피족이라도 돼? 당신이 생각하는 건 돈밖에 없어? 이 세상에 새 생명을 태어나게 한다는 기쁨도 있잖아. 그런 기쁨을 누리지 못할 만큼 내 인생이 끝나지 않았고, 누구도 그렇게 말할 수 없어."

나는 내가 칼의 생각에 더 마음이 간다는 사실을 인정하지 않을 수 없었다. 예전에는 두 사람 모두에게 공평하게 마음이 갔었다.

회기가 끝날 때까지 해결된 것은 아무것도 없었지만, 그들은 다음 주에 다시 오기로 했다.

다음 회기에 다프네가 먼저 입을 열었다.

"몇 주 동안, 저는 아이를 더 갖는다는 생각에 강박적으로 매달려 있었어요. 그 생각을 안 하고 지나간 적이 한순간도 없었어요. 그래야만 했어요. 그것 말고 다른 건 관심이 없었어요. 오늘은 그 생각에 **약간** 덜 매이는 느낌이에요. 하지만 다시 임신을 하겠다는 결심에는 변함이 없어요."

뭔가 변했다. 지금 다프네는 아이를 더 갖기 위해서는 칼의 동의가 필요하다고 차분하게 이야기할 수 있다—그러지 않는다면 그를 떠날 것이다.

나는 그녀가 '강박적'이라는 단어를 사용해서 마음이 놓였다. 이는 그녀가 자신의 요구에 뭔가 과한 면이 있음을 알고 있다는 의미였다. 누구든 삶의 어느 시점에 무언가 혹은 누군가에 대한 욕망에 사로잡히곤 한다. 강박사고로 인한 불편감 때문에 치료를 받으러 오는 사람들이 많다. 치료회기는 강박사고를 일시적으로 대체한다. 강박사고는 겉으로 내세우는 표면적인 대상에 관한 것이 아닌 경우가 많기 때문에, 치료자와 환자는 문제가 되는 반복적 사고를 해석하는 작업을 함께 해나간다. 세균이나 음식에 대한 강박사고는 대개 건강문제가 아니라 통제권을 움켜쥐려는 욕구 혹은 통제권 상실에 대한 공포에서 비롯된다고 밝혀진다. 자기 아내가 다른 남자를 좋아한다는 강박사고를 하는 남자는 아내가 아니라 자신이 그 남자에게 더 끌리고 있음이 밝혀진다. 자기 자신에만 심취해 있는 화가들과 연이어 사랑에 빠지는 여성은 사실은 자신은 좀처럼 해 본 적이 없는 창작 작업 자체에 마음을 빼앗기고 있다. 다프네도 남편이 **당장** 자신을 임신시키든지 아니면 자기 앞에서 사라지라고 고집하는 배경에는 그 본질이 모성이 아닌 다른 의심할 만한 것이 있음을 알아야 했다. 강박사고가 다른 것을 상정한다면 그건 뭘까?

그녀는 몇 가지 단서들, 사실은 짧은 시간에 다루기에는 너무 많은 단서들을 흘렸다. 일례로, 강박사고는 시어머니가 뇌졸중을 일으키고 얼마 지나지 않아 시작되었다. 그 사건이 친정어머니의 사망에 대한 상처를 건드렸을까? 자기 자신의 죽음에 대한 암시에 온통 휩싸였을까? 만약 그렇다면, 아이를 더 갖겠다는 강박사고는 자신의 신체적 취약성, 임신 가능성의 저하, 노화, 죽음에 대한 두려움으로부터 보호해 주는 방법이 된다. 내가 치료했던 다른 환자는 첫 번째 아이가 죽을 수도 있음을 알자 '대체할 수 있는 아이'로 두 번째 아이를 생각한다고 솔직하게 말하기도 했다.

강박사고가 겉으로 드러나는 모습 그대로가 아니라면, 그것의 해석은 치료자가 아니라 환자의 시간표에 따라 이루어져야 한다. 다프네는 지금 이 순간 자신의 강박사고를 가볍게 다루거나 자세히 들여다보고 싶지 않다고 분명히 밝혔다. 그녀는 그것을 액면 그대로 받아들이고 싶어 했다.

이 두 번째 회기 때, 칼은 전보다 더 힘들어 보였다. 청바지의 실밥을 뜯으며, 아이를 더 낳는 데 동의할 수 있는 방법은 없다고 목이 메어 말했다.

"그럴 수 없어, 다프네. 이건 새 소파를 사는 것과는 달라. 더 심각한 얘기라고."

"당신이 있든 없든, 나는 아이를 가질 거야. 나랑 자려는 남자를 찾기가 어렵다고 생각해?"

"나는 뭐야, **아무것도** 아니야? 당신이랑 놀아날 멍청이를 찾겠다는 헛소리나 들으려고 여기 앉아 있는 줄 알아?"

"당신은 아무것도 아니지 않아. 당신은 내가 사랑하고 함께 해온 유일한 사람이야. **당신 스스로** 자신을 아무것도 아닌 사람으로 만들고 있어."

"아내는 이 문제를 포기할 생각이 없어요." 칼이 씩씩거리며 내게 말했다. "그렇다면, 나도 그럴 수 없어요."

막다른 골목에 처했다고 느끼면서, 나는 그들 삶의 다른 측면에 대해 물었다. 아기 문제를 빼면 모든 일이 순조로웠다. 치료가 종결되고 3년 반 동안, 칼은 계속 돈 관리를 했고 책임 있게 그 일을 했다. 다프네로 말하면, 그녀는 통제권을 내려놓는 데 성공하며 새로운 방식의 삶을 즐겼다. 부부는 저축을 했고, 다프네는 로지와 함께 집에 있을 수 있었다. 이는 그녀에게 많은 것을 의미했다. 다프네가 어릴 때, 그녀의 어머니는 그리스 식당에서 웨이트리스로 일했고 늘 지쳐서 집에 돌아왔다. 다프네는 엄마가 되는 것이 좋았다. 그것은 그녀가 잘할 수 있는 일이었다. 아직 아이를 더 낳을 수 있었고, 누구도 아이를 그만 가지라고 말할 수 없다.

나는 첫 번째 공황발작이 임신한 이웃을 위해 아기 옷을 쌀 때라고 했던 그녀의 말이 기억났다. 이웃과 관련된 일일까? 이 상황이 유독 심했던 자매간 경쟁을 건드렸을까? 그녀보다 일곱 살 어린 멜리나는 다프네보다 훨씬 전에 임신을 했었다. 지난번 치료에서 서로에 대한 질투심을 살짝 다룬 적이 있다. 다프네는 그건 지금 자신이 느끼고 있는 것과는 관련이 별로 없다고 말했다.

다프네가 분명히 말할 수 있는 건 지난 수개월간 고통스럽고 절박한 공허감이 그녀를 덮쳤다는 사실이다. 한 가지 생각이 계속 맴돌았다. 아이가 없다면 그녀의 삶은 끝이다. 더 이상 임신과 출산을 할 수 없다면, 그것은 '마치 팔다리를 잃는 것 같은' 마주하기 싫은 너무나 끔찍한 상실이다. 몇 년 안에 로지는 학교에 갈 것이고 해마다 자신의 손길이 점점 더 필요 없어질 것이다. 그렇다면 엄마가 아닌 그녀는 누구일까?

칼이 이 질문에 답했다. 그는 부모가 되는 것도 좋지만 매일 밖에 나가서 일을 하는 것도 좋다고 말했다. 육체노동에 개의치 않으며 동료들도 좋은 사람들이다. 완공된 건물을 지나갈 때는 '내가 여기에 참여했다.'는 뿌듯한 마음이 든다. 다프네는 아주 지적인 사람이며, 그가 보기에 그녀가 일에 집중할 수 있다면 아기에 대한 집착을 내려놓을 수 있을지도 모른다.

나는 칼이 말할 때 다프네의 몸이 굳는 모습을 볼 수 있었다. 그녀는 나와 눈을 마주치지 않았고, 손톱에 시선을 고정한 채 큐티클을 하나씩 밀어 넣고 있었다. 그러면서 그동안 그녀가 거쳤던 끔찍한 직업들을 나열하기 시작했다. "애견 위탁소 조수, 거기서 첫 주에 두 번 물렸어요. 비서, 화장실도 마음대로 못 가요. 즉석요리 조리사, 여든 살 먹은 주인이 내가 뜨거운 기름을 붓고 있는 동안 내 허벅지를 움켜줬어요…. 두 분, 제 말을 알아들으시겠어요? 일을 그만두고 어머니를 돌봤고 지금은 딸을 돌본다는 사실이 내게 얼마나 축복인지를요?"

충분히 이해할 수 있다.

나는 그녀가 '자기 향상'을 주저한다는 점을 상기시키면서, 대학에 돌아갈 생각은 없는지 물었다.

칼은 내 질문에 반색했다. 시간이 다 되었고, 나는 다프네에게 끝나기 전에 하고 싶은 말이 있으면 하라고 했다. 그녀는 수심 어린 표정으로 여전히 시선을 돌린 채 천천히 말했다. "그래요. 그것도 물론 생각해 볼 여지가 있어요. 교육."

이틀 후 다프네에게 메시지가 왔다. 내가 칼의 편만 들기 때문에 치료를 중단하기로 결정했다. 그녀가 원하는 건 일이나 학위가 아니다. 또 다른 아기를 원한다. 그녀는 내가 치료자로서 그리고 여자로서 자신의 입장을 이해하리라고 기대했다. 학교에 돌아가라고 한 시간 동안 설교를 하는 사람에게 돈을 내고 싶지는 않다.

나는 어찌할 바를 몰랐다. 그날 오후 그녀와 전화통화를 했고, 민감하지 못했던 것에 대해 사과했다. 착취당하는 끔찍한 일을 하라고 압력을 가할 의도는 없었다고 그녀를 설득하는 데 오랜 시간이 걸렸다. 나는 생산하고 창조하고자 하는 그녀의 열망을 가능한 한 폭넓게 이해하도록 돕고 싶었다. 그녀가 다시 어머니가 돼서는 안 된다는 의미는 아니었다. 다프네는 나의 사과를 받아들였지만, 그게 끝이 아니었다. 주중에 다시 전화를 해서 나의 모든 말에도 불구하고 다시 치료에 올 수는 없다고 말했다. 나는 그녀의 말을 끝까지 다 들어주며, 다음 회기에 와서 모든 분노와 실망감을 털어놓으라고 다독였다. 다프네는 종종 부모에게 화가 났지만, 한 번도 화를 드러낸 적이 없는 사람이었다. 그녀가 전화로 '나를 공격한다.'는 것은 나를 신뢰하고 있다는 신호였다.

다프네와 칼은 다음 약속을 지켰다. 둘 다 지쳐 보였고, 사실은 싸우느라 일주일 내내 잠을 설쳤다. 문제가 번지고 있었다.

"전에는 아기 문제밖에 없었어요. 지금 아내는 불을 켜놨다고, 싱크대에 접시 한 장이 그대로 있다고 난리를 쳐요. 소리를 하도 질러대서 둘 다 목이 쉬었어요. 아내 말대로 갈라서야 할까 봐요. 둘 다 머리 꼭대기까지 꽉 찼어요."

다프네는 다 포기한 듯 침통해 보였다. "그러게요, 제 말이 그 말이에요." 그녀가 말했다.

칼이 말을 이었다. 연애와 결혼 기간 내내 그들은 다퉜다. 둘 다 다혈질이었다. 사실 대부분의 언쟁은 아주 만족스러운 성관계로 이어졌다. 그들은 가끔 이에 대해 농담을 하기도 했다. 그러나 이번의 고함과 상호 비난은 뭔가 달랐다. 성관계를 하며 화해에 이르지 않았다. 이들은 5주—이들에게는 1광년—동안 섹스를 하지 않았다.

어느 날 밤은 부부가 싸우는 소리를 듣고 로지가 방에서 혼자 울기도 했다. 어느 날 저녁에는 로지가 침대에서 기어나와 계단을 더듬거리며 내려와, "엄마, 아빠, 싸우지 마세요."라고 훌쩍이기도 했다. 부부는 창피스러웠다. 칼이 다프네에게 한 방 날렸다. "당신이 애가 더럽게 기저귀에 쌌다고 소리 질렀잖아, 아이도 이미 마음이 상해 있었다고. 애를 좀 내버려 둬."

"내버려 두라고? 내가 아이를 훈련시키지 않으면 6학년이 될 때까지 바지에 똥을 쌀 거야, 당신처럼!"

"다프네, 당신은 미쳤어. 아이가 한밤중에 깨서 기겁을 하고 있잖아, 그 얘기를 하고 있는데, 당신은 고작 **나를** 헐뜯기밖에 못해? 지금 애한테 신경이나 쓰고 있는 거야?"

"감히 아이에 대한 내 사랑을 의심해? 내가 당신보다 더 좋은 부모고, 당신 누이들보다 더 좋은 엄마야. 어디서 로지에 대한 내 애정에 딴지를 걸어?"

"당신 애정에 딴지 건 적 없어. 할 말을 했을 뿐이야. 왜 늘 당신 첫 번째 관심사는 내 목을 조이는 거지? 당신 헛소리에 넌더리가 난다고! 정말 지겨워. 알아들어?"

그들의 목소리가 서로 겹쳐서 쿵쿵 울렸다. 눈앞에서 불이 번뜩이는 것 같았다.

"지겹다고? **당신이** 지겹다고? 누구 때문에 우리가 치료에 왔는데? 당신은 완벽한 결혼이라며, 안 그래?"

"빌어먹을, 어디서 소리를 질러!"

"소리 지르는 거 아니야!!! 이번 주에 로지가 한 행동에 대해 우리가 문제를 해결해야 된다고. 문제를 감추려고만 들 거야?"

언쟁을 벌일 때 그들은 늘 아이가 보지 못하도록 해 왔다. 화가 난 부모들이 하기 어려운 일이었다. 역시 뭔가 변했다.

나는 고함 사이에 끼어들어서 지금 무슨 이야기를 하고 있느냐고 물었다. 세 살 반 된 로지는 부부가 법석을 피우며 몇 차례 노력을 했지만 아직 배변훈련이 되어 있지 않았다. 놀랍게도, 지난주에 로지는 벽에 똥을 문지르고 나서야 기저귀에 손을 뻗었다.

아이가 얼마나 스트레스를 받고 있는지 보여 주는 신호에 정신이 번쩍 들어서, 그들은 싸움을 멈췄다. 그들은 로지에게 헌신적인 부모였고, 아이를 돕고 싶어 했다.

이후 15분 동안 부부는 다시 고함을 쳤다. 대부분 소리를 지르게 된 책임이 누구에게 있느냐는 것이었다. 귀가 따가웠다. 나는 제안할 게 있다고 말했다.

"불임 수술을 하라는 제안은 하지 마세요."

"아니에요. 그런 말을 할리가요."

"어떤 방법이든 피임을 하라는 말도 하지 마세요."

내 제안은 간단했다. 아이를 더 낳는 문제는 잠시 제쳐두자. 그 문제로 돌아가기 전에 할 일이 있다. 딸이 똥을 문지른다면, 이건 뭔가 잘못됐다. 싸움을 멈추기 위해 쓰는 자기 나름의 방법인지도 모른다. 가족이 소란스러울 때 태어난 신생아는 불이익을 안고 이 세상에 나온다. 이제부터 치료에서 혹은 집에서 아기 문제를 얘기하지 않기로 하자. 말하자면, '아'자도 꺼내지 말자. 그 단어는 모라토리엄이다.

"저는 좋아요." 다프네가 말했다. "솔직히 더 이상 이 싸움을 참을 수가 없어요. 정상으로 돌아갈 필요가 있어요. 당신도 그렇지?"

"그래요. 모라토… 어쩌고, 궤양이 생길 지경이에요." 시간이 다 되어 갈 무렵, 다프네는 자신이 주중에 전화를 걸어 나를 야단쳐서 내가 화가 났는지 멋쩍게 물었다. 나는 3년 전 치료 중에 우리가 나눴던 이야기를 그녀에게 상기시켰다. 그녀의 친정집에서는 감정을 보이는 것이 금기였다. 그때 다프네가 한 말은 이랬다. "엄마는 '내가 엄마인 걸 다행으로 알아라, 괜한 소란 피우지 말고.'라고 느끼게 만들었어요." 치료는 소란 피우라고 있는 것이다.

"저 때문에 마음이 상하진 않으셨죠?" 그녀는 내가 안심시킬 때까지 꿈쩍도 하지 않을 태세였다.

"아내는 내내 초조해했어요." 칼이 말했다. "아내가 그랬죠, '내가 무슨 짓을 한 거지? 이 세상에서 나를 이해하는 유일한 사람을 내쳤어.' 그래서 내가 '맙소사, **나를** 밀쳐내는 건 괜찮고?'라고 했지요."

"당신이 데보라가 한 만큼의 십분의 일만 노력해도 당신을 걱정할 거야." 그녀가 대답했다. 다프네는 자기 때문에 우리 관계가 깨지지 않았다는 사실에 안도했다. 여기서 우리는 중요한 전이작업을 하고 있었다. 의식적인 수준에서 다프네는 내가 감정이 상하지 않으면서 자신의 분노를 참아낼 수 있다고 정말로 믿고 싶어 했다. 그럼에도 불구하고, 나에게 자기 어머니의 이미지를 전이하고 있었기 때문에 그 믿음은 취약했다. 나는 이러한 과정에 대해 그녀에게 설명해 주었고, 이때의 해석 시점은 분명 적절해 보였다. 이후 그녀가 나를 잃으리라는 불안을 덜 보였기 때문이다. 그녀는 분명 내가 풍부한 통찰력과 이해심을 갖고 있다고 보고 있었다. 이것도 나쁘지는 않지만, 나는 그녀가 자신을 열 배 더 잘 이해할 수 있는 방법을 칼에게 보여 주기를 바랐다.

어찌 됐건, 매우 기이한 회기였다. **나에게** 말이다. '아기'라는 단어에 모라토리엄이라니? 정신분석의 기본 규칙이 유쾌하건 불쾌하건 마음에 떠오르는 뭐든 말하는 것임을 감안할 때, 이상한 일이 벌어졌다. 방 안에 소용돌이치던 정서적 파고를 참을 수 없다고 말하고 있었던 걸까? 어쩌면 부부가 더 고함 지를 **필요가** 있었는지도 모른다. 나는 나의 역전이에 대해 생각해야 했다. 아직 숙련된 치료자는 아니었지만, 나는 환자들의 싸움에 쉽게 자극받는 사람이 아니었다. 나는 마일즈가 아니었다. 마일즈는 우리 인턴들 중 자칭 '최상위 백인계층'에 속한다는 사람이었다. 그는 부모님이 싸우는 소리를 한 번도 들은 적이 없고, TV 시청이 거의 허락되지 않았기 때문에 대학에 들어갈 때까지 어른들이 언성을 높이는 소리를 들은 적이 없었다. 치료자로서 그는 술을 홀짝이는 교외 거주자의 은밀한 문제를 다룰 때는 마음이 편했지만, 고함을 질러대는 부부와 작업할 때는 속이 메슥거렸다. 나는 늘 그가 내가 자란 집에서 2주만 살아본다면 치료가 되리라 생각했다. 나는 시끄러운 가정에서 자랐다. 서로 앞다퉈 말을 내뱉고 분노를 대놓고 드러내는 어른들의 싸움. 우리 집에서 매일 펼쳐지는 드라마에 비하면 TV는 아무것도 아니었다. 수동공격성이 넘치도록 내 신경을 파고들었겠지만, 대개 나는 싸움에 침착하게 대응했다. 그렇다면 이 두 사람에게 조용히 하라고 말하는 나는 무엇을 하고 있던 걸까?

의식적으로는, 찬찬히 생각해 볼 공간이 필요하다고 느꼈을 뿐이다. 정서적으로 너무 격양되고 시끄러워서 생각하고 듣기조차 힘들었다. 그리고 로지에게 관심을 기울여야 했다.

무의식적으로, 내게 걸려 있던 문제는 무엇이었을까? 모라토리엄을 선언함으로써, 내 자신의 부모를 조용히 시키려 했던 걸까? 아니면 동생이 생기는 것을 막으려는 흔한 아동기 환상을 행동화하고 있던 걸까? 그럴 수도 있다. 다프네는 '치료자로서 그리고 여자로서' 아이를 더 갖고 싶은 그녀의 열망을 내가 이해하리라고 희망했다. 분명 아이 둘은 내게 많은 숫자가 아니다. 나의 할머니는 12명을 낳았고, 이모는 13명을 낳았다. 그들이 어떤 대가를 치렀는지 알고 있었기 때문에, 젊은 여성으로서 내게는 교육과 선택권이 무엇보다 중요했다. 내가 개인적으로 우선시했던 문제 때문에 내 환자의 희망을 존중하지 못했던 걸까? 모든 치료자는 매 순간 이런 질문들을 해야 한다. 실제로 나는 나의 분석과 슈퍼비전 시간에 이 문제를 가져갔다. '모라토리엄'이라는 개입의 효과 자체는 결과에 따라 나중에 평가될 수 있을 것이다.

일주일 만에, 칼과 다프네의 표정이 훨씬 밝아 보였다. 주중에 대화를 나눴고, 자신들이 과로하고 있으며 둘만의 시간이 필요함을 깨달았다. 그들은 1년 동안 휴가를 가지 않았다. 그들은 비싸지 않은 플로리다 휴가여행을 찾았고 몇 달 후 봄으로 예약을 했다. 기대할 것이 생기면서 기분이 나아졌고, 회기 중에는 로지에 관해 이야기했다. 로지는 한 주 동안 대변실수를 하지는 않았지만, 엄마에게 심하게 매달렸고, 잠시 잠깐이라도 엄마가 자기 시야에서 벗어나지 못하게 했다. 다프네 친구가 일주일에 몇 시간 정도 유치원에 보내면 아이에게 좋다고 얘기해 주었다. 외동인 로지에게는 친구를 사귈 수 있는 기회가 될 것이다. 다프네는 좋은 의견이라고 생각했고, 칼 역시 그랬다.

둘이 함께 문제를 풀어가는 이런 방식으로 몇 회기가 지나갔다. 결혼에 담긴 우정에 관해 얘기했고, 서로가 서로를 좋아하고 있음을 확인했다.

모라토리엄은 한 달간 유효했다. 한 달 후 회기가 끝날 무렵, 다프네의 얼굴이 다시 절망으로 어두워졌다. 그녀는 정수리에 머리를 질끈 묶고 싸우러 나가는 사람처럼 조끼를 벗어 젖혔다.

"어젯밤 칼과 저는 상담이 순조롭게 진행되고 있다고 말했어요. 맞아요. 그런데, '그래서요?' 서로 의견이 맞지 않는 부분을 피하면 우리 둘이 잘 지낼 수 있다는 걸 알아요. 그렇다고 애초의 문제가 없어지지는 않아요. 진짜 문제에 진전이 없는데, 다른 문제들을 해결하는 게 무슨 의미가 있죠?"

"아내는 우리가 시간을 끌고 있다고 생각해요."

"칼과 상관없이 저는 둘째를 가질 거예요. 아시다시피 제가 언제까지나 임신할 수는 없잖아요? 전 벌써 마흔 살이에요. 그 얘기를 다시 할 준비가 됐다는 걸 어떻게 알죠? 신호가 뭐죠?"

"아내가 '아'자를 꺼내진 않네요."

칼은 늘 아내를 웃게 만들 수 있다.

"정말이에요, 데보라. 어떻게 알죠? 잠시 동안은 미룰 수 있어요. 하지만 오래 미룰 수는 없어요. 생물학적 시계가 재깍거리고 있다고요. 선생님과 다툴 생각은 없어요, 하지만 이 문제를 다뤄야 한다고 생각해요."

"생물학적 시계로 말하자면…" 칼이 말했다, "오늘은 시간이 다 됐어. 이제 다시 모라-**타**-리엄으로 돌아가야 해. 그렇죠?"

"모라-**토**-리엄이라고 발음해야 해. 그래요, 그 얘기를 당장 하지 않아도 돼요. 하지만 다음 주에는 우리가 그 얘기를 다시 할 준비가 됐는지 어떻게 아느냐에 관해 얘기해야 한다고 생각해요. 칼, 어떻게 생각해?"

"그래. 내키지는 않지만, 할 건 해야지."

이제 나는 모라토리엄에 대해 다시 생각해야 했다. 나는 그것을 어떤 식으로 끝낼지 확신이 없었다. 하지만 분명히 부부 둘 다 진전이 있기를 바라고 있었다. 일주일이 흘렀고, 접수직원이 "로브 부부가 왔어요."라고 내게 알려줄 때까지 시간이 멈춰 있었던 듯했다.

부부와 마주앉자마자 무언가가 생각났다. 어젯밤 그들의 꿈을 꾼 것이다. 그들이 등장했다는 것 외에 꿈 내용은 전혀 기억이 나지 않았다. 그 생각을 하니 웃음이 났다. 내가 부부를 계속 신경 쓰고 있었구나. 나의 심리치료 교수님이었던 칼 휘태커는 정서적으로 꿈쩍하지 않는 환자들을 자극하기 위해 가끔 환자들에게 자기 자신의 꿈을 이야기해 주었다. 그러나 환자에게 꿈을 이야기해 주는 것은 내 스타일이 아니었다. 치료와 친구의 경계를 흐릴 수 있기 때문이다. 나는 아무 말도 하지 않았다.

다프네가, 그 문제를 다시 꺼내기 두렵긴 하지만 "그게 우리가 여기에 온 이유예요."라며 먼저 이야기를 시작했다.

칼이 말했다. "일주일 내내 우리 중 한 명이 감기라도 걸려서 약속을 취소할 수 있었음 했어요. 하지만 진짜문제를 이야기하지 않는다면, 시간과 돈을 낭비하는 거죠."

내가 말했다. "그렇긴 한데, 아이를 갖는 문제를 이야기하면 감정이 격해져서 막다른 골목에 몰려요. 그렇다고, 다른 문제를 이야기하면 논점에서 벗어난다고 느끼죠. 모라토리엄으로 한숨 돌렸지만, 언제 이것을 끝내고, 언제 그 엄청난 딜레마로 뛰어들지 문제죠. 그게 문제예요."

그들이 고개를 끄덕였다. 몇 분이 흘렀다.

나는 해결책을 갖고 있지 않았다. 문제를 명료화하기 위해, 아님 어쩌면 시간을 벌기 위해 난제를 다른 말로 다시 말해 보기로 했다.

"이야기할 수 없는 걸 이야기한다는 게 어떻게 가능할까요?"

"어떻게 하면 우리 둘 다 고래고래 소리를 지르지 않으면서 한 발짝 내디딜 수 있을까요?" 칼이 주먹으로 목덜미를 꾹꾹 누르며 말했다.

나는 이 이야기가 어떻게 진행될지 전혀 알 수가 없었다.

칼이 말을 이었다. "선생님은 우리가 그 생각을 멈춘 적이 없다고 말씀하시겠지요. 늘 우리 마음 한편의 잠재의식 속에서 부글거리고 있다고요, 그렇죠?"

"맞는 말이에요." 다프네가 입을 뗐다. "우리가 모르는 사이에도 계속 붙들고 있었다고 할 수 있죠. 이게 모라토리엄 이론이에요? 맙소사, 선생님이 지금 무슨 생각을 하고 계신지 정말 궁금하네요." 다프네가 나를 바라봤다.

잠시 침묵이 흘렀고, 나는 내가 무슨 말을 하려는지 확신하지 못한 채 말을 하기 시작했다.

"꿈에 대해 생각하고 있었어요." 나는 말했다. "두 분 말에 모두 동의해요. 이처럼 중요한 질문은 좀처럼 우리 마음을 떠나지 않죠. 지금은 꿈을 자세히 살펴봐야 할 때라고 생각해요."

꿈의 기원과 의미에 대해서는 여러 가지 이론이 있다. 나는 꿈은 소원 성취라는 프로이트의 관점에 동의한다. 꿈은 위장된 모습으로 소망을 이야기한다. 대개 치료자는 치료 중에 꿈이 올라올 때 꿈을 다룬다. 꿈꾸기가 숙제로 주어지지는 않는다. 그럼에도, 이 상황에서 두 사람의 세계를 들여다볼 수 있는 가장 좋은 방법은 꿈일 것 같았다. 꿈을 통해 이들이 치료에 가져온 이 힘겨운 문제를 피하지 않고 마주할 수 있으며, 최근 몇 달과 같은 야단법석을 떨지 않으면서 다룰 수 있을 것이다.

다프네가 자세를 고쳐 앉았다.

"저한테 맡기세요. 저는 꿈에 대해 생각하기를 좋아해요. 칼은 어떤지 모르겠네요. 당신은 도통 꿈을 안 꾸지?"

"잘 때도 아내가 나보다 나아야 하네요."

나는 조금만 노력을 하면, 말하자면 아침에 꿈을 기억하려고 노력하거나 꿈을 기록하는 식으로 하면, 누구나 꿈 작업을 할 수 있다고 말해 주었다.

다음 회기에, 칼은 하룻밤에 꿈을 두 개 꾸었지만 아침에 기억할 수가 없었다고 말했다. 하지만 한밤중에 깨어서 자신이 꿈을 꾸었다는 사실을 안 것만으로도 기뻤다. 이게 시작이었다.

다프네가 자신의 꿈을 이야기했다.

저는 치과에 있어요. 치아 두 개의 치근관 치료를 해야 한대요.
저는 샌드위치를 먹고 있었어요. 치위생사가 "여기서 이런 일이
일어나서 다행이네요. 안 그러면 봉을 삼킬 뻔했어요."라고 말했
죠. 그들이 내 입 속에서 봉을 제거했고, 저는 신기했어요.

자기가 꿈 해석을 했는데 이야기해도 되냐고 그녀가 물었다.

"내 삶에는 뭔가가 빠져 있어요. 그걸 채우고 싶어요. 여기 선생님 사무실에 있어서 기뻐요."

다프네의 꿈에 관해 내 자신의 많은 질문과 해석이 있었지만, 나는 말을 하지 않기로 했다. 부부치료와 가족치료에서의 꿈 해석은 개인치료에서의 꿈 해석과 다른 형태를 띨 수 있다. 상담실에 한 사람 이상이 있을 때의 꿈 작업을 나는 책이나 세미나가 아니라 몇 년 전 위기의 가족을 치료하면서 배웠다. 그때 나는 15세의 르로이 존슨 가족과 함께 앉아 있었다. 르로이는 여러 가지 청소년 비행을 저지르고 우리 정신과 병원에 입원해 있었다. 한때 치료에 큰 진전이 있었지만 르로이는 다시 악화되었고, 그의 부모는 화가 나

고 절망적이었다. 우리는 조용히 앉아 있었고, 누구도 말을 꺼내고 싶어 하지 않았다. 나로서는 그들을 위해 할 수 있는 건 다 했고, 더 이상 방법을 찾지 못한 채 치료가 가망이 없다고 생각하기 시작했다. 르로이가 전날 밤 꿈을 꾸었다며 침묵을 깼다. 나는 그에게 말해 보라고 했고, 그와 그의 부모는 꿈을 해석하며 한 회기를 다 보냈다. 역시 꿈은 문제의 핵심을 찔렀다. 르로이는 어머니와 자신을 학대했던 생물학적 아버지에 대한 그리움을 맹렬하게 방어하고 있었다. 꿈은 간접적이고 덜 위험한 방식으로 상실, 슬픔, 폭력에 관해 얘기할 수 있는 길을 열어 주었다. 꿈은 생각할 수 있는 공간을 마련해 주었다.

그 일이 1980년대 중반에 있었고, 이후로도 나는 여러 부부와 가족의 꿈 작업을 해 왔다. 다프네가 나와 개인치료를 하고 있었다면, 꿈의 각 요소에 대해 연상되는 것을 말하라고 요청했을 것이다. 예를 들어, "치과병원, 치근관, 두 개의 치근관, 치위생사, 샌드위치에 대해 말해 보세요."와 같이 말이다. 이러한 연상은 개인으로서의 다프네, 그리고 나에 대한 전이의 속성에 따라서 어떠한 방향으로든 전개되었을 수 있다. 꿈속의 치위생사/치료자가 어머니상일 수 있다고 내가 말할 수도 말하지 않을 수도 있다. 실제로 시어머니의 뇌졸중 직후에 공황을 야기했던 '공허감'이 생겼다. 이는 분명 친정어머니의 죽음에 대한 슬픔을 다시 건드렸다. 어쩌면 다프네의 소망은 모성적 돌봄일지도 모른다. 아기를 돌봄으로써 돌봄 받고 싶은 욕구를 대리만족할 수 있다. 부부치료에서는 초점이 살짝 다르다. 둘 모두에게 연상을 말해 보라고 하겠지만, 여기서 중요한 사항은 꿈과 관련한 둘의 상호작용이다. '완벽한' 해석보다는 부부가 '꿈 사고'를 서로 교환하는 데 익숙해지며, 그럼으로써 부부간의 대화가 진전될 수 있도록 하는 것이 더 중요하다.

다프네는 꿈을 보고한 후, 그 얘기는 그만하고 서둘러 다른 이야기로 넘어가기를 원했다. 할 이야기가 많았다. 그들은 일주일 내내 그들이 얼마나 멍청했었는지 내가 알기를 바랐다. 칼은 그녀를 '독재자'라고 불렀다. 다프네는 칼에게 무엇을 먹고 어떻게 먹을지, 무엇을 말하고 어떻게 발음할지 잔소리를 해대느라 바빴다. 설령 옳은 말일지라도 칼이 받아들이기가 힘들었다. 로지의 배변훈련도 마찬가지였다.

다프네는 칼 때문에 미칠 지경이어서 이 문제에 대한 나의 조언을 원했다. 그들은 로지를 일주일에 몇 시간씩 놀이학교에 보내기로 결정했다. 그러나 이 학교에 들어가려면 배변훈련이 되어 있어야 했다.

칼은 로지에게 배변훈련을 시키고 싶지만, 변기를 사용하는 건 '아이에게 고문'이라고 말했다. 늘 이런 식이었다. 다프네가 로지를 변기에 앉히고 책을 읽어 준다. 로지를 어르고 달래고 때로는 잠깐 화장실 밖에 나가 있으면, 가끔 성공을 한다. 그러나 칼이 주변에 있으면, 로지가 울기 시작하고, 칼이 뛰어 들어가 로지를 변기에서 들어올린다. "남편은, 소리를 지르면 자기 마음대로 된다고 아이에게 가르치고 있어요." 다프네가 주장했다.

칼은 "그럴 때 제가 좋은 사람인 것 같아요. 아이를 울리는 다프네가 틀렸다고 생각해요."라고 대답했다.

다프네는 칼이 다섯 살이 될 때까지 배변훈련이 되어 있지 않았다고 폭로했다.

"맞아, 기억해. 아버지는 '그 더러운 똥 덩어리'라고 내게 소리를 질렀고, 어머니는 내 편을 들어주며 아직 어린애라고 말했지. 유치원에 가기 전에는 할 수 있을 거라고 하셨어."

"칼은 막내예요. 시어머니가 너무 과잉보호했어요. 거의 병적인 수준이었다고요."

"어머니가 육아서적을 안 읽었는지도 모르지. 하지만 결국 나는 아무 문제가 없었다고. 당신은 태어날 때부터 배변훈련이 되어 있었지? 아주 청결박사 나셨어. 사람들이 그걸 다 알아주길 바라면서 말이야. 누가 병적인 거예요?"

여성치료센터의 섭식장애 전문가들이 하는 말이 있다. "아무도 혼자 먹은 적이 없다." 거식증을 잘 아는 사람들은 음식, 즐거움, 건강, 성, 자기통제에 대해 장황하게 늘어놓는 엄마들, 아빠들, 헤어진 연인들, 의사들의 유령이 좁은 주방을 가득 채우고 있음을 너무나도 잘 안다.

마찬가지로, 부모가 아이를 배변훈련 시킬 때는 적어도 두 명의 다른 부모가 있다. 그들은 각각 더러움과 깨끗함, 자립과 의존, 순종과 위반에 대한 기억과 기대를 불러일으킨다. 칼과 다프네는 잠시 침묵을 지켰다. 나는 무슨 생각을 하고 있냐고 물었다.

칼이 아주 엄숙한 목소리로 말했다. "전 돕고 싶었어요. 제가 뭔가를 더 했어야 했어요."

나는 칼이 다프네를 말하는 건지, 딸을 말하는 건지 물었다.

"아니요, 어머니요. 어쩌면 어머니가 저에 대한 애정이 너무 많았는지도 모르죠. 하지만 실제로는 저를 보호해 주셨어요. 저는 그 남자에 대한 공포 속에서 살았어요. 그가 '내가 너를 세상에 나오게 했으니, 너를 세상에서 없앨 수도 있다.'라고 하면 정말 그런 줄 알았어요. 어릴 때는 엄마가 나를 보호했고, 커서는 내가 엄마를 보호했죠. 엄마를 위해 무언가 더 했어야 했어요."

나는 갑작스러운 주제의 전환에 놀랐다. 그러나 다프네는 그렇지 않았다. 회기를 시작할 때는 냉소적이었던 그녀의 표정이 부드러워졌다.

"시어머니는 마음이 따뜻한 분이세요. 정말이에요. 어머니를 사랑하고, 어머니를 잃는다는 건 생각조차 할 수 없어요."

칼의 아버지는 5년 전에 돌아가셨고, 그래서 어머니가 생존해 계신 마지막 부모였다. 그들은 어머니의 어수룩하면서 다정한 태도, 완벽한 피에로기 요리, 로지에 대한 사랑에 관해 말했다. 시어머니가 가까이 계셔서 다프네는 친정어머니의 죽음을 조금은 쉽게 견뎌낼 수 있었다. 그러나 때로는 더 어렵기도 했다. 친정어머니 생각이 더 많이 날 때도 있었기 때문이다.

다프네의 어머니는 엄격하지만 믿음직스러웠고, 유일한 손녀인 멜리나의 딸 릴리를 매우 사랑했다. 다프네는 발진, 발열, 고무젖꼭지 등등 아기에 대해 조언을 해 줄 엄마가 옆에 없다는 사실을 믿을 수가 없었다. 그녀의 어머니가 유방암 진단을 받았을 때는 그녀와 엄마가 이제 막 살가워지고 서로에 대해 애틋한 마음이 들기 시작하던 때였다. 모두들 임신 중에는 좋은 생각만 하고 슬픔은 잊으라고 다프네에게 말했다. 그녀의 엄마도 틀림없이 그러기를 바라셨을 것이다. 그러나 엄마를 잃었다는 슬픔, 이 왕성한 여성이 점점 쇠잔해져 가던 기억은 여전히 남아 있었고, 언제라도 튀어나올 수 있었다.

"울보 두 명이네요. 배변훈련에 대해 말하고 있지 않았나요?" 다프네가 말했다.

이런 가벼운 우회는 우연이 아니었다. 그런 일에 울컥했다는 건 매우 중요했다. 이 슬픔을 잘 다루면, 부모 노릇에 대해 그들이 좀 더 분명하게 생각하게 될지도 모른다. 우리는 다프네 어머니의 죽음, 칼의 어머니를 어떻게 최선을 다해 보살필 수 있는지에 관해 시간을 더 들여 이야기했다. 그리고 로지에 대해서는, 뭔가 새로운 시도를 해 보아야 할 때가 아닐까?

그들은 동의했다. 다프네는 부부가 함께 로지와 이야기를 해야 하고, 칼 역시 로지가 기저귀 대신 변기를 사용하기 바란다는 점을 분명히 해야 한다고 말했다. 보상으로 잠들기 전 이야기 시간을 더 늘릴 것이다.

이는 즉각적인 변화를 가져왔다. 로지가 알아듣기 시작했고, 장시간의 비명이 사라졌다. 칼은 뭔가를, 어쩌면 어린 시절의 한 부분을 덜어냈고, 그의 딸은 아빠를 대신해 그토록 맹렬히 고집했던 어린애 짓에 더 이상 매달리지 않았다. 다프네는 공허감을 채우는 문제에 대해 압박을 덜 느꼈고, 엄마가 되는 것에 대해서도 좀 더 건설적으로 생각할 수 있었다.

* * *

칼이 꿈을 꿨다. "워크맨[3]을 샀어요."

---

3) [역주] Walkman. 1979년에 출시되어 한때 인기를 끌었던 휴대용 카세트 플레이어

나는 생각과 연상을 물었고, 그는 쇼핑할 때 워크맨을 봤는데 체육관에서 쓰려고 그걸 사고 싶었다는 말만 했다. 나는 이번에도 어떤 생각이 났지만 말을 하지 않기로 했다. (칼이 "워크(walk), 맨(man)"이라고 하고 싶지 않았을까?)

나는 다프네에게 칼의 첫 번째 꿈에 관해 어떤 생각이 나냐고 물었다. "아니요." 그녀의 미소에 살짝 깔보는 듯한 표정이 스쳐 지나갔지만, 칼을 비난하지는 않았다. 다프네는 자신의 꿈을 이야기해도 되냐고 물었다.

제가 무언가를 적었어요. 그런데 아무도 그게 무슨 말인지 읽을 수가 없어요. 나조차도 그걸 읽을 수 있을지 알 수가 없어요.

나는 꿈에 대해 어떤 생각이나 느낌이 있는지 다프네에게 물었다. 그녀는 없다고 했고, 나는 잠시 생각해 보라고 했다. "아무것도 없어요." 그녀가 말했다. 평소 그녀답지 않았다.

"뭐라고 적혀 있는지 아무도 읽을 수가 없어요." 내가 다시 말해 줬다. "'나조차도요.' 뭔가 생각나는 게 있나요?"

그녀는 조용히 생각에 잠겼다. "아니요." 그녀가 말했다.

내게 든 첫 번째 생각은 그 꿈은 비밀스럽게 남아 있고 싶은 소망, 너무 빨리 이해받고 싶지 않은 소망을 표현한다는 것이었다. 아마 그녀는 자신이 나 혹은 다른 사람에게 노출되고 있거나, 오해받고 있다고 느끼고 있는지도 모른다.

칼은, 그 꿈은 언젠가 그녀가 했던 말을 생각나게 한다고 했다.

"당신은 이렇게 말했어. '당신은 내가 한 말을 기억하지 못해. 내가 일일이 다 써줘야 해.'라고 말이야. 또 다프네는 작가를 좋아해요. 옆집에 은퇴한 신문기자가 사는데, 그 꿈이 월터와 관련 있을 수도 있겠네요. 당신네들 둘이라면 글을 이해할 수 있을지도 모르지."

다프네가 환하게 웃으며 말했다. "남편 말이 다 맞아요. 바로 어제 남편에게 그 말을 했어요. 또 제가 작가를 동경한다는 것도 사실이에요. 제게는, 뭔가를 글로 옮길 수 있는 사람이… 정말 대단해 보여요. 전 새로운 단어를 배우길 좋아하고, 칼이 '당신네들' 같은 말을 쓸 때 거슬려요. 칼은 상관하지 않아요. 이웃남자는 나이가 지긋한 분인데, 그분과 말을 할 때는 이런 생각이 들곤 해요. 저렇게 지적인 사람과 결혼한다면 얼마나 좋을까? 나도 같이 수준이 올라갈 텐데."

"나처럼 시궁창에 처박지 않고?"

그들은 둘 다 마음이 가벼운 상태였고, 오랫동안 건드리지 못했던 아픈 곳에 대해 자유롭게 얘기할 수 있었다. 다프네는 자신보다 더 많이 공부한 사람, 자신의 '수준을 올려줄' 뿐만 아니라 과시할 수 있게 해 줄 사람과 결혼하지 않은 자기 자신에 대해 깊이 실망하고 있었다. 그녀가 말하길, 칼은 레슬링밖에 할 말이 없는 사람이었다. 하고많은 스포츠 중에서 말이다! 축구는 그래도 전략이 있고, 야구선수들은 대부분 말을 잘한다. 그런데 레슬링 선수들은 짐승 같고, 게임이 조작이라는 건 누구나 다 안다. 어휘력을 향상시키고 시사문제를 따라가려고 그토록 열심인 다프네는 TV 앞에 죽치고 앉아 프레첼이나 후드득거리는 칼의 한심한 모습에 신물이 났다.

이런 형태의 상처받은 자존심은 리차드 세넷(Richard Sennett)과 조나단 콥(Jonathan Cobb)의 고전『계급의 숨겨진 상처』의 주제이다. 계층이 모든 사람의 자기정의에 영향을 미친다는 이런 주제는 심리학자들이 주목하지 않았던 문제이다. 칼은 아내가 자신을 창피하게 생각한다는 걸 알고 있었고, 그럴수록 속물처럼 보이려고 애썼다. 어느 날 밤 친구들과의 대화주제가 뉴스로 넘어가자, 칼은 부루퉁해져서 TV를 켜도 되냐고 물었다. 또 언젠가는 친구들이 영화를 보러 가자고 했는데, 우연찮게 자막이 있는 영화였다. 칼이 영화 상영 내내 불평을 늘어놓아서, 아무도 영화를 제대로 보지 못했다. 우리는 칼의 입장을 옹호해 줄 수 있는 더 좋은 방법이 있는지 이야기를 나누었다. 다프네가 왜 자신보다 공부를 더 많이 한 남편을 원했는지도 얘기했다. 다프네는 왜 대학을 마치지 않았을까?

그녀는 부모님 때문이라고 했다. 어릴 때부터 다프네의 부모님은 아들들만 대학에 가야 한다고 주장했다. 딸들은 곧 결혼을 하고 아이를 가지기 때문이다. 이런 불공평에 격분해서, 자신이 일하는 동안 남자형제들이 학사학위를 딸 때 그녀는 말없이 속을 끓였다. 그녀가 2년제 야간대학에 갈 수 있는 돈을 모았을 때, 가족 누구도 관심을 보이지 않았다. 그녀 생각에는, 공부를 많이 한 남편을 쟁취한다면 모든 것을 바로잡을 수 있었다.

이 이야기가 내 마음에 깊숙이 와 닿았다. 그리고 아무도, 그녀 자신조차도 이해할 수 없었던 무언가를 쓴 그녀의 꿈에 관해서도 그랬다. 처음 내 생각과는 반대로, 그 꿈은 그녀가 이루고자 하는 무언가와 관련이 있는 것 같았다. 아직 그것이 무엇인지는 모르지만 말이다. 그녀는 자기 자신을 감정에 빠져 허우적거리는 너무 정서적인 사람이라고 묘사하곤 했다. 그녀가 언어와 상징의 세계로 새롭게 들어가고 싶은 꿈을 꾸고 있다고 말할 수도 있다. 다프네가 아기에 관한 꿈을 가져왔다면 그리 놀랍지 않았을 것이다. 그녀는 글쓰기에 관한 꿈을 꿨다.

꿈에 관한 이후의 이야기는 다시 교육 문제로 돌아갔다. 가족과는 별개로, 그녀가 대학으로 돌아가고 싶은 적이 있었을까? "아니요, 공부가 나랑 맞지 않았어요." 다프네가 말했다. 그녀가 계속 말을 이었다.

"그것이 일로 공허감을 채울 수 없는 이유예요. 정말이지 나도 선생님처럼 중요한 직업으로 내 인생을 채우고 싶어요. 제가 의사나 변호사가 될 수 있었다면 바로 그렇게 했을 거예요. 그런데 교실에 앉아 있기 싫은 사람이 허접한 일을 하지 않겠다고 한다면…. 전에 다 한 얘기예요."

그녀는 자신이 학습장애가 있는지 검사를 해 본 적이 있다고 말했다. 아니었다. 스무 살이라면 공부에 매진했을 수도 있지만, 지금은 때가 지났다.

다음 회기에 다프네와 칼이 환한 미소를 지으며 들어왔다. 좋은 소식이 있었다. 칼이 '중요한 꿈'을 꾼 것이다.

"시시한 얘기가 아니에요." 칼이 말했다.

제가 부모님 집에 있어요. 2층에 화장실이 있고요. 거기서 직장 여자와 성관계를 하고 있죠. 그녀는 게일이에요. 저의 상사와 결혼했죠. 저는 누가 들어올까 봐 조마조마해요.

게일과 그녀의 남편은 여기를 곧 떠날 예정이라고 칼이 덧붙였다. 나는 칼에게 꿈에 관해 할 수 있는 이야기는 뭐든 하라고 얘기했다. 게일은 금발의 미녀로, 다프네와는 아주 상반된 매력을 갖고 있었다. 일생 동안 칼은 예쁜 여자가 자신을 쫓아다니기를 바랐다. 영화배우 뺨치는 다프네가 그 유일한 여자였다.

그는 남은 생 동안 이 한 사람과만 사랑하며 살 수 있을까 궁금했다. 칼이 말했다. 꿈은 바로 그에 관한 거라고. 다른 누군가와 함께하고 싶은 환상. 그가 말을 이었다.

"제가 말도 안 되는 말을 한다고 생각하지 않아요. 다프네와 저는 잠자리에서 행복해요. 적어도 여태까지는 그랬어요. 다프네도 저 같은 생각을 한 적이 있을 거예요. 그렇지?"

"당신이 그런 말 할 수도 있겠지." 그녀가 대답했다. "솔직히 나도 그런 생각을 해. 어떤 기분일까…. 그렇다고 밖으로 뛰쳐나가 찾지는 않아. 그런데 당신은 궁금해하네."

나는 꿈에서 화장실이 무얼 의미한다고 생각하는지 칼에게 물었다. 그는 비밀스럽고 흥분되지만, 불쾌하기도 하다고 말했다.

왜 상사의 아내일까? 그는 모르겠다고 했고, 다프네도 마찬가지였다. 상사와 그 아내는 부모상을 상징할 수 있고, 그래서 그 꿈은 오이디푸스적인 꿈일 수 있다. 성적인 존재로서 가족 안에서의 칼의 경험은 어땠을까?

"장소는 어디든지 될 수 있었어요." 내가 말했다. "그런데 꿈에서 당신은 부모님 집에 있어요. 어떠세요, 칼?"

칼은 부모님은 자신에게 성에 관해 어떤 말도 한 적이 없다고 말했다. 아버지는 키가 컸고, 칼은 성장이 늦은 아이였다. 그래서 아버지는 툭하면 자신을 '애송이'라고 불렀다. 이는 어머니가 가장 아끼는 아들이었던 칼에 대한 질투의 표현이라고 우리는 짐작했다.

다프네는 칼의 아버지가 '거세형' 남자 같다고 말했다. 시아버지는 아들이 아무것도 아니라고 느끼게 만들고 싶어 하는 것 같았다.

"칼은 가끔 제가 자기 아버지처럼 행동한다고 말해요, 자신을 너덜너덜하게 만든다고요. 칼의 말이 맞아요. 저도 거기에 대해서는 마음이 안 좋아요." 다프네가 말했다.

이 문제는 치료에서 전에 다룬 적이 있었고, 내게는 라캉의 개념화가 도움이 되었다. '거세'는 매우 중요한 라캉의 용어이다. 다프네가 사용한 의미와는 다르지만 관계는 있다. 라캉은 남자든 여자든 자신의 '거세'를 받아들이는 것이 중요하다고 말했는데, 이 말은 심리적으로 혹은 성적으로 완전한 사람은 없다는 뜻이었다. 자신이 실제로 신이라고 믿는 정신병자를 제외하고, 우리 모두는 근본적으로 불완전한 존재이다. 우리는 우리 자신의 무의식 과정에 의해 나뉘어 있으며, 때로는 이 무의식이 우위를 점하고 있는 듯 보인다. 우리는 말하는 존재로서 언어를 통해 힘을 부여받지만, 언어를 통해 망하기도 한다. 결코 우리가 뜻하는 바를 정확하게 말할 수 없기 때문이다. 이런 의미에서 우리가 '거세'되었다는 사실을 인정하는 사람만이 사랑할 수 있다. 자기 자신에게 어떤 남근적 완전성을 가정하는 남자와 여자는 결코 친밀감을 경험할 수 없다. 라캉의 용어로 말하면, 시아버지나 다프네나 자신들은 완전한 반면, 칼만이 거세된 존재처럼 행동했을 수 있기 때문에 다프네가 괴로웠던 것이다. 이들은 자신들의 우월함을 입증하기 위해 칼을 '너덜 너덜하게 만들었다.' 이는 칼과 자신을 위해 다프네가 멈추고 싶은 일이다.

다프네는 자신의 부모는 성에 관해 엄격하고 비판적이었다고 말을 이었다. 혼전임신은 집안에 먹칠을 하는 일이며, 그래서 그녀의 어머니는 성의 즐거움이 아니라 위험성을 강조했다.

다프네와 칼은 무릎을 맞대고 가까이 앉아 있었다. 기분 좋은 긴장감으로 공기가 오글오글해졌다. 나는 긴 침묵을 깨며 무슨 생각을 하고 있냐고 물었다. 다프네가 말했다. 그들은 전날 밤 침대에서 서로를 애무했고 전희행위까지 갔으며 기분이 매우 좋았다. 하지만 성관계는 하지 않았다. 칼이 다프네의 임신을 두려워했기 때문이다. 다프네는 어떠한 종류의 피임도 하지 않으려 했다. 이는 종교적 이유에서가 아니라 실질적인 이유에서였다. 그들은 피임약, 자궁 내 피임기구, 페서리, 발포제, 콘돔 등을 사용했던 불운한 역사에 관해 짧게 이야기해 주었다. "선생님, 이걸 아셔야 해요. 제가 칼에게 정관수술을 권한 적도 있었어요. 그런데 칼이 거절했어요." 다프네가 말했다.

그녀의 훈계조 말투는 마치 그녀 자신이 수술을 집도하겠다고 제안이라도 했던 것처럼 들렸다. 아마 칼도 그렇게 들었겠지 싶었다. 칼은 정관수술이 정력을 감소시키지 않을까 두려워했다.

이날 그들은 로지가 잘하고 있다고 만족스럽게 보고했다. 로지가 놀이학교에 갔고 적응을 아주 잘했다. 친구들도 사귀고, 화장실에 가고 싶을 때는 말을 했다. 집에서는 가끔 실수하지만 놀이학교에서는 실수하지 않았다.

다음 주에 다프네가 두 개의 꿈을 가져왔다. 첫 번째 꿈은,

로지가 서서 오줌을 눠요, 사내아이처럼.

두 번째 꿈은,

제가 멋진 푸른색 스팽글 드레스를 입고 있어요. 파티나 집회에
가려고 해요.

나는 그녀의 생각이나 연상을 물었다. 서서 오줌을 눈다고?
"우리는 정말 오랫동안 변기훈련에 몰두해 있었어요. 그게 다예
요. 두 번째 꿈은 잘 모르겠어요."
칼이 자기 생각을 덧붙여도 되냐고 물었다.
"내가 볼 때, 두 꿈을 함께 본다면, 다프네의 두 개의 마음 같아
요. 다프네한테는 두 가지 마음이 있어요. 이 사람은 정말로 아이
를 원해요, 비밀이 아니죠. 이번에는 아들을 생각하고 있나 봐요.
아들이 더 쉽다고 생각할 수 있죠. 두 번째 꿈에서는 세상으로 나
아가 사람들의 이목을 끌 수 있는 특별한 일을 하고 싶어 해요."
나는 다프네를 바라보았다. 아마 평생토록 이때의 그녀 표정을
잊지 못할 것이다. 그녀는 양손으로 뺨을 부여잡고 칼을 뚫어지게
쳐다보았다. 그녀의 표정은 애정 어린 호기심, 간지럽고, 다정한
놀람이었다. 결국 그녀는 똑똑한 사람과 결혼한 것이다!
다프네는 웃고 우느라고 거의 말을 하지 못했다.
"칼이 이런 말을 하다니 믿을 수가 없어요. 너무 지적이에요. 아

주 잘했어요. 그러니까 칼의 말이 맞는 말처럼 들려요. 언젠가 동생에게 '칼은 데보라가 하는 일을 할 수 있어.'라고 말한 적도 있어요."

칼은 데보라가 하는 일을 할 수 있다. 이제는 내가 불을 지필 차례였다.

"맞아요, 칼. 그렇지 않아요?" 나는 기쁨에 겨운 나머지 이렇게 말했다.

"뭐라고요? 둘 다 정말 내가 이 일을 배울 수 없다고 생각했어요? 나는 이런 일을 좋아해요. 너무 재밌어요." 칼이 말했다.

"당신이 바보 같은 짓이라고 생각하는 줄 알았지." 다프네가 말했다.

"아니야, 나는 **당신이** 바보 같다고 생각해." 칼이 짐짓 진지한 척 말했다. "꿈은 아주 중요한 거야. 꿈은 어렵지 않아."

"칼이 선생님 자리를 빼앗으면 어떡해요? 농담이에요."

그들은 손을 마주잡고 서로를 바라보았고, 그들만이 아는 농담을 나누는 듯 보였다.

나는 그녀가 마법의 문을 여는 데 나를 필요로 하지 않았다는 사실에 놀랐다. 칼은 위기를 성공적으로 수습했다.

다프네는 꿈 자체로 돌아갔다. 그녀는 꿈을 해독해 본 적이 없다고 말했다. "내 딸이 사내아이처럼 오줌을 눈다, 이게 무슨 뜻일까요?" 그녀는 계속 생각했다. 인정하기는 싫지만, 아들을 갖는다면 좋을 것이다. "건강한 아이를 낳으면 좋잖아요, 아들이든 딸이든. 신께 감사한 일이죠." 그러나 그녀 마음속에서는 그렇게 간단치 않았다.

"제가 아들을 낳는다면, 우리 집에서는 처음 있는 일이에요." 이건 내가 미처 생각지 못했던 말이었다. 멜리나는 딸이 있었고, 그녀의 남자형제도 딸이 있었다. 다프네는 이 특별한 시합에서 한 번 더 승부수를 던지고 싶어 했다. 이웃에게 아기 옷을 줬다는 사실은 그녀가 이미 경주를 시작했음을 의미했다. 그렇다면 이 집안에서 아들을 갖는다는 것이 왜 그토록 중요할까?

"남자아이한테는 특권이 있기 때문이죠." 그녀가 말했다. "사람들이 뭐라 하든, 세상은 여전히 남자들 거예요." 칼이 끼어들었다. "아니야, 우리가 그걸 바꾸려고 하고 있잖아. 그렇잖아? 로지는 의사, 변호사, 배관공, 록 스타, 자기가 원하면 뭐든지 될 수 있어. 어쩌면 레슬링 선수도."

다프네가 고개를 끄덕였다.

그러나 이 문제는 많은 부모들에게 어려운 주제이다. 비합리적인 생각이 파고들기 때문이다. 그런 생각을 말로 꺼내면, 딱딱하고 시대에 뒤떨어진 얘기처럼 들릴 수 있다. 나는 다프네의 남자형제들이 누렸던 특권을 기억했다. 그들의 이름은 '제임스'와 '피터'였지만, 다프네는 그들을 '제우스'와 '아폴로'라고 불렀다.

"맞아요. 그들은 신 같은 대우를 받았죠. 그들은 아무것도 할 필요가 없었어요. 그저 사랑을 듬뿍 받기만 했죠. 저는 항상 충성스러운 딸임을 증명해야 했어요. 아들들은 학교를 빼먹고, 담배를 피우고, 여자들과 자고, 대학에 갔어요. 멜리나와 저는 집안일을 했고, 통금도 있었어요. 우리가 자랄 때, 부모님이 아프시면 우리가 다 시중을 들어야 했어요. 근데 아들들이 옆에 있으면 아프다는 소리도 하지 않으셨죠. 아들들이 신경 쓸까 봐요. 지금 올케들도 자기 남편들한테 똑같이 하고 있어요."

어딘가 그리 깊지 않은 곳에 자신은 될 수 없었던 특혜 받은 인물을 낳고 싶은 욕구가 도사리고 있었다.

칼은 아들을 갖는 것에 대해 어떻게 느낄까?

"저는 로지가 딸이라 안심이 됐어요. 초음파실에서 내가 그랬죠, '하느님, 감사합니다!' 저는 딸이 더 낫다고 생각해요. 덜 비열하잖아요."

다프네는 칼의 설명이 문제의 핵심을 비껴간다는 생각이 갑자기 들었다. 자기 아버지와 가졌던 관계 때문에 아들 낳기를 두려워하고 있지는 않을까 하는. 칼은 만약 아들이 생긴다면, 자신이 받았던 것과 '정반대로' 아들을 대하고 싶지만 결국은 아버지처럼 행동하게 되지 않을까 하는 걱정이 늘 있다고 말했다.

다프네와 칼이 대화에 너무 몰두해 있어서, 그날 밤 그들을 문 밖으로 내보내기가 어려울 정도였다. 그들이 로비에서 이 문제를 열띠게 토론하는 소리를 들었고, 일주일 후 같은 장소에서 그들을 다시 보았을 때, 나는 그들이 일주일 내내 깊고 만족스럽게 생각을 주고받았음을 느낄 수 있었다.

* * *

다프네와 칼은 잘하고 있었다. 어쩌면 얼마간의 퇴보는 불가피했을 수 있다. 크리스마스 직전에, 그들은 괴로운 표정으로 왔다. 칼이 길거리에서 수상쩍은 사람에게 다프네에게 줄 금목걸이를 사 왔다. 그녀는 울었다. "그건 '훔친 목걸이'예요." 그녀가 주장했다. 다른 사람이 도난당한 목걸이다.

칼은 그렇지 않다고 목소리를 높였다. 그 남자는 현금이 없어서 전당포에 목걸이를 맡기려 하고 있었다.

하지만 칼은 창피해하는 듯 보였다. 다프네는 칼의 행동이 정직하지 않으며, 그래서 도박이고, 따라서 GA 집단에서 논의해야 할 일이라고 말했다.

칼은 단지 다프네에게 멋진 선물을 하고 싶었을 뿐이라고 반박하며, 그녀에게 돈을 많이 쓸 수 없어서 자괴감이 들었다고 말했다. 나는 다프네가 오랫동안 칼을 깔보았기 때문에 칼이 화가 난 거라고 말했다. 이런 종류의 선물에는 분노나 경멸이 담겨 있기 쉽다.

칼은 그 행동은 잘못됐지만, 도박은 아니며, GA에 그 문제를 가져가고 싶지 않다고 말했다. 돌아가신 그의 아버지는 건물관리자였는데, 직장에서 청소용품을 훔쳐 와서 그걸 자랑하곤 했다. 칼이 보기에, 이민자인 그의 아버지는 자신이 충분히 그럴 자격이 있다고 느끼는 것 같았다. 칼 1세는 열심히 일했고, 혹사당한다고 느꼈으며, 그래서 필요한 것을 손에 넣을 만한 충분한 자격이 있다. 공짜 화장지와 비누 박스는 그에게 세상을 의미했다.

나는 칼에게 왜 특히 이 시점에 아버지를 충실히 따르는 것처럼 보이는 행동을 하는지 알겠냐고 물었다.

칼은 모르겠다고, 다만 크리스마스 즈음이면 늘 아버지 생각이 난다고 말했다. 아버지 묘소에 가기를 좋아하지만 올해는 집안일이 너무 바빴다. 다프네에게 함께 가자고 말하고 싶지 않았다.

다프네가 말했다.

"당신과 함께 갔을 거야. 그래서 이런 일을 벌인 거야? 그 목걸이로 뭘 하려 했는지 알고 싶어. 그 남자에게 되돌려줄 수 있어?"

"장난해?"

"내 말은, 훔친 물건이잖아."

칼은 목걸이를 에이즈를 위한 중고품 할인매장에 기부하겠다고 제안했다. 다프네는 그 아이디어가 자신이 그에게 받은 최고의 선물이라고 말했다. 이들 부부는 휴일에 부모님 세 분의 묘소를 모두 찾아뵙기로 약속했다.

그들에게는 처음으로 맛보는 오랜만의 즐거운 크리스마스였다. 일이 잘 풀리고 있었고, 칼이 성 문제를 꺼냈다. 피임을 하고 싶고, 정관수술을 할 용의도 있다고. 다프네의 얼굴이 새파래졌다.

"그래, 나도 사랑을 나누고 싶어. 내 말을 믿어줘!" 새해의 첫 회기에 다프네가 말했다. "하지만 산아제한은 하지 않을 거야. 두 사람 다 잘 들으세요. 나는 흥분되고 과감한 삶을 살아보지 못했어요. 아시겠어요? 무슨 일이 일어날지 모른 채 침대로 가는 일이 그래도 나한테는 흥분되는 일이에요. 아마 칼은 이미 충분히 흥분을 맛보았겠죠. 근데 나는 그렇지 못해요. 여전히 집착하고 있고, 집착하고 싶어요. 이 문제는 결코 포기하지 않을 거예요."

칼은 내가 끼어들 새도 없이 반응했다. 그는 거의 울기 직전이었지만, 그렇다고 침묵하지는 않았다. 한마디 한마디 할 때마다 그의 얇은 입술이 떨렸다. "우린 몇 달 동안 여길 왔고, 좋아지고 있다고 말했어. 더 나아졌어. 하지만 그래서 뭘 어쩔 건데? 도박을 할 때는, 나는 아무 상관이 없었어. 미래가 없다고 느꼈거든. 지금은 그렇지 않아. 솔직히 아이를 더 기르고 싶다고 말하지는 못하겠어. 요행을 바라지는 않을 거야."

그들은 애초의 전쟁을 반복하고 있었다. 여전히 아프지만, 전보다 분명하고 충분히 이야기를 하고 있었다. 나는 이것이 매우 불편한 난관이지만, 좋은 방향으로의 변화가 끼어들어 생긴 난관임을 알아차렸다. 다프네는 지나치게 통제된 방식의 삶을 살아왔다. 앞뒤 가리지 않는 것이 유익할 수 있다. 그러나 칼은 반대 방향으로 가고 싶어 했다. 둘 다 '건강한' 방향으로 이동하고 있지만, 각자의 길이 상대방에게는 불가능해 보였다.

칼이 말했다. "우리는 원점으로 돌아왔어요. 하지만 이럴 수는 없어요. 이야기를 더 많이 했잖아요. 이제 화가 나기보다는 슬프네요…."

나는 변화는 직선으로 이루어지지 않으며, 몇 번이고 이 주제를 반복해야 할 수 있음을 상기시켰다.

다음에 왔을 때 그들은 3월의 플로리다 여행준비에 몰두해 있었다. 다프네는 걱정이 많았는데, 비행기도 아니고, 로지를 돌보는 문제 때문도 아니었다. 로지는 이모와 있을 예정이었다. 그녀는 로지를 두고 혼자 떠난다는 자기 자신의 느낌 때문에 불안해했다.

칼도 비슷한 심경을 털어놓았다. 그는 아이를 베이비시터에게 맡기고 두 시간 동안 쇼핑몰에 갔다 오면, 로지가 마치 한 달 만에 만난 것처럼 자신들을 반긴다고 말했다. "우리는 로지가 우릴 찾는다는 걸 알면서도 플로리다에 있을 거예요. 그것 때문에 **제가** 미쳐버릴까 두려워요. 나흘은 긴 시간이에요."

우리는 둘이 공유하고 있는 이 두려움을 탐색하는 데 회기를 할애했다. 뭔가가 빠져나가서 다시는 돌아오지 않을 것 같은 어마어마한 상실감이 있었다. 다프네는 자신이 꾸었던 꿈을 생각하며 미소 지었다. 조금 우스꽝스럽지만, 칼과 나의 도움 없이도 꿈의 의미를 알 것 같다고 했다.

꿈에서 아빠가 으깬 감자요리를 만들고 있어요. 그리고 아빠가 딸이 우스개로 하던 행동을 해요. 머리 위로 그릇을 비우는 거죠.

다프네에게 꿈의 의미는 명확했다. 꿈에서 아이는 아버지로 대체되었다. 그녀가 아이를 더 갖는다면, 특히 아들을 갖는다면, 아들이 아버지를 대신할 것이다.

"이 세상에 새로운 생명을 태어나게 한다는 것은 모든 안 좋았던 일과 그 모든 고통을 보상해 줘요. 갑자기 누군가가 당신을 전적으로 의지해요. 모두가 늙고 쇠약해질 때, 매일매일 더 예뻐지고 능력이 커지는 생명체를 이 세상에 내보내는 거죠. 신처럼 느낄 수 있어요. 마치 죽음을 속이는 것처럼."

칼은 그녀의 거만한 수사에 감탄하며, 머리를 가로저었다.

다프네가 말을 이었다. 그녀는 어머니가 돌아가셨다는 사실이 늘 싫었다. 그녀가 울기 시작했고, 나는 몇 년 전에 그녀가 어머니와 여러 번 분리를 겪었다고 했던 말이 기억났다. 휴가 때문이 아니었다. 어린 시절에 그녀의 어머니는 늘 아팠고, 36세에 받은 자궁절제술을 비롯해서 여러 번 수술을 받으셨다. 어린 다프네가 아침에 깨서 엄마를 찾으면, 아버지가 '조용히 해.'라고 말씀하셨다. 아버지는 "엄마는 수술받고 계신다, 네 말을 들을 수가 없어."라고 말씀하시곤 했다.

우리는 아버지가 아이를 위로할 수 없었다고 결론 내렸다. 그 자신이 아내의 부재로 힘든 시간을 보내고 있었기 때문이다. 아버지는 아내에게 전적으로 의지하고 있었고, 어쩌면 아내가 죽을까 봐 겁을 먹고 있었는지도 모른다.

칼 역시 어릴 때 어머니의 부재를 겪었다. 아버지가 '몸싸움'을 하며 어머니를 밀치고 때리던 시절이 있었다. 몇 번은 어머니가 집을 나가 친척집에서 밤을 보내고 온 적도 있었다. 아무도 칼에게 어머니의 부재를 설명해 주지 않았다. 칼은 '이 괴물'과 함께 남겨진 것에 대한 공포와 분노를 표현할 수 없었다. 다프네처럼, 칼도 영원히 남겨지지 않을까 걱정했다.

방 안을 가득 채운 기억 덕분에, 나는 긴 주말 동안 로지를 집에 남겨두는 것에 대한 그들의 두려움을 쉽게 이해할 수 있었다. 그들은 자신들이 남겨졌을 때 느꼈던 감정을 로지가 느끼리라 가정하며, 자신들의 불안을 로지에게 투사하고 있었다. 내가 설명을 하자 그들은 안도했다. 때로 아이들은 부모가 휴가를 가 있는 건지, 아프거나 희생을 당해서 집을 떠나있는 건지 구별할 수 있다.

"일리가 있는 말씀이네요." 칼이 말했다. "우리가 완전히 다른 분위기를 만들어 줘야 해요. 로지는 우리가 괜찮다는 걸 알아요."

그들은 결국 그 모든 여행보험이 필요 없었다고 웃으며 회기를 마쳤다. 다프네는 의사에게 신경안정제를 처방받았지만, 지금은 그걸 먹게 되지는 않으리라고 느꼈다. 술을 절대 마시지 않는 그녀였지만, 그래도 비행기에서 한 잔은 마셔야 할 것 같다고 말했다.

"시간이 다 됐네요." 나는 멋진 휴가를 다녀오라고 말했다.

* * *

휴가에서 돌아온 다음 날, 다프네와 칼은 검게 그을린 여유 있는 모습으로 내 방에 들어왔다. 자신들만의 휴가를 한순간도 놓치지 않고 즐겼으며, 로지가 잘하고 있었다고 말했다. 놀랍게도 로지는 배변훈련을 완벽하게 마쳤다고 한다. 부부가 여행을 가 있는 동안 퇴행하지 않았고, 오히려 사람들에게 자신이 새롭게 습득한 다 큰 아이다운 행동을 보여 주는 데 신경을 썼다.

"다른 건 말씀드리지 않을 거야?" 칼이 물었다.

"다른 거 뭐?"

"우리, 함께 잤잖아."

그들은 한바탕 요란한 웃음을 터뜨렸다. 그렇다. 그들은 마이애미 해변에서 성생활을 재개한 것이다. 그녀와 칼은 임신 가능성이 있음을 알고 콘돔을 사용하는 데 동의했다.

"남은 생을 독신자처럼 살고 싶지 않아요." 칼이 말했다. "아이가 생기면 어쩔 수 없죠. 어떻게 하든 해낼 거예요."

다프네가 칼을 사랑스러운 눈빛으로 바라보며 그의 손을 잡았다. 나는 그녀의 생각을 물었고, 그녀는 휴가를 가 있는 동안 둘째 아이에 대한 생각이 줄어들었다고 말했다. 내가 설명을 해 보라고 하자, 그녀가 주저없이 말했다. 그 생각을 포기할 준비가 되어 있지는 않지만, 서둘러서 임신을 하고 싶은 욕구를 더 이상 느끼지 않는다고. 지금의 행복에 감사하며, 이 행복을 깨뜨리고 싶지 않다고 했다. 칼의 단점에도 불구하고, 칼을 좋아하는 부분이 아주 많다.

"이 사람은 성실한 남편이에요. 비키니를 입은 스무 살짜리 여자

아이들이 넘쳐나는 해변에서 나흘을 보내면서도, 자신이 바라보는 사람은 **나**뿐이라고 느끼게 해 주는 사람이죠. 탄탄한 근육질 몸매로 바다에 들어가는 남편의 모습이 아주 멋졌어요. 저를 바라보는 그를 느낄 수 있었고, 그것만으로도 마음이 설렜어요…. 한 가지 더 말해야겠어요. 우리 집은 성에 대해 무지했어요. 그래서 저는 제가 고결한 처녀라고 여기며 자랐죠. 성관계는 감당해야만 하는 아내의 의무라고 생각했어요. 하지만 칼은… 저한테 성관계를 아주 근사한 것으로 만들어 주었어요."

나는 칼이 칭찬을 대수롭지 않은 듯 넘기거나 아니면 아내에게 감사하리라고 예상하며 기대에 차서 그를 바라보았다. 그는 팔짱을 풀고 바닥을 찬찬히 바라보며 부드럽게 말했다. "아내 역시 그랬어요. 아내도 제게 섹스를 근사한 것으로 만들어 주었어요."

* * *

칼은 집안일에 대한 다툼을 꺼내들며 다음 회기를 시작했다. 그는 대부분의 남편들보다 집안일을 더 많이 하지만 아내는 아직도 그에 대해 고마워하지 않았다. 그녀는 그가 청소하고 요리하는 모든 것에 대해 감독하고 분석하고 비판해야 했다. 다프네는 부인하지 않았다. 그녀는 그를 바라보며, 그가 실제로 많은 일을 하지만 '계획'을 세우지는 않는다고 설명하려고 애썼다. 여행계획을 마무리하고, 부부와 로지의 짐을 싸고, 비행기 예약을 확인하고, 개를 돌볼 사람을 구한 건 그녀였다.

나는 많은 아내와 어머니들에게 똑같은 말을 들었다. 집안일과 거기에 관련된 모든 사람들을 미리 생각하는 데는 많은 에너지가 들고, 진짜 힘든 건 그 부분이다. 다프네는 지쳐서 그만두고 싶었던 순간들, 정작 중요한 일은 처리하지 못했던 순간들을 이야기했다.

그들은 세 회기에 걸쳐 이 문제를 다루었다. 그들은 어느 때보다도 상대의 말을 경청했고, 더 알려고 하면서 비난은 덜했다. 세 번째 회기가 끝날 무렵 이들은 결론에 도달했다. 그것은 공평하고 실현 가능해 보였다. 만족스러운 미소가 긴 침묵으로 이어지던 순간이 바로 이때였다. 침묵이 10분은 이어졌을 것이다. 치료에서는 영원 같은 시간이다. 그들이 침묵을 선택했고 만족스러워한다고 느꼈기 때문에 나는 말하기가 주저됐다. 일부 치료자들은 이런 종류의 작업에서 최종목표는 가족 혹은 부부의 성찰 능력, '사색' 능력을 향상시키는 것이라고 믿는다. 나는 의미심장한 침묵이라고 생각했다. 그러면서 내 자신의 연상 고리를 따라갔다.

그러다 보니 앞으로 무슨 일이 일어날지가 보였다. 그들은 아이를 가질 것이다. 새로 태어날 아이를 위한 심리적 공간을 깨끗이 하기 위해 그들은 치료를 활용했다. 다프네는 칼이 줄 수 없었던 것을 잃지 않기 위해 절실하게 아들을 갖고 싶어 했다. 칼은 자신을 자기 아버지처럼 만들어서 자신을 망가뜨릴 아이, 즉 아들을 필사적으로 두려워했다. 그들은 다시 성관계를 시작했고, 콘돔에 대한 그들의 평소 태도를 감안할 때 곧 콘돔을 버리거나 잘못 사용할 것이다. 처음 임신을 하려고 2년여를 노력하다가, 다프네가 낭종 제거 수술을 받은 다음에는 바로 임신이 되었다. 가족력을 고려한다면, 마흔 살에도 임신할 수 있다고 다프네는 자신했다.

사람들이 서로의 말을 듣고 이야기하며, 새로 생긴 가족을 반기고, 서로를 웃게 만들고, 서로의 꿈을 해석해 주는 가정에 태어나는 아기는 행운아다.

시간이 거의 다 되어갔기에, 나는 침묵을 깨고, 이야기를 하고 싶은 사람이 있는지 물었다. 다프네가 고개를 숙인 채 조용히 말했다.

"5월 10일에 일을 시작해요."

이에 관해서는 사전에 아무런 말이 없었다. 다프네는 파트타임으로 사무실의 리셉셔니스트로 일하게 되었다. 그녀는 만족스러워 보였다. 그러면서 일을 한다고 해서 아이를 갖지 않겠다는 의미는 아니라고 서둘러 말했다. 단지 요즘은 그 생각에 머물러 있지 않을 뿐이다.

내 임상적 직감이 이 정도밖에 안 되다니! 때로 침묵은 그저 침묵일 뿐이다.

나는 더 이상 '집착하지' 않게 된 이유가 무엇이냐고 물었다.

"실은 잘 모르겠어요." 그녀가 대답했다. "하지만 기분이 훨씬 좋아졌어요. 집착이 싫었어요. 미칠 것 같았거든요."

* * *

4월 말에 부부는 치료를 종결하였다. 다프네가 말했다. "이번에는 지난번 종결할 때와는 기분이 달라요. 그때는 아주 슬펐어요. 선생님이 너무 그리울 것 같았거든요. 지금은 자연스럽게 느껴져요. 왜 그런지는 모르겠어요. 다시 문제가 생기면, 언제든 다시 올 수 있어요, 그렇죠? 선생님이 이사를 가시지 않는 이상. 이사를 가시더라도, 그곳이 어디든 비행기로 날아갈 수 있을 것 같아요….."

나는 그녀의 말에 감동했다. 나를 떠날 준비가 되어 있었고, 또 필요할 때 나를 다시 찾을 수 있다는 든든함을 느끼고 있었던 것이다. 치료를 위해 '날아올' 정도로.

칼은 내게 감사를 표하며 눈시울을 붉혔다. "너무 감상적으로 들리겠지만, 우리 결혼을 구해 주셔서 감사합니다."

그 말이 사랑스럽게 들렸다.

우리는 악수를 나누었다. 그들은 가을에 카드를 보내겠다고 약속했다.

4개월 후, 다프네가 보험 문제로 전화를 걸었다. 그녀는 지난번 직장을 그만두고 더 좋은 자리로 옮겼다고 신이 나서 말했다. 지금은 큰 법률사무소의 리셉셔니스트로 일한다. 그녀가 일을 너무 잘해서 대표 변호사들이 마음에 들어 하여 그녀에게 준법률가 훈련을 제안했다고 한다. 칼이 전화기를 집어 들었다.

"선생님, 이 일이 아내에게는 딱이에요. 좀 들어보세요. 아내는 그 모든 법률지식을 배우고 있고, 자신감을 끌어올리고 있어요. 로지에게도 아주 잘해요."

칼이 자신에 대해 할 말은 없을까?

"아내가 하루 동안 있었던 일을 얘기하는 걸 들으면, 법정 드라마를 보고 있는 것 같아요. 돈이 더 생겨서 좋기도 하고요."

나는 아직도 아이를 낳을 생각이 있는지 묻지 않을 수 없었다. 다프네가 먼저 대답했다.

"절대 아니에요. 제가 왜 그렇게 아이를 갖고 싶어 했는지 기억조차 나지 않아요."

나는 이런 변화를 그녀가 어떻게 이해하고 있는지 매우 궁금했다. 바로 얼마 전까지도, 그녀는 '집착할' 권리가 있다고 주장했었다.

"어떻게 마음을 바꾸게 됐어요, 다프네? 이유를 알아요?"

"칼 때문이에요." 그녀가 말했다. "칼은 이제 제 친구예요. 더 이상 외롭지 않아요."

그들은 서로의 꿈을 여전히 얘기한다고 내게 말했다. 치료를 마친 많은 부부들이 그렇게 한다. 칼이 자신이 다니던 체육관의 역도 대회에서 좋은 성적을 냈다는 말도 했다. 일하고 TV를 보는 것이 여전히 그의 유일한 취미여서, 다프네를 계속 실망시켰다. 칼은 아내가 말하는 종류의 문화에는 도통 관심이 가지 않았다.

치료가 끝났다고 싸움이 멈추지는 않았다. 그들은 여전히 예전처럼 사소한 일로 치열하게 다투었다. 포큐파인의 사랑이 이들만 같다면 지루할 틈이 없을 것이다!

내가 보기에, 이 부부는 늘 다정하기도 하고 발끈하기도 했다. 그들은 서로 사랑하지만 '한몸 같은 동지'는 아니다. 다프네는 세계 정세에 대해 토론하기를 좋아한다. 그러나 칼은 가족이 세계와 다름없다고 느낀다. 다프네는 유럽여행을 가고 싶어 안달이지만, 칼은 골방에서 시간 보내기를 더 원한다. 그들은 서로 어울리지 않지만, 그대로 만족한다.

동상이몽이다.

2

7월의 크리스마스

2

7월의 크리스마스

　주디스 캐플런을 나에게 소개한 사람은 아이의 담당 소아과 의사였다.

　그는 11세 환아의 상태를 '의학적 현상'이라고 부르며, **초불안정형 당뇨병**이라는 진단을 내렸다.

　'불안정(labile)'이라는 단어는 '미끄러지기 쉽다.'라는 라틴어 *labi*에서 유래되었다. 초불안정형 당뇨병은 이유 없이 혈당치가 급격하게 떨어졌다가 급격하게 올라가는 현상을 말한다. 설상가상으로, 혈액검사 결과 환아는 30단위의 인슐린이 필요했지만, 그 10배에 달하는 인슐린 주사를 맞고도 혈당치가 떨어지지 않았다.

　요즘 대부분의 내과 의사들은 스트레스 관리가 당뇨병 조절의 핵심 요인 중 하나라고 믿는다. 의학계에서 모든 심리적 현상을 대변하는 일종의 암호처럼 사용되는 스트레스는 신체의 자연스러운 화학반응을 급격히 망가뜨릴 수 있다. 문제는 스트레스의 치명적인 결과에도 불구하고, 특히 아동의 경우 그 원인이 종종 드러나지 않는다는 점이다.

　주디스가 바로 이런 사례였다. 의사에 따르면, 아이는 '안정적이고 사랑이 많은 아주 화목한 6인 가족'의 맏이이며 외동딸이었다. 3학년 때 제1형 당뇨병 진단을 받았고, 처음에는 병을 매우 잘 관리했다. 다른 아이들과 달리, 주디스는 처음 치료를 시작할 때부터 불평을 한 적이 없었다. 샤피로 박사는 당시 여덟 살이던 주디스가 어머니의 손에서 식이요법 지침서를 가져가 스스로 공부하던 장면을 내게 묘사해 주었다. 처음 2년 동안은 캐플런 부인이 인슐린 주사를 놓았지만, 주디스가 열 살이 되면서 스스로 주사를 놓았다. 5학년이 되자 당뇨병은 철저히 주디스 개인의 일이 되었다. 주디스는 아픈 아이처럼 굴기는커녕, 집에서는 어머니의 오른팔이 되었고, 학교에서는 모든 선생님들의 조력자가 되었다.

　소아과 의사가 내게 전화를 하기 6개월 전, 뭔가가 매우 잘못되고 있었고 아무도 그 이유를 몰랐다. 어느 날 밤, 캐플런 부인이 주디스에게 세 살짜리 남동생의 목욕을 도와달라고 했을 때 일이 시작되었다. 주디스는 몸이 안 좋다고 하면서 엄마의 부탁을 거절했다. 주디스는 혈당을 재보았고 인슐린 주사가 필요함을 알았다. 그러나 1시간이 지나도 혈당치가 떨어지지 않아서 인슐린을 더 주사했다. 인슐린을 더 맞아도 소용이 없자, 부모님은 크게 당황하여 주디스를 응급실에 데려갔다.

　주디스는 수액과 추가적인 인슐린을 정맥주사로 맞고 안정을 되찾았다. 의사가 음식섭취에 관해 묻자, 주디스는 친구 집에서 평소보다 더 많이 먹었으며 혈당측정을 잊어버렸다고 시인했다. 정크 푸드를 조심하라는 말과 함께 의사는 주디스를 집으로 돌려보냈다.

6개월 후 정기검진에서 샤피로 박사는 깜짝 놀랐다. 주디스에게 또 다른 위기가 찾아온 적은 없었지만, 혈당치가 위험스러울 만큼 불규칙해 보였다. 또한 아이가 우울해 보이기도 했다. 박사는 집이나 학교에서 무슨 문제라도 있는지 물었다. "아니요." 샤피로 박사는 이 나이 때의 아이들은 새로운 문제들을 겪기 마련이며 그래서 당뇨병 조절이 어려워질 수 있다고 아이에게 말했다. 부모와 다투었나? 짝사랑하는 남학생이 생겼나? 생리 때문에 예민해졌나?

주디스는 머리를 가로저었다. 그런 일들은 주디스에게 모두 해당되지 않았다. 아이는 '걱정을 많이 한다.'고 인정하긴 했지만, 자세히는 말하려고 하지 않았다. 아이는 더 노력을 해서 혈당치를 '완벽하게' 되돌려놓을 수 있다고 주장했다.

이후 늦은 봄에, 주디스는 또다시 응급실에 실려 왔다. 의사들은 아이의 혈당에 충격을 받아서, 아이가 사용하던 인슐린에 혹시 문제가 있는지 검사까지 해 보았다. 당황한 부모님은 걱정으로 속이 타들어갔다. 그때 샤피로 박사가 천식, 뇌전증, 당뇨병과 같이 스트레스에 민감한 질병의 심리를 전문으로 하는 우리 클리닉을 그들에게 소개해 주었다. 나는 당시 클리닉의 4년 차 스태프였고, 많은 당뇨병 환아를 치료해 보았다. 대부분의 경우, 가난이나 아동학대, 가족의 부재 같은 스트레스 요인이 금방 밝혀졌다. 그러나 주디스의 경우는 아리송했다. 주디스의 부모님은 그들이 '정신과적 개입'이라고 부르는 방법을 내키지 않아 했었지만, 이번에는 뭐든 해 볼 생각이었다.

샤피로 박사는 내게 이렇게 털어놓았다. "나는 이 아이를 태어날 때부터 봐 왔어요. 열심히 공부하고 진지한 아이예요. 이런 적이 없었어요. 당뇨병 때문에 우울증이 생겼을 수도 있지만, 나는 그렇게 생각하지 않아요. 아이가 악몽을 꾸는데, 내게는 그 내용을 말하려고 하지 않아요. 여자 선생님에게는 마음을 열지 않을까 싶어서요. 제가 딱 맞는 분을 알고 있다고 가족에게 말했어요. 필요하면 학교를 빠지게 하고 상담에 데려와야 할 거예요."

이후 캐플런 부인에게 전화가 왔다. 그날 저녁 혹은 다음 날 정오로 면담시간을 제안했고, 첫 면담에 주디스와 부모님뿐만 아니라 형제들도 함께 오라고 요청했다. 이는 클리닉의 방침이었는데 이유는 간단했다. 1970년대 이래, 아동의 정신신체질환에 관한 연구에 의하면 가족이 잠재적인 스트레스 요인으로 밝혀졌으며, 따라서 가족이 가장 중요한 치료적 개입의 대상이었기 때문이다.

가족 전체가 와야 한다는 나의 말에, 캐플런 부인은 몇 차례 헛기침을 했다. 내가 원한다면 형제들은 얼마든지 데려올 수 있지만, 남편은 너무 바빠서 올 수가 없을 것 같다고 말했다. 이 일을 하면서 나는 '아빠는 너무 바빠서 치료에 올 수 없다.'는 말을 여러 번 들어봤다. 그래서 더 이상 장황한 설명을 하지 않았다. 그냥 아버님도 와야 한다고만 말했다. 캐플런 부인은 가능한 한 그렇게 하겠다고 하며, 금요일 정오로 약속을 잡았다.

12시 종이 울리자, 접수직원 폴린이 내게 전화를 했다.

"랍비 캐플런과 가족이 도착했어요, 루에프니츠 박사님."

랍비라는 이야기는 전혀 들은 바가 없었다.

방금 전까지도 그저 일상적인 면담이라고 예상했던 시간이 갑자기 걱정 투성이가 되어 버렸다. 지난번 랍비 가족의 아동을 치료했을 때, 나는 큰 실수를 했다. 대기실에 가서 환자 그리고 어머니와 악수를 한 후 아버지에게 악수를 청했는데, 아버지가 집게손가락을 내밀며 시선을 돌렸다. 지금도 그 제스처에 얼마나 당황했는지 기억이 난다. 나는 그것이 무슨 의미인지 몰랐고 물어볼 수도 없었다. 면담실로 걸어오는 동안, 랍비가 내 뒤를 따라오며 "알고 계세요. 정통 유대교 남자들은 여자와 악수하지 않아요."라고 내게 속삭였다.

나는 몰랐었다. 치료는 효과가 있었다. 아이는 좋아졌고, 부모님은 우리가 함께 한 작업에 만족했다. 그렇긴 하지만 치료 초기에는 어색한 기운이 흘렀었고, 그래서 이번에는 대기실에 있는 가족과 더 잘하고 싶은 마음이 컸다.

나는 대기실에 가서 캐플런 부인과 악수했다. 작은 키에 다크서클이 드리워진 회색 눈동자를 지닌 그녀는 아이의 머리를 부드럽게 쓰다듬고 있었다. 주디스와도 악수했다. 아이는 마르고 창백했으며 아름다운 붉은 금발의 땋은 머리가 풀려 있었다. 아이는 세 살짜리 남동생 샘을 무릎 위에 안고 있었다. 주디스는 당뇨병 환아들이 흔히 차는 응급실 표식을 손목에 차고 있었는데, 크기가 아이 손목의 두 배는 되어 보였다. 마찬가지로, 자그마한 코 위로 안경이 흘러내리려고 하고 있었다. 내 마음에 떠오른 단어는 아이에게는 어울리지 않는 '쪼글쪼글하다'였다.

나는 랍비 캐플런에게 몇 발짝 다가가 손은 내밀지 않고 몸을 숙였다. 불교식 절과 비스무리했다. 작은 키에 힘이 넘쳐 보이는 밝은 푸른 눈의 랍비 캐플런이 일어서서 내게 손을 내밀며 히브리어로 짧게 몇 마디 했다.

"네, 랍비?"

그는 나를 바라보며 눈을 두 번 깜빡였다.

"이렇게 빨리 오셔서 감사해요." 내가 말했다.

"남동생들은 오지 못했어요." 그가 말했다. "학교에 있어요."

면담실로 오는 동안 나는 시선을 아래로 향했고, 캐플런 부인이 오른쪽 다리를 심하게 저는 모습을 보았다. 자리를 잡고 앉자, 주디스가 화장실에 가겠다며 양해를 구했다. 아버지는 어떤 환자가 내게 만들어 준 부활절 장식을 들여다보며 이렇게 말했다.

"박사님은 유대인은 아닌가 봐요."

어디선가 본 듯한 장면이 재연되었다. 지난번 랍비가 그런 말을 했을 때, 나는 얼떨결에 "죄송해요, 저는 가톨릭이에요."라고 했던 것 같다. 이번에도 그때처럼 해도 괜찮았을 것이다.

"랍비, 아마도 유대인 치료자를 바라셨나 봐요."

그가 고개를 끄덕였다. 나는 캐플런 씨에게 치료진이 여러 명이고 다양하므로, 원한다면 다른 치료자를 찾아줄 수 있다고 말해 주었다. 그들은 이디시어로 서로 이야기를 나눴고, 이번에도 랍비 캐플런이 내게 말했다.

"주디스의 소아과 선생님은 아이를 잘 알아요. 박사님이 유대인이라고 말씀하셨죠. 아이가 심리학자를 만나본 적이 없기 때문에, 그게 더 편하리라고 우리는 생각했어요. 그런데 꼭 그래야 할까요? 물론, 그렇지 않아요."

이 실수에 아무도 웃거나 농담하지 않았다. 나는 부모님들 역시 내가 유대인이었다면 더 편하지 않았을까 생각했다.

나는 그들과 함께하고 싶지만 첫 면담이 끝난 다음에 얼마든지 치료자를 바꿔달라고 요구할 수 있다고 말했다.

"아니요." 부모님이 한목소리로 말했다.

"박사님과 하겠어요." 캐플런 부인이 말했다. 그녀는 샘을 장난감 상자에서 떼어놓기 위해 일어섰다. 이번에도 다리를 저는 모습이 보였다. 주디스가 돌아왔고, 어머니가 이디시어로 아이에게 무어라고 했다. 아이가 고개를 끄덕였다. 나는 소외감을 느꼈지만 말하고 싶지는 않았다. 주디스가 나를 불편하게 느낀다 해도, 부모님 앞에서 그런 말을 할까 싶었다. 어찌 됐건 아이를 혼자 만날 기회가 있을 것이다.

나는 샤피로 박사가 우리 만남의 목적을 어떻게 설명했는지 가족에게 물었다.

"제게 묻는 건가요?" 주디스가 말했다.

"말해 볼까?" 내가 대답했다.

아이가 말했다. "당뇨병에는 네 가지 요인이 있어요. 음식섭취, 운동, 인슐린, 스트레스. 다른 요인들은 문제가 없기 때문에, 샤피로 박사님은 제가 스트레스를 받고 있다고 했고, 그래서 그걸 이해하려면 여기서 얘기해야 한다고 하셨어요."

"잘 말했어, 주디스." 내가 말했다.

"그리고 제가 알기로는 부모가 도와야 한다고 해서요." 캐플런 부인이 말했다.

"맞아요. 그동안의 경험을 보면, 스트레스를 이해하기 위해 가족 전체를 만나는 일이 매우 중요해요."

나는 지난 6개월간 무슨 일이 있었는지를 파악하기 위해 몇 가지 질문을 했다.

"힘들고 겁나는 시간이었어요, 아실 거예요." 캐플런 부인이 말했다.

가족들이 치료에 올 때, 때때로 이들은 무엇이 잘못인지에 대한 나름의 이론을 갖고 온다. 의사와 이를 공유할 수도 있고 아닐 수도 있다. 나는 단도직입적으로 물었다. "도무지 알 수 없는 수수께끼."라고 말한 사람은 랍비 캐플런이었다. 그는 사춘기에 반항적이 돼서 당뇨병 관리를 중단하는 아이들이 있다는 말을 들은 적이 있었다. 주디스는 좀처럼 화를 내지 않는 아이이고 반항을 한 적도 없다. 딸은 우수한 학생이고 음악레슨을 열심히 받고 있으며 나이보다 성숙하다고 그가 말했다.

어머니가 말을 이었다. 의사들은 지난 6개월간 재난적인 상황이나 이례적인 일이 있었는지 물었다. 그런 일은 없었다고 캐플런 부인이 그들에게 말했다. 감사하게도 누가 죽거나 사고를 당한 일은 없었다. 그녀는 아이를 바라보았다.

"주디스, 다시 한번 물어볼게. 네가 어떻게 느끼고 있는지 정확하게 얘기해 줘. 학교나 집에서 마음이 불편해? 선생님이 차별이라도 했어? 혹 그럴 리는 없지만, 누가 너를 괴롭혔니?"

"누가 마약을 주던?" 아버지가 물었다.

여느 청소년들이라면 이런 질문에 짜증을 낼 만했지만 주디스는 그러지 않았다. 그냥 "아니요."라고 말했다.

"같은 반 여자아이들이 아이에게 무례하게 군 적이 있어요. 하지만 그뿐이었어요. 그 일을 박사님께 말씀드리지 그러니?" 어머니가 말했다.

"별일 아니었어요." 주디스가 말했다.

나는 그래도 말해 줄 수 있느냐고 물었다. 아이는 선생님이 시험을 마친 보상으로 반 아이들에게 함께 볼 수 있는 영화를 골라 보라고 했다고 말했다. 다른 아이들은 코미디를 보고 싶어 했는데, 주디스는 진지한 영화를 보자고 제안했다. 아이들이 주디스의 제안을 비웃었다.

"그 일로 네가 마음이 상했잖아, 그 애들이 계속 문제가 된다면 그 얘기를 해야 해. 뭔가 조치가 필요할 수도 있잖아." 캐플런 부인이 말했다.

"절대 그렇지 않아요. 그건 그냥⋯ 오해였어요." 주디스가 눈을 굴렸고, 처음으로 전형적인 청소년처럼 보였다.

나는 문제가 언제 시작되었는지 정확히 짚는 것이 도움이 될 때가 있다고 말했다. 당뇨병 관리를 정상적으로 하다가 언제부터 조절이 안 된다고 느꼈는지 물었다.

"진짜 모르겠어요." 아이가 대답했다.

"대략적으로 말이야." 내가 되물었다.

"몰라요."

"그럼, 작년 여름방학 때 시작됐어? 아니면 크리스마스가 다가올 무렵?"

세 살짜리를 빼고 방 안에 있는 모든 사람이 나의 부적절한 공휴일 선택에 움찔했고 나는 말을 멈췄다.

"문제가 여름 무렵 시작됐어, 아니면 **겨울** 무렵 시작됐어?" 나는 바보 같다고 느끼면서 계속 말을 이었다.

"그 중간쯤이요." 아이가 말했다.

그때 랍비 캐플런이 끼어들었다.

"10월에 상황이 나빠졌어요. 그때가 처음으로 응급실에 간 때였죠."

"혈당치는 이미 9월부터 안 좋았어요." 캐플런 부인이 말했다.

"10월에 문제가 시작됐다고 할 수 있지." 아버지의 목소리에 날이 서 있었다.

"9월 5일에 응급실에 갔고, 의사를 부른 사람이 저예요."

이들의 대화는 중단되었다. 주디스가 휴지를 집으려다가 장난감 선반에 있던 구슬그릇을 떨어뜨렸기 때문이다. 유리구 40개가 떨어져도 그토록 소란스럽지는 않으리라. 주디스가 구슬을 주워 담으려고 몸을 숙이자, 아버지가 주디스에게 똑바로 앉아서 내 말에 대답하라고 다그쳤다. 그때 막 샘이 구슬을 입에 집어넣으려고 했고, 캐플런 부인이 구슬이 샘에게 굴러가지 못하게 잡으려고 튕겨 나갔다가, 다시 자기 발밑에 있는 구슬을 잡으려고 재빨리 의자로 돌아왔다. 이때도 역시, 이 작은 소동에 대해 아무도 웃지 않았다. 그들은 자신들이 당면한 문제에 너무 짓눌려 있었다.

나는 가족의 과거력을 파악하려고 시도했지만, 캐플런 가족이 내 질문들이 당뇨병 관리와 관련이 없다고 생각했기 때문에 진척이 잘 되지 않았다. 나는 이들이 한때 이스라엘에서 살았고, 거기서 주디스가 태어났으며, 필라델피아에 아주 큰 대가족이 살고 있음을 알게 되었다.

나는 주디스에게 자신의 상태에 변화가 생기게 된 원인이 무엇인지에 대한 나름의 생각이 있는지 물었다. 아이가 울기 시작했고, 샘도 덩달아 울었다.

"남동생들도 걱정을 많이 해요." 캐플런 부인이 말했다. "걔네들이 여기 오지 않았다고 해서 걱정하지 않는 건 아니에요. 아주 관심이 많아요."

"알아요, 엄마." 주디스가 말했다. "저는 그냥 병원에 또 입원을 해야 할까 봐 겁이 나요. 학교를 못가고 모르는 아이들과 있어야 하잖아요. **올 초**에 슈바르츠 선생님의 과학 전시회 준비를 돕겠다고 약속했어요. 또 호로비츠 가족에게 누가 식료품을 가져다주겠어요. 병원에 있기 싫어요. 이제부터 괜찮아질 거라고 생각해요."

"계속 그 말이구나, 주디스. 그건 네 잘못이 아니야. 그리고 넌 지금 상태가 좋지 않다고."

나는 잠시 주디스를 따로 볼 수 있냐고 물었다. 부모님은 딸을 한동안 바라보았다. 이런 상황에서 내가 늘 했던 것처럼, 나는 주디스가 뒤탈을 걱정하지 않으면서 하고 싶은 말을 해도 되는지 물었다. (아이들은 종종 자기 부모에 대해 '땍땍거리기'를 마음 아파한다.)

"그럼요, 물론이에요!"

주디스와 내가 옆방으로 옮겨 자리에 앉자마자 아이가 더 편안해 보였다.

"아까 아빠가 박사님께 한 말은 유대교 안식일 인사예요. 박사님이 유대인이 아니어도 상관없어요. 우리 가족은 차별을 하지 않아요. 제 생각에는, 우리 모두 오늘 여기 오기가 좀 불편했어요. 심리학자를 만나는 데 익숙하지 않거든요. 그게 다예요."

나는 그렇게 말해줘서 고맙다고 말했다. 주디스는 어른들이 좋아할 만한 아이였다. 생각이 깊고 말을 잘하고 잘 도와준다.

나는 당뇨병은 살면서 겪는 힘겨운 과제라는 말로 서두를 뗐다.

그러나 주디스는 자기연민이라는 주제에는 관심이 없었다.

"당뇨병은 별거 아니에요. 암이나 뭐 그런 병은 아니잖아요."

"샤피로 선생님께서, 네가 혈당관리를 정말 금방 배웠다고 하시던데?"

"감사해요. 우리 집은 코셔를 먹어요. 그래서 전 음식을 조심스럽게 먹는 데 익숙해요. 가끔 기차를 탈 때 음식을 가져가기도 해요."

"주사는?"

"… 전혀 무섭지 않아요. 염증이 생기지 않게 주사를 놓을 때마다 위치를 바꿔주기만 하면 돼요."

나는 주디스에게 '너의 허락 없이 네가 한 말을 옮기지 않는다.'는 점을 상기시키면서, 자신을 괴롭히는 일이 무엇인지 말하게 하려고 노력했다. 나는 야경증에 대해 물었지만, 주디스는 그게 뭔지 모른다고 했다. 그냥 추워서 잠을 깨고, 그럼 무섭다고 말했다.

"**말 그대로** 나쁜 일은 일어나지 않았어요. 그냥 걱정을 많이 하는 것 같아요."

"무엇에 대해?"

"진짜 모르겠어요."

"너의 건강에 대해?"

아이는 나의 빤한 말에 조금 짜증이 난 듯 보였다.

"**그건** 다 아는 얘기고요." 아이가 말했다.

"그럼 다른 얘기가 있을까?"

"가족에 대해 걱정을 많이 하는 것 같아요."

"좀 더 자세히 말해 볼래, 주디스?"

"부모님은 우리를 위해 정말, 정말, 정말 열심히 일하세요. 우리를 위해서라면 뭐든 하실 거예요. 아이가 말하며 울기 시작했다.

"그래, 주디스 부모님은 열심히 일하시고 헌신적인 분들이시구나. 그리고… "

"모르겠어요."

"가끔 열심히 일하시는 부모님들이 짜증을 내고 싸울 때가 있어. 아이들한테는 마음 아픈 일일 수 있지. 그래서… "

"부모님도 가끔 싸우세요. 그래서 속상해요. 하지만 부모님이 이혼하거나 그럴까 봐 겁나진 않아요."

"속상할 때 넌 뭘 하니?"

"도움이 되려고 노력해요. 동생들과 놀아주죠."

나는 남동생이 3명이라는 것이 어떤 건지 물었다. 주디스는 좋다고 말했지만, 내가 만약 지금 삶에서 바꾸고 싶은 무언가가 있다면 뭘까 묻자, 여동생을 갖는 거라고 했다.

"나랑 같이 놀고 공부할 사람이요."

나는 학교와 친구들에 관해 다시 물었다. 이번에는 아이가 자세히 이야기했다.

"저는 학교를 좋아하고, 친구들도 좋은 아이들이에요. 그런데 저는 종교적이고, 대부분의 아이들은 매우 세속적이에요. 걔네들은 정말 '쿨'한 데 관심이 많아요."

'쿨'한 아이들은 남자애들, 록 스타, 옷에 빠져 있다고 아이가 말했다. "저한테는 별로 관심이 가지 않는 일들이에요. 어머, 가장 중요한 이야기를 빼먹을 뻔했어요. 미리엄이 시카고로 이사를 갔어요. 미리엄은 가족의 친구인 대학생 언니예요. 우리 모두 언니를 그리워하지만 특히 제가 더 그래요. 저한테 공짜로 히브리어를 가르쳐 주었거든요. 남동생 데이비드는 밤에 아빠랑 공부를 하지만 저는 같이 공부할 사람이 없어요."

"아빠랑 공부해 본 적 있어?"

"아니요. 엄마가 동생들을 돌보시니까 제가 도와드려야 해요. 엄마는 다리가 아프세요. 어렸을 때 소아마비를 앓으셔서 계단을 오르락내리락하면 피곤해지세요."

"부모님이, 네가 미리엄을 대신할 사람이 있었으면 한다는 걸 아시니?"

"그러실 거예요. 하지만 지금은 부모님이 해 주실 형편이 안 돼요. '엄마, 아빠, 지금 당장 과외 선생님을 구해줘요.'라고 말할 수 없어요. 그건 너무 이기적이잖아요."

이때, 아이는 다시 침묵에 빠졌다. 나는 이기적이라는 말에 대해 물으려 했지만, 아이는 내 질문을 대충 받아넘기기 시작했다. 나는 부모님한테 돌아가기 전에 그림 몇 장만 그려줄 수 있느냐고 물었다.

그림은 아이들의 환상에 관한 단서를 제공해 준다. 문제가 시급하고 환상이 펼쳐지는 수개월 동안의 치료회기가 보장되지 않을 때, 특히 유용하다.

주디스는 말하기 외에 달리 할 일이 있다는 사실에 안심하는 듯 보였다. 아이는 10분 동안 지우개를 많이 사용하며 신중하게 그림을 그려서 내게 건네주었다. 나는 부모님과 샘에게 돌아가자고 했다.

"그래서요?" 캐플런 씨는 마치 주디스와 내가 평결을 갖고 돌아오는 배심원이라도 되는 양 말했다.

나는 우리가 좋은 대화를 나눴으며, 다음 주에 계속하고 싶다고 말했다. 그들은 내키지 않아 하면서 다음 약속을 잡았다.

"외람되지만, 우리가 여기에 온 목적은 주디스를 제자리로 돌려 놓는 것 말고는 없어요. 심층적인 분석은 하지 않으셔도 돼요. 명심해 주세요." 아이의 아버지가 말했다.

"사실은 이 면담이 한 번으로 끝나는지, 여러 번 와야 하는지도 우린 잘 몰랐어요." 캐플런 부인이 덧붙였다.

나는 이런 작업을 1시간 만에 하기는 불가능하다고 말해 주었다. 아마도 5번에서 10번의 회기는 필요하며, 그렇지만 주디스의 당뇨병 관리를 제자리로 돌려놓는다는 목표는 잘 알겠다고 말했다.

"오늘 박사님이 아시게 된 걸 토대로 저희에게 조언을 해 주실 수 있나요?" 캐플런 부인이 물었다.

사실대로 말하면, 해 줄 수 있는 조언이 없었다. 지금은 내가 해 줄 수 있는 어떤 조언도, 잠정적인 견해도 없다. 하지만 캐플런 부인의 요구는 분명 일리가 있었다. 그들은 내게 무슨 말이든 들어야 했다.

"의사 선생님들은 주디스의 의학적 상태에 상당히 당황하셨어요. 우리는 이것이 심각한 문제임을 알아요. 샤피로 박사님은 문제해결을 위해 팀으로 접근해야 한다고 생각하세요. 이제 저, 부모님, 학교 선생님, 의사 선생님이 한 팀이에요. 주디스가 병원에 다시 와야 한다면, 저한테 연락이 올 거예요. 다음 약속 전에 저한테 질문이 있으시면, 사무실이나 집으로 전화를 주세요."

부모님은 공손하게 고개를 끄덕이며 미소 지었다. 나는 그들을 배웅한 뒤, 의자에 털썩 주저앉았다. 그리고 생각하기 시작했다. 우리 모두에게 긴장된 시간이었다. 그들은 의사가 가라고 해야만 나타나는 억지 청중들이다. 다른 무엇보다도, 나는 그들이 기대했던 사람이 아니다.

치료를 받으러 오는 모든 사람은 변화를 위한 소망과 저항을 함께 갖고 온다. **네와 아니요.** 캐플런 부부는 다른 아이들을 데려오지 않고 내가 이해하지 못하는 언어를 사용함으로써 저항을 표현했다.

도움을 받고자 하는 소망 역시 분명했다. 그들은 약속시간을 지켜서 왔고, 듣고, 말하고, 질문하고, 다음 회기를 약속했다. 아픈 아이를 둔 모든 부모들에게 그러듯 나도 그들에게 마음이 쓰였다. 당뇨병이 오랜 시간 조절되지 않으면, 치명적인 결과가 발생할 수 있다. 매일 400명의 미국인들이 당뇨병으로 사망하며, 수만 명의 당뇨병 환자들이 신장질환, 시력상실, 혈액순환 문제로 인한 사지절단 등의 합병증을 앓는다. 캐플런 부부는 자기 딸이 의학적 위기를 넘겼는지, 아니면 더 나쁜 상황의 시작인지를 알 길이 없었다.

고(故) 세르주 르클레르를 비롯한 몇몇 분석가들에 따르면, 치료자도 자신의 저항을 고려해야 한다. 유대인 아동에게 기독교 휴일을 묻는 행동은 다음과 같이 말하는 무의식적인 방법이다. "나랑 배경이 같은 다른 가족을 보내 주세요. 그래야 이 복잡하고 치명적인 문제에 단순하게 접근할 수 있어요."

다행히, 돕고자 하는 나의 마음이 나의 저항을 앞섰다. 나는 캐플런 가족이 소아과 의사의 지시를 따른 데 경의를 표하며(모든 가족이 다 그렇게 하지는 않는다), 우리들의 차이를 배움의 기회로 삼았다.

나는 주디스가 좋았다. 주디스는 생각이 깊고 말을 잘하는 아이였다. 내게 주디스는 무언가 정서적으로 뒤얽혀 버렸음을 알지만 왜 그러는지는 전혀 모르는 아이들 중 하나로 보였다.

"내가 걱정을 한다는 걸 알아요, 그런데 무엇 때문인지는 모르겠어요⋯."

정신분석은 우리가 무언가를 알지만 동시에 모를 수도 있다는 사실을 당연시한다. 주디스가 치료자, 특히 나를 만나기를 불편해했든 아니든, 소아과 의사보다는 나에게 더 마음을 열었다. 어떤 치료자들은 가족을 전혀 만나지 않고 개인의 공포, 환상, 행동을 다루는 개인치료를 선택한다. 하지만 일반적으로 환자가 어릴수록, 나는 가족치료를 선호한다. 7세 아동의 자살시도는 가족에 대한 작업 없이 이해하거나 치료할 수 없다. 반면, 십대들은 그들 자신의 복잡한 생활이 있고, 그래서 자신을 위한 치료를 원하는 경우가 많다. 청소년기는 삶의 중간지대이므로, 나는 보통 몇 회기는 청소년과 단독으로 하고, 몇 회기는 가족들과 함께한다.

주디스는 어떤 면으로는 성숙하지만 어떤 면으로는 아니었다. 나는 아이가 그린 그림을 자세히 살펴보았다. 아이는 언어적으로는 조숙했지만, 그림은 미숙했다. 즉, 사람을 막대그림으로 그렸는데, 대부분의 청소년들은 온전한 사람을 그리려고 한다. 처음에는 주디스가 그린 집이 시선을 끌었다. 주디스는 튼튼한 바닥선, 커다란 손잡이가 있는 문을 그렸지만, 창문은 조그마했다. 작은 굴뚝에서는 집 크기의 절반쯤 되는 검은 연기가 뿜어져 나오고 있었다. 만약 그 그림이 가족이 김을 빼고 환기를 해야 할 필요가 있음을 상징한다면, 캐플런 가족은 치료자들이 '정신신체적'이라고 부르는 다른 많은 가족과 닮았다. 프로이트는 이미 한 세기 전에 사람들은 때때로 말 대신 신체적 증상을 사용한다는 이론을 내놓았다. 또한 그는 개인의 증상 형성과 유지에 가족이 일정 역할을 한다는 사실을 발견했다. "강박신경증의 사례"라는 글에서 그는 다음과 같이 썼다.

> 이러한 가족의 계획은 그[환자]에게 갈등을 불러일으켰다. 가난하지만 사랑하는 여인에게 충실할 것인가, 아니면 아버지가 그랬듯 집에서 정해 주는 사랑스럽고 돈 많고 집안 좋은 여자와 결혼할 것인가? 이는 사실상 자신의 사랑을 선택할 것인가, 아니면 아버지의 영향력 아래 계속 남아 아버지의 뜻대로 살 것인가의 갈등이었다. 그는 아파버림으로써 이 갈등을 해결하였다. 더 정확하게 말하면, 아프게 됨으로써 현실에서 해결해야 할 문제를 회피하였다. … 병에 걸림으로써 학업을 지속하기가 어렵게 되었으며, 그 결과 졸업을 수년간 미룰 수 있게 되었다. 이러한 사실은 나의 관점이 옳다는 증거이다.

1970년대에 가족치료가 성행하면서 새로운 임상기법이 발견되는 중요한 성과가 이루어졌다. 프로이트는 개인치료만 했지만, 가족치료자들은 가족 전체를 치료에 오도록 했다. 증상을 갖고 있는 사람을 '**확인된** 환자'라고 불렀는데, 이는 진짜 환자는 가족이라는 의미였다. 정신신체질환에 관한 초기 연구에 따르면, 아픈 아동이 가족과 분리되면 좋아지지만 집에 돌아가면 다시 증상이 악화된다고 한다. 가족치료 연구자들은 이런 가족의 아동은 가족의 정서적인 갈등, 특히 부모의 불화를 떠안고 있거나 흡수하고 있다고 결론내렸다. 이러한 관점에서 볼 때, 최근 주디스가 보인 기이한 당뇨병 증상은 가족 갈등을 해결하거나 가족 안에서 일어나고 있는 무언가에 대해 얘기하는 하나의 방법일 수 있다. 문제는 **무엇에** 관한 것이냐이다. 나는 주디스의 위기가 몇 월에 시작됐는지에 대해 부부가 의견을 달리했던 순간이 생각났다. 그 대화가 오갈 때 분위기가 빽빽해졌다. 주디스는 어느 쪽 편도 들지 않았고, 부모님 간의 의견 다툼도 더 이상 커지지 않았다. 아마도 주디스가 구슬을 쏟았기 때문이리라. 부모님이 다툴 때 시선을 분산시키는 것이 가족 안에서의 주디스의 역할일까? 우리 둘만 있을 때 내가 부모님의 다툼에 대해 묻자, 주디스는 부모님이 '이혼하거나 그럴' 걱정은 하지 않는다고 재빨리 말했다. 정말 아이가 그런 걱정을 하고 있는지, 그렇다면 그런 걱정을 할 만한 진짜 이유라도 있는지 나는 궁금했다. 이런 소소한 정보들로 문제를 개념화해 볼 수는 있었지만, 해석을 가족과 공유하기에는 충분치 않았다.

나는 치료자가 너무 성급하게 가족에 관한 진실을 얘기해 줌으로써, 가족들이 공격받는다고 느끼고 치료를 그만두는 경우를 보아왔다. 고통을 겪고 있는 가족과 함께 있을 때 나 스스로에게 하는 질문은 "무슨 말을 할까?"가 아니라 "무슨 말을 해야 **들을까?**"이다.

그날 오후 나는 샤피로 박사와 이야기를 나누었다. 캐플런 가족은 내 생각을 그와 공유하는 데 동의했고, 나는 빨리 그와 이야기를 나누고 싶었다. 나는 나의 종교적 배경에 관한 이야기부터 시작했다.

"어릴 때부터 **가톨릭**이었다고요? 이상하네요. 분명히 박사님께 들었는데…. 캐플런 부부에게 박사님이 교외에 있는 초개혁 유대교 회당에 다닌다고까지 얘기했어요. 그들에게는 너무 진보적이지만, '아, 네, 좋아요. 유대인 치료자라면 다 괜찮아요.'라고 했거든요."

우리는 유쾌한 웃음을 터트렸다. 샤피로 박사는 심리학적 도움을 바라고 있는 부모를 안심시키기 위해 뭐든 해 주고 싶었을 뿐이다. 분명 샤피로 박사는 캐플런 가족을 좋아했다—특히 주디스를. 하지만 주디스가 확실히 **다른 아이**가 되었다고 느끼고 있다는 인상을 나는 받았다.

"주디스는 똑똑한 아이예요. 그 아이만큼만 히브리어를 잘했으면 좋겠어요. 또 주디스는 수학이나 숫자랑 관련된 건 뭐든 좋아해요. 우리 애들 말대로라면 '수학짱'이라고 할 수 있죠. 대기실에서 숙제하고 있는 모습을 보면, '주디스, 좀 놀아, TV라도 보지 그러니.'라고 말하고 싶다니까요."

나는 그에게 아이가 학교 아이들이 '너무 세속적'이라서 힘들다고 하더라고 말해 주었다. 아이는 샤피로 박사에게 학교생활이 완벽하다고 늘 주장했다.

"도대체 '세속적'이라는 단어를 **아는** 열한 살짜리가 얼마나 있겠어요? 게다가 그 말을 아무렇지 않게 쓰다니요." 그가 웃었다.

"많지는 않죠." 내가 말했다.

그런 말을 쓰는 열한 살짜리가 얼마나 있는지는 모르지만, 내가 그랬다. 사실 나도 그 나이 때 친구들에 대해 같은 불만을 갖고 있었다. 나는 대중가요보다 그레고리안 성가를 좋아했고, 아마도 은퇴한 분들 말고 우리 교구에서 영어 미사를 반대하는 유일한 사람이었을 게다.

나는 샤피로 박사에게 이 사실을 밝히고 싶지 않았다. 우리는 친구가 아니라 동료였다. 몇 년 후에나 내 직감을 그에게 말할 수 있지 않을까? 내 직감은 이랬다. 그가 주디스와 종교적 배경이 같은 우리 병원의 5명의 치료자들을 놔두고 나를 주디스의 '완벽한' 치료자로 선택한 이유는 그의 직관이 더 정확했기 때문이다. 나는 다른 치료자들보다 실제로 주디스와 더 닮았다. 나와 주디스는 '쿨한 소녀들'의 세속적인 세상에서 독실한 신자로 산다는 것이 어떤지를 잘 알고 있었다.

* * *

주디스 가족은 다음 약속에 시간을 맞춰 왔다. 하지만 이번에도 남동생들은 집에서 공부를 한다며 오지 않았다. 곧 시험이고 그 아이들을 왜 치료에 데려와야 하는지 납득이 되지 않는다고 랍비가 말했다. 치료과정에 남동생들이 중요했기 때문에 실망스러웠다. 또한 이는 치료자로서의 나의 권위에 대한 명백한 도전이었다.

"다음번에는 볼 수 있으면 해요." 내가 말했다.

"그 아이들이 왜 치료에 와야 하는지 설명해 주시면 좋겠는데요, 박사님." 랍비가 말했다.

나는 익히 사용되는 '스트레스'란 단어에 기대어 설명했다. 그간의 경험으로 보면, 가족 전체의 스트레스 수준, 즉 어떤 갈등이 있는지 혹은 어디서 문제가 생겼는지를 파악하려면 집에 살고 있는 모든 사람을 만나야 도움이 된다.

"조부모님과 유모가 치료에 올 때도 있어요." 내가 말했다. 게다가 주디스의 남동생들은 누나를 걱정하고 있으니, 남동생들도 자신들의 걱정을 털어놓고 누나가 낫는 데 도움이 된다면 자신들에게도 좋은 일이다.

랍비 캐플런이 고개를 끄덕였다. 단지 나의 설명이 일리가 있다는 뜻인지 아니면 다음번에는 남동생들을 데려오기로 설득이 되었다는 뜻인지, 나로서는 알 수가 없었다. 그는 스트레스를 주제로 얘기할 수 있냐고 물었다.

"맞는지 틀리는지 모르지만, 주디스를 위해 우리가 스트레스 수준을 낮춰야 한다는 인상을 받았어요."

훌륭한 주제였다. 때로 부모님들은 의사가 "스트레스를 줄여라!"라고 간곡히 요청하면, 조용조용히 이야기하고, 아픈 아이의 응석을 받아주고, 모든 의견 차이를 눌러놓으라는 의미로 이해한다. 그들이 스트레스에 대해 어떻게 생각하는지, 그리고 스트레스에 대해 그동안 무얼 했는지 내가 물었다.

주디스는 지금 가장 스트레스를 받는 일이 남동생들은 공부할 시간이 있는데 자신은 공부할 시간이 없는 것이라고 했다. 불공평했다. 부모님에게 어떻게 생각하시는지 물었다.

"주디스, 얘기해 보렴." 어머니가 말했다.

주디스는 다시 입을 다물었다.

분명히, 이들은 이런 비판을 들어본 적이 없었다.

"공평한 것이 중요한 문제니?" 내가 물었다. 내 생각에는 그런 것 같았다. 주디스가 자기는 집안일을 하는 동안 남동생들은 아버지와 공부를 한다고 내게 말했기 때문이다. 그러나 나는 부모님 앞에서 이 문제를 꺼내도 되는지 주디스에게 허락을 받지는 않았었다.

"만약 데이비드가 아파서 여러 명의 의사를 만나야 한다면, 데이비드가 여기 오고 너는 집에서 공부를 했을 거야, 주디스."

부모님은 이디시어로 서로 이야기하기 시작했다.

나는 그들이 무슨 말을 하는지 알 수 없었지만, 분위기가 꽤 뜨거웠다. 주디스가 의자에 앉아 몸을 비틀기 시작했다. 지금처럼 아이들이 듣지 않기를 바랄 때, 주디스의 부모님은 말을 빠르게 하고 난해한 단어를 사용한다. 그래서 그때 자신도 절반만 알아들었다고 나중에 주디스가 내게 말해 주었다.

부모님이 이야기를 하는 동안, 나는 끌려들어가는 느낌이면서 동시에 배제되는 느낌이었다. 그들 사이의 열띤 분위기에 정서적으로 반응을 안 할 수는 없지만, 내용에서는 차단되어 있었다. 아마도 주디스는 매일 이런 상황을 겪는지도 모른다. 전에도 가족치료를 할 때 이런 느낌을 받은 적이 있었다. 가족들이 내가 이해하는 언어를 사용하건 이해할 수 없는 언어를 사용하건 마찬가지였다. 이런 상황에서 치료자는 아슬아슬 줄타기를 하게 된다. 너무 공격적으로 대화를 끌고나갈 수도 있고, 너무 뒷전에 머물러 있을 수도 있다. 부모님이 이야기를 멈추었을 때, 나는 그들의 대화를 요약해서 내게 말해달라고 부탁했다.

"아내는 지금은 주디스에게 좀 더 동정심을 보여야 할 때라고 말하고 있어요. 맞는 말이에요. 하지만 사실인즉슨, 요즘 주디스는 **여분의** 동정을 받고 있어요. 내가 남자아이들을 집에 두고 오고 싶었던 이유 중 하나는 주디스 쉬라고 자기들이 주디스가 하던 집안 일을 하겠다고 했기 때문이에요. 아내는 아침마다 주디스의 아침 밥을 침대로 갖다 줘요. 그리고 바로 얼마 전에 새 클라리넷을 사 주기로 약속했죠. 이 모든 게 스트레스를 줄이기 위해서예요. 저 는 그렇게 믿어요. 지난번에 크리스마스를 언급하셨죠, 루에프니 츠 박사님? '이것이 7월의 크리스마스인가?'라고 한 주 내내 저 자 신에게 물었어요."

이때 주디스가 내게 몸을 기울이며 "오늘 선생님과 둘이 얘기하 게 되나요?"라고 속삭였다.

만약 그 순간이 다시 온다면, 옆방에서 주디스에게 그림을 그리 라고 하고 부모님과 이야기를 나눴을 것이다. 지금 다루고 있는 '어떻게 스트레스를 줄여야 하나'라는 주제 자체는 단순해 보였지 만, 물밑에서는 더 많은 일이 일어나고 있음을 나는 감지했다. 캐 플런 씨 집안에서는 남자들이 공부를 하는 동안 여자들은 집안일 을 한다는 사실을 나는 이미 알고 있었다. 특히 주디스는 이를 받 아들이기 어려워했다. 어쩌면 캐플런 부인도 받아들이기 어려워 하고 있을지 모른다. 캐플런 부인이 최근 보이고 있는 '여분의 동 정심'은 집안의 규칙에 대한 조용한 반란일까, 아니면 적어도 자신 역시 여분의 뭔가가 필요하다는 일종의 암시일까? 주디스를 옆방 으로 보냈다면, 부부가 이 문제를 끄집어내어 얘기하도록 돕고, 내 의견을 보탤 수 있었을 것이다.

주디스의 요청 때문이었는지, 아니면 정통 유대교 집안에서는 무거운 주제인 성차의 문제를 제기하기가 염려됐기 때문이었는지, 나는 주디스와 단둘이 얘기를 할 테니 부모님은 계속 이야기를 나누시라고 했다. 혹시 질문이 있다면, 오늘 치료를 종결하기 전에 답을 해드리겠다고 했다.

둘이 있게 되었을 때, 나는 주디스가 할 말이 많으리라 기대했다. 그러나 아니었다. 아이는 몇 마디 말을 겨우 내뱉더니, 눈물을 삼키려고 두 눈을 껌벅거리며 벽에 있는 그림을 응시했다. "지금 어떤 심정인지 말해 줄 수 있니? 아빠가 하신 말씀 때문에 신경이 쓰이니?" 주디스는 어깨를 으쓱해 보이며 아무 말도 하지 않았다.

이렇게 말을 하지 않는 청소년들에게 내가 가끔 사용하는 방법은 도널드 위니컷이 개발한 스퀴글(squiggle)이다. 치료자가 먼저 백지에 물결 모양의 선을 그린다. 아동은 그 그림에 뭔가를 추가해서 그려 그림을 완성하고 제목을 붙인다. 그다음에는 아동이 물결 모양 선을 그리고, 치료자가 완성해서 제목을 붙인다. 스퀴글은 잘 알려진 잉크 반점 검사처럼 투사적 도구이지만, 양방향 게임이기 때문에 환자들이 더 재미있어 할 수 있다.

나는 규칙을 설명하고 물결 모양 선을 그렸다. 주디스가 금방 그림을 그려서 '집 위를 항해하는 풍선'이라고 했다. 그다음 주디스가 삐죽삐죽한 검은색 선을 그렸고, 내가 그 위에 그림을 그려 '들판 위의 번개'라고 제목을 붙였다. 그다음 내가 다시 선을 그렸고, 주디스는 그것을 늙은 여성의 모습으로 바꾸었다. 그리고 "할머니가 울고 있어요."라고 말했다. 나는 주디스의 할머니에 대해 물었다.

주디스는 할 말이 아주 많았다. 외할머니는 2년 전쯤 돌아가셨다. 유머가 아주 풍부하고 아이들과 함께 있기를 좋아하셨는데, 주디스는 특히 이 외할머니와 가까웠다. 외할머니는 주디스의 작문을 좋아하셨고, 함께 이야기를 만들기도 했다. 그러다가 주디스가 외할머니에 관한 작은 책을 쓰기 시작했고, 지금은 '외할머니 이야기'가 7권까지 나왔다. 활기차고, 따듯하고, 세상에서 가장 맛있는 안식일 빵을 만드셨던, 가족 누구나 사랑했던 할머니는 수술이 불가능한 뇌종양 진단을 받은 지 6개월 만에 돌아가셨다. 주디스는 이야기를 하며 울었고, 장례식 후 치르는 유대교식 관습인 **시바**(shivah)에 대해 설명해 주었다. 이야기를 마치자, 주디스는 깊은 숨을 내쉬었다.

"하지만." 아이가 말했다. "제가 그린 건 외할머니가 아니에요."

시간이 10분밖에 남지 않았다. 아이는 친할머니에 대해 얘기하기 시작했다. 친할머니 역시 사람들이 좋아하지만 '매우 엄격하고, 조금은 심술궂었다.' 친할머니가 나이가 드시면서 자녀 중 한 명과 살아야 했다. 그러던 중에 주디스네 집에서 산다는 이야기가 오간 적이 있었다.

"부모님이 말씀하시는 걸 들었어요. 엄마는 우리 집에 계단이 너무 많아서 할머니가 힘드실 거라고 하셨어요. 하지만 아빠는 삼촌 집도 우리 집만큼이나 계단이 많다고 하셨죠. 엄마는 좋다고, 모시자고 했는데, 아빠는 할머니가 오실지 안 오실지 잘 모르시겠나 봐요. 엄마는 할머니가 오실 거고, 식구들이 방을 옮겨야 한다고 말씀하셨어요. 아빠는 좋아하시는 것 같았고, 엄마는 걱정스러워 보였어요. 기쁘지만 걱정스러우신 거죠. 할머니는 도움이 필요한 분이시거든요. 엄마는 아이들도 많고 다리도 아프셔서 늘 피곤해하세요. 제가 도와드리긴 하지만요. 엄마는 제가 할머니를 도울 수 있다고 하셨어요. 그러다가 제가 아팠죠."

"그래서 어떻게 됐어?"

"고모들이나 삼촌들 모두 주디스가 아파서 병원에 가야 한다면, 할머니를 우리 집에서 모시는 건 좋은 생각이 아니라고 하셨어요. 그러니까, 그게 이유인지는 잘 모르겠어요. 하지만 할머니가 우리와 같이 사실 것 같진 않아요."

"그래서 너는 어떤데?"

"모르겠어요. 잘됐기도 하고 안됐기도 하고. 엄마한테는 잘됐는데, 아빠나 할머니한테는 안됐고, 순전히 제 잘못 같지는 않지만, 어떤 면에서는 그래요."

나는 이 문제를 부모님과 이야기해 본 적이 있냐고 물었다. "아니요." 주디스는 엄마가 "아빠는 우리가 어떻게 해낼 수 있다고 생각하는 거지? 누가 하루에 아홉 번씩 할머니를 화장실에 모시고 간다고 생각하는 거야?"라고 말하는 걸 들은 적이 있었다. 또 부모님 두 분에서 그 문제를 얘기하는 걸 들었고, 자기 이름이 나올 때마다 기분이 상했다.

나는 그 문제가 가족들의 스트레스를 크게 했을 수 있으며, 함께 얘기를 해 보면 스트레스가 줄어들 수 있다고 말해 주었다. 주디스가 부모님 앞에서 그 문제를 꺼낼 수 있을까? 아이는 생각해 보겠다고 했다.

며칠 후 저녁에, 샤피로 박사가 내게 전화를 했다. 주디스가 지금 응급실에 있고, 꼭 그래야 하는 건 아니지만 내가 내려오면 좋겠다고 말했다. 그러면서 부모님이 나를 보기를 원하셨다는 말을 꼭 전하고 싶다고 했다.

내가 응급실에 갔을 때, 아이의 상태는 안정되어 있었다. 나는 가족치료 회기를 가져도 되겠냐고 물었다.

주디스는 소란을 피우고 모든 사람들의 저녁을 망쳐서 죄송하다며 엄청나게 사과를 했다. 나는 주디스가 늘 이런 식이냐고 부모님에게 물었다. 상황이 나빠질 때마다 자기 탓을 하나? 그들은 그렇다고 했다. 나는 이것이 중요한 문제라고 느꼈다. 아이는 자기 자신이 통제할 수 없는 것에 대해 끊임없이 걱정하며 자기 탓을 한다. 나는 주디스에게 조용히 친할머니 문제를 물었다. "생각해 봤니? 지금 이 문제를 꺼내도 될까?" 아이는 좋다고 했다.

"주디스가 자신이 할머니를 걱정한다고 제가 말해도 된다고 하네요."

"어머님을?" 랍비 캐플런이 물었다. "주디스, 정말이야? 너 왜 우니?"

"이게 모두 할머니가 우리랑 함께 살까 봐 그런 거야? 맙소사, 주디스!" 캐플런 부인이 물었다.

부모님은 주디스가 내게 얘기해 준 대로 설명을 해 주었다. 확실히 주디스는 책임감을 느끼고 있었다.

주디스가 말했다. "친할머니는 우리랑 같이 사실 수 있어야 해요. 그게 제 당뇨병에는 너무 스트레스일 거라고 엄마가 아빠에게 말했잖아요."

캐플런 부부는 주디스가 이 문제에 이렇게나 마음을 쓰고 있다는 사실에 놀랐다. 하지만 주디스가 진심으로 하는 말이라는 것도 알았다. 나는 부모님이 주디스에게 상황을 더 설명해 주도록 했다. 사실은 아직 할머니 모시는 일을 결정하지 않았으며, 이건 분명 주디스의 잘못이 아니다. 어머님은 주디스를 불러 안아주었고,

아버님은 주디스에게 속마음을 털어놓아도 된다고 아주 부드럽게 말했다. 아이가 그렇게 우는 모습을 보이다니, 놀랍다고 말했다. 집에서는 좀처럼 울지 않는 아이다. 내 생각에, 주디스는 더 실컷 울어도 된다. 아이는 말은 거의 하지 못한 채 애처롭게 울기만 했다.

나는 이 특별한 가족문제를 좀 더 알기 위해 부모님에게 따로 보자고 했다. 가끔 아이 앞에서는 말하기 꺼려지거나 말할 수 없는 이야기가 있다.

"저희 어머니는 82세이시고 의지가 강하세요. 우리랑 함께 살고 싶어 하시죠. 그래서 아내랑 상의를 했어요."

"남편이 어머니가 우리랑 함께 살기를 원한다면, 그렇게 해도 돼요. 다만 우리 집이 최선인가 하는 거죠. 우리 집은 계단이 아주 많고, 아이들도 다른 집 아이들보다 더 어려요. 시어머니한테 우리 집이 최선이 아닐 수도 있다고 생각해요. 그뿐이에요. 주디스가 내내 병원에 다니기 시작한 이후로, 어머님이나 딸한테나 스트레스가 더 심해지지 않을까 걱정이 됐어요."

랍비가 응수했다. "계단은 문제가 안 된다고 제가 말했어요. 어쨌든 어머니는 1층에서 지내실 테니까요. 남동생 집 아이들이 다 컸고, 방도 더 많은 건 사실이에요. 결혼하지 않은 여동생도 있고 그 아이가 어머니를 돌보겠다고 해요."

캐플런 부인에게 내가 말했다. "아이 4명에 어머니를 모시는 건 일이 너무 많지 않나요, 그 때문인가요?"

그녀의 남편이 끼어들었다. "어려울 거야. 당신이 아니라고 말하고 싶지 않아도, 그러니까 아니라고 말하고 **싶어도** 이해해. 당신은 한 번도 당신 마음이 어떤지 내게 말한 적이 없잖아."

나는 남편의 말실수에 대해 아무 말도 하지 않았지만, 무슨 뜻인지는 알 수 있었다. 남편은 아내가 "네."라고 하길 바라고 있었다. 캐플런 부인이 울기 시작하며 이렇게 말했다.

"어머니는… " 그녀는 한 차례 추스르고 말을 이어야 했다. "시어머니는 유대인 수용소에 계셨던 분이에요. 제가 어떻게 제 삶이 어렵다고 말할 수 있겠어요."

캐플런 부인은 불편한 다리 때문에 상당히 힘들었지만, 그렇다고 어머니를 모시지 않겠다고 하면 '완전히 이기적'인 사람이 될 것이다. 이것이 진실이었다.

'이기적'이라는 단어가 뒤이은 침묵 속에서 무겁게 퍼져 나갔다. 나와 주디스의 회기에서 주디스가 이 단어를 쓴 적이 있었다. 두 사람은 내가 최근에 만난 사람들 중 가장 이기적이지 않은 사람들이지만, 둘 다 충분히 베풀지 못하고 있다는 생각 때문에 괴로워하는 듯 보였다.

이런 상황에서 내가 개입할 수 있는 몇 가지 방법이 있었다. 랍비 캐플런에게 시선을 돌려, "어머니가 이사 오시는 걸 아내가 반대하면, '이기적'이라고 생각하세요?"라고 물을 수도 있다. 앞에서 그가 했던 주장에 견주어 본다면, 그는 틀림없이 "아니요."라고 할 것이다. 나는 이 순간을 캐플런 부인이 사용했던 '이기적'이라는 단어에 문제를 제기하는 기회로 삼고 싶었다. 또한 가능하다면, 그런 문제를 제기할 뿐 아니라, 나와 가족 간의 유대감을 높일 수 있는 기회로도 삼고 싶었다. 무슨 말을 해야 그들이 들을까?

어떤 환자에게는 "이기적인 것이 뭐가 그렇게 나빠요?"라는 말로 충분할 수 있다. 실은, 우리 문화의 많은 사람들에게, **최고의 선**은 최고의 추구이다. 나는 통속적으로 들리지 않으면서, 캐플런 부인이 자기 자신에 대해 연민을 느낄 수 있도록 그녀의 마음을 움직이고 싶었다. 만약 세속적인 말을 건너뛰고 내가 잘 알고 있는 성경을 인용하는 모험을 한다면, 쓸데없이 우리의 차이를 강조하는 결과만 생길 수 있다.

나는 몇 년 전에, 아름다운 탈무드 문구 하나를 배운 적이 있다. 지금 딱 맞는 말이지만, 내가 마치 유대인이라도 되는 양 장황하게 말한다는 것이 주제넘다고 느꼈다. 그러다 긴장해서 잘못 말하기라도 하면 어쩌나?

"어머님, 유대교 경전에 '만약 내가 나를 … '로 시작되는 근사한 문구가 있지 않나요?"

그녀가 고개를 끄덕이며, 히브리어로 세 구절을 암송했다.

Eem ain a-nee lee mee lee?

uch-sh'a-nee l'atsmi ma a-nee?

V'eem loh achshv eimatai?

랍비가 환하게 미소 지었다. 나에게 영어로 번역을 해 주며 분명 감동받은 표정이었다.

만약 내가 나를 위하지 않는다면, 누가 나를 위할까?
만약 내가 나만을 위한다면, 나는 무엇일까?
지금이 아니라면, 언제일까?

남편과 아내는 존중이 담긴 따뜻한 시선으로 나를 바라보았다. 그리고 서로를 바라보았다. 캐플런 부인이 남편에게 말했다. "모세, 나는 당신 도움이 더 필요해요—" 그리고 또다시 영어가 주파수에서 사라졌다.

이번에는 배제되는 느낌이 들지 않았다. 그들은 명백히 사적인 일들에 관해 이야기를 나누고 있었다. 캐플런 부인은 내가 제기한 문제를 받아들였고, 그걸 토대로 남편에게 자신을 위해 뭔가 해달라고 요구하고 있었다. 아이 돌보는 일을 더 도와달라는 건지, 시어머니 일에 있어 자기편을 더 들어달라는 건지, 단지 지금도 이미 많은 일을 하고 있음을 알아달라는 건지, 나는 알 수 없었다. 하지만 주디스의 병세는 그들이 얼마나 솔직하게 자신들의 마음을 이야기하느냐에 달려 있다고 확실히 느낄 수 있었다.

"루에프니츠 박사님, 지금 생명을 위협하는 주디스의 위기가 우리 가족이 현재 겪고 있는 딜레마 때문이라는 말씀이신가요?" 랍비 캐플런이 물었다.

"문제의 원인은 늘 복합적이에요." 내가 대답했다. 하지만 지금 주디스가 겪고 있는 문제는 가족 전체, 할머니 문제, 매우 열심히 일하시는 부모님, 특히 엄마에 대한 걱정들과 관련이 있다고 생각한다. 주디스는 다른 사람의 고통을 자기 자신의 것으로 받아들이는 매우 민감한 아이이다. 이 민감한 아이는 최근 믿고 기대며 속을 털어놓았던 사람, 즉 미리엄을 잃었다. 또 주디스가 처음 병원에 실려 온 때는 외할머니의 기일과 겹친다. 외할머니의 사망 역시 주디스에게는 엄청난 충격이었을 거다. (어쩌면 너무나 충격적이어서, 샤피로 박사가 물었을 때 그 사실을 부인해야만 했다. "돌아가신 분도 없고, 사고도 없었어요.") 캐플런 부인이 시어머니를 모시자는 제안을 받았을 때는 친정어머니가 돌아가신 지 그리 오래되지 않았을 때였다. 어떤 경우에는, 집에 새 식구가 들어오면 애도의 슬픔이 경감될 수도 있다. 그러나 시어머니인 캐플런 여사는 건강이 좋지 않았고, 매일매일 집중적인 도움을 받아야 하는 분이다. 그리고 인정하기 어렵겠지만, 다음과 같은 생각이 잠시 잠깐이라도 우리 머릿속을 스쳐지나갈 수 있다. '한 분의 할머니가 돌아가셔야 한다면, 왜 그분이어야 할까?'

시어머니의 이사가 꺼려지고, 자신이 소진될까 봐 두렵고, 이기적인 사람이 될까 봐 창피하고, 애초에 이런 문제를 꺼낸 남편에게 화가 나고 등등, 캐플런 부인은 이런 얘기를 거의 한 적이 없었다. 주디스가 아픔으로써 의도치 않게 문제가 해결되었다. 아이가 아픈 한, 할머니가 다른 곳에 사셔도 누가 뭐라 할 사람이 없고, "그렇게 하지 않기로 결정했어요."라고 말할 책임을 누구도 지지 않아도 된다. 아무도 이기적으로 보이지 않아도 된다.

만족스러운 회기였지만, 내게는 단지 시작일 뿐이었다. 원하는 대로 한다면, 이 주제를 몇 주 혹은 몇 달에 걸쳐 집중적으로 다뤄야 할 것이다. 어른들의 불안이 아이들의 마음과 영혼에 스며들지 못하도록, 부모님과만 단독으로 만나서 두 사람 간의 소통과 상호 협조에 초점을 맞췄을 것이다. 주디스와는 샤피로 박사가 처음에 제기했던 문제들, 즉 사춘기, 성, 경쟁, 분노 등의 문제를 다룰 수 있을 것이다. 주디스의 첫 번째 위기는 남동생의 목욕을 마무리하라는 어머니의 부탁을 거절한 직후 일어났다. 비누거품이 묻은 작은 사내아이를 보며 주디스는 자신의 신체적 변화에 대해 어떤 느낌을 받았을까? 또한 주디스는 열한 살이라는 마법의 나이에 도달했다. 열한 살은 심리학자 캐롤 길리건(Carol Gilligan)이 소녀들의 '결정적 시기'라고 했던 나이이다. 이 나이는 여자아이들이 어머니와 심리적 분리를 이룬다고 예상되는 시기이다. 남자아이들은 더 어린 나이에 어머니와 분리될 필요가 있다. 소녀들은 이성세계로 다시 눈을 돌리고 결혼과 모성을 준비하게 된다. 자기 어머니들의 힘겨운 삶을 보면서, 일부 청소년기 소녀들은 말로 혹은 다른 방식으로 저항하기도 하는데, 이는 놀랄 만한 일이 아니다.

이런 주제들은 이 가족이 아니라 **나의** 관심사였다. 부모님은 응급실 회기에서 아주 많은 내용을 드러냈다. 이후에 문이 조금 닫힌 듯했고, 나는 주디스의 치료에 집중하며 치료를 종결해 달라는 요청을 받았다.

나는 그렇게 했다. 주디스는 병원을 다녀간 후 한 주 동안 잘 지냈다. 혈당치가 떨어졌을 뿐 아니라 더 활발하고 밝아졌다. 단둘이 만났을 때, 주디스는 친할머니 얘기를 하고 기분이 훨씬 좋아졌다고 말했다. 부모님은 주중에 집안 문제를 계속 얘기했고, 아이는 부모님 방 앞에서 그 이야기를 들었다. 히브리어 성적이 떨어졌고, 과외 선생님이 진짜로 필요했다. 나는 가족면담을 할 때 아이가 그 이야기를 꺼내면 내가 도와주겠다고 했다.

주디스는 앞으로 몇 번이나 더 와야 하냐고 물었다. 나는 치료를 더 받는 것에 대한 아이 자신의 마음이 궁금했다. 어떤 청소년들은 부모님이 치료를 서둘러 종결하려 하면 이에 대해 직접적으로 혹은 간접적으로 반대 의사를 표현한다. 그런 경우, 나는 환자의 편에 서며, 대부분의 부모님들은 여기에 협조한다. 이번 경우에는, 주디스와 부모님 모두 최소한의 작업만 하고 일상으로 돌아가고 싶어 하는 듯 보였다.

시간이 다 되기 전에, 주디스는 스트레스를 낮출 수 있는 방법을 알려달라고 말했다. 나는 두 가지를 말해 주었다. 아이는 공책에 내 말을 천천히 받아 적으며, 방에 붙여 놓겠다고 말했다. 두 가지는 이것이다.

1. 부모님의 걱정은 부모님 스스로 해결한다고 믿어라.
2. 내가 원하는 바를 분명히 말하고, 필요할 때는 언제든 타협하라.

다음 가족면담에서, 주디스는 새로운 과외 선생님이 필요하며, 아빠와 공부할 시간을 달라고 요청했다. 캐플런 씨는 아이와 얼마든지 시간을 함께 보내겠지만, 그 문제는 샤피로 박사님이나 다른 선생님들과 먼저 상의를 해 보겠다고 말했다. 그는 의사들이 지금은 아이가 쉴 때이며 학교 걱정을 덜 해야 한다고 조언하지 않을까 했다. 나는 주디스를 위해, 주디스에게 공부는 스트레스 요인이기보다는 보상이고, 시험 때문에 당뇨병 위기가 온 적은 없다는 점을 말해 주었다.

나는 제안을 하나 더 했다. 주디스의 남동생들은 집안일을 전혀 하지 않다가 주디스가 아픈 동안 주디스가 하던 일을 전부 했다. "이제부터 집안일과 아빠와 공부하는 시간을 공평하게 배분할 수 있을까요?"

부모님은 탁월한 생각 같다고 말했다.

이제 세 번의 회기가 남았다. 두 번은 주디스와의 면담이고, 마지막 한 번은 가족면담이다.

나는 지난 회기에 주디스가 보여 준 강한 느낌을 확실히 하고 싶었다. 주디스는 나와 단둘이 가졌던 2시간 동안 자신감이 있어 보였고 말도 많이 했다. 아이는 부모님에 대한 걱정을 덜 하기로 결심했다고 말했다. "어떻게 그런 생각을 했어?" 내가 묻자, "모르겠어요."라고 아이가 말했다. "그냥 부모님이 알아서 하실 수 있다는 느낌이 들어요. 부모님이 나더러 걱정해 달라고 한 적은 없거든요."

정신분석적 관점에서 이러한 변화를 이해하기 위해서는, 이번에도 투사적 동일시라는 개념이 필요하다. 고통스러운 정서를 분열시켜 다른 사람에게 '저장'하는 현상 말이다. 주디스의 부모님은 자신들의 슬픔, 분노, 좌절과 씨름하며 힘든 시간을 보내고 있었고, 주디스는 무의식적으로 부모님을 위해 그러한 감정을 자신이 감당하기로 '자원했다.' 말을 하면서 정서적인 무게가 재분배되었다. 부모님은 더 감당하기로 했고, 주디스는 안도감을 느꼈다.

아이는 살이 조금 오른 듯 보였고 안색이 좋아졌다. 내가 학교에 대해 묻자, 아이는 반에서 당뇨병에 관해 발표했다고 말했다. 급우들은 아이가 알고 있는 지식, 그리고 아이가 했던 경험에 깊은 인상을 받았다.

"영화 얘기 기억나세요? 다른 아이들은 코미디를 보고 싶어 했는데, 저는 아니었잖아요? 제가 보고 싶었던 영화는 〈쇼아(Shoah)〉였어요. 아빠가 데이비드와 삼촌과 이야기하는 걸 들었어요. 가장 훌륭한 홀로코스트 영화이고, 폴란드에서 일어난 일이래요. 할아버지, 할머니가 계시던 곳이요. 아이들이 비웃었을 때 정말 속상했어요. 하지만 아이들이 **저 자체**를 비웃었다고 생각하진 않아요, 너무 심각한 영화를 제가 추천했기 때문이죠, 1~2시간짜리가 아니라 8~9시간 걸리는 긴 영화거든요."

"무슨 말인지 알겠어, 주디스. 처음 이 얘기를 했을 때는 영화 제목을 얘기하지 않았잖아, 이유가 있었어?"

"선생님이 그 영화를 보신 줄 몰랐어요."

"그래, 사실은 그 영화를 나도 봤어. 정말 훌륭하고 중요한 영화더라. 그리고 진짜 길어. 부모님한테 그 일을 얘기했니?"

"아니요. 부모님이 저를 비웃은 아이들 때문에 정말 속상해 하시고, 학교에 전화를 걸고, 그러면 또 아이들이 나한테 더 못되게 굴까봐 겁이 났어요. 걔네들은 남자애들과 옷에만 정신이 팔려 있는데, 저는 아니거든요."

나는 주디스 가족이 쇼아(홀로코스트의 히브리어) 동안의 경험을 집에서 직접 얘기해 본 적이 있냐고 물었다.

"친할머니가 수용소에 계셨어요. 알고 있었어요. 집에서 그 일을 쉬쉬하거나 그러지는 않아요."

주디스는 이사를 간 미리엄과 그 주제에 관해 토론하곤 했다고 덧붙였다. 그때 우리는 미리엄과 계속 연락을 주고받을 수 있는 방법을 함께 얘기했다.

주디스의 마음속에서 홀로코스트가 어마어마한 무게로 자리 잡고 있다는 몇 가지 징후가 있었다. 검은 연기를 토해내는 집 그림을 보았을 때, 나는 아이가 할머니의 전쟁 외상에 관한 무언가를 표현하고 있지는 않은가 궁금했다. 자신의 악몽이 홀로코스트와 관련이 있다고 생각하는지 주디스에게 직접 물어보았고, 아이는 모르겠다고 했다.

사춘기에 다다른 청소년들은 해결해야 할 어려운 과업을 앞두고 있다. 그러나 그 과제가 아무리 힘들더라도, 우리 문화의 인종차별, 빈곤 혹은 집단학살의 가족 기억과 사투를 벌이는 청소년들만큼 발달과업이 복잡하지는 않을 것이다. 우리 모두 이를 잘 알고 있다.

주디스는 할머니가 이사를 오시면, 부모님의 관심을 그나마 더 못 받을까 봐 겁이 났다. 그토록 심한 고통을 겪은 분을 두고 자기 자신만 챙긴다는 생각 때문에, 주디스는 불안한 자기비난으로 가득 차 있었다. 바로 어머니가 그랬듯 말이다.

"여기 오기 시작하면서 하고 싶은 말을 더 잘할 수 있다고 느껴요. 전 늘 죄책감을 느끼고 있었거든요. 근데 정작 저를 나쁘게 생각하는 사람은 아무도 없어요." 주디스가 말했다.

마지막 회기가 있던 날 오후에 캐플런 부인이 전화를 걸어, 아이들 4명이 다 올 건데, 남편은 회의를 끝내고 늦게 온다고 말했다.

6시 정각에, 접수직원이 캐플런 가족이 도착했다고 알려 주었다. 나는 대기실에서 주디스에게 남동생 데이비드와 네이슨을 소개시켜 달라고 했다. 샘은 내게 손을 살짝 흔들더니, 장난감 상자로 잽싸게 달려갔다.

면담실에 자리를 잡고 앉자, 주디스가 당뇨병이 다시 조절되기 시작했다고 당당히 말했다. 주디스는 자기 손가락을 뚝뚝 꺾어서 남동생들을 웃기고 왁자지껄하게 만들었다. 예전보다 덜 얽매여 보였고 철없어 보이기까지 했다.

아이들의 시선을 한데 모으기 위해, 나는 주디스가 외할머니에 관해 쓴 이야기 책에 대해 물었다. 데이비드가 그 책에 그림을 그렸고, 남동생 셋 모두 주디스가 큰 소리로 그 책을 읽어 주면 좋아한다는 사실을 알게 되었다. 나는 제목들이 좋았다. '외할머니와 캥거루' '외할머니는 탐정' '우주비행사 외할머니'. 이제까지 주디스의 밝은 면을 본 적이 없어서, 제목처럼 그 이야기들이 재미난지 궁금했다. 아이들이 할머니에 대해 말하기 시작했다. 아이들은 할머니를 몹시 그리워하고 있었다.

일곱 살인 네이슨이 주제를 바꿔 자신들이 여기에 온 이유를 물었다. 네이슨이 말할 때, 랍비 캐플런이 문을 두드리는 소리가 들렸고, 내가 일어나 문을 열어 주었다. 아이들은 아빠를 반기는 듯 보였고, 캐플런 씨는 늦어서 죄송하다고 말했다. 아빠를 이야기에 참여시키고 싶어서, 나는 오늘 모임의 목적을 묻는 네이슨의 질문에 답해 줄 수 있겠냐고 그에게 물었다. 그는 다음과 같이 말했다.

"당뇨병은 마음이 아프면 나빠지는 병이야. 그리고 때로 사람들은 자신이 무엇 때문에 마음이 아픈지 모를 때가 있어. 그래서 의사 선생님들이 가족들이 다 모여서 함께 문제를 풀어 보자고 하셨어, 수수께끼 풀듯이."

좋은 대답이라고 생각했다. 캐플런 부인을 건너보니 미소를 지으며 고개를 끄덕이고 있었다. 우리는 같은 마음이었다.

"그래서 누나는 무엇 때문에 마음이 아픈데요?" 데이비드가 물었다.

주디스가 웃었다. "전부 다!"

"너희들도 알다시피, 누나는 아주 세심한 사람이야. 누나는 모든 사람들을 걱정해. 우리 가족, 할머니, 슈바르츠 부인, 미리엄, 또 다른 모든 사람들, 끝도 없이, 마치 24시간 편의점 같아." 캐플런 부인이 말했다. "누나는 우리랑 선생님들을 너무 열심히 도와줘서 지쳐 버렸어."

랍비 캐플런이 나를 바라보며 온화하게 말했다.

"주디스는 착한 사마리아인이 되고 싶은가 봐요."

나는 신약성서를 인용한 그의 말에 감동받았다. 마치 선물처럼 느껴졌다. 내가 그들의 성전을 알고 있음을 보여 주었듯이, 그는 나의 성전을 알아 주고 있었다. 나는 가족에게 이렇게 말했다.

"동정심을 보이는 건 좋은 일이에요, 그렇죠?"

"그래서 우리가 주디스를 좋아하죠." 아버지가 말했다.

"하지만 주는 것과 받는 것은 균형이 맞아야 해요." 캐플런 부인이 말했다. "일과 휴식 간에요."

6명의 가족은 주는 것과 받는 것에 관해, 그리고 그들이 집안일을 더 똑같이 나누기로 결정한 이유에 관해 이야기하였다.

"주디스는 걱정이 너무 지나쳐요. 아주 조금만 걱정할 수는 없을까요?" 내가 물었다.

"있어요." 캐플런 부인이 말하며 양손으로 남편을 가리켰다.

"뭐야? 내가 걱정을 더 많이 해야 한다고? 난 보고만 있지는 않아 —"

"당신은 보고만 있어요." 캐플런 부인이 부드럽게 말했다. "당신이 좀 더 행동하기로 약속했잖아요. 주디스와 내가 상관을 덜할 수 있게요."

"아, 그래, 좋아. 그런 얘기를 했지."

"잊어버렸다고 하지 마세요." 그녀가 힘주어 말했다.

"잊어버리지 않았어, 루스. 그런 말 했었다고 내가 말했잖아."

"좋아요. 미안해요. 당신 피곤해 보여요."

"그래, 피곤해. 좀 다른 이야기로 넘어갈 수 있을까?" 그가 언짢아하는 기색이 역력해지면서, 나는 등줄기가 서늘해지는 기분이었다.

이런 대화가 오가는 동안, 나는 주디스에게서 시선을 떼지 않았다. 주디스는 머리 리본을 만지작거리다가 그걸로 수염을 만들어 보이며 샘에게 장난을 치고 있었다. 지난번 부모님이 서로 의견을 달리하던 회기 때, 주디스는 구슬을 쏟아 주의를 분산시켰었다. 또다시 불꽃이 튀고 있었지만, 주디스는 인간 피뢰침처럼 우리들 앞에 우뚝 서 있지 않고, 열한 살짜리 아이답게 자기 자리에 앉아 있었다.

나는 부모님의 이 잠깐의 말씨름에 개입해서 문제를 들춰내야 할지, 아니면 그냥 덮어야 할지 결정해야 했다. 나는 의학적으로 주디스의 건강을 정상으로 되돌린다는 목표에 동의했고, 부모님 간의 관계를 파고들지 않고 그 목표를 달성했다. 분명한 사실은 이들이 집에서 치료적인 대화를 계속 나누었다는 점이며, 이는 늘 좋은 징후이다. 더 좋은 징조는 주디스가 부모님의 다툼을 들으면서도 반응을 보이지 않았다는 사실이다. 나는 이에 대해 언급하기로 결정했다.

"주디스, 스트레스를 다룰 수 있는 방법을 알려 달라고 한 적 있지? 첫 번째 방법이 '부모님의 걱정은 부모님 스스로 해결한다고 믿어라.'였잖아. 내가 보기에 네가 그걸 해낸 것 같네."

아이는 양손을 쭉 내밀며, "감사합니다!"라고 말했다.

랍비를 제외하고 모든 사람이 박수를 쳤다. 랍비는 정신이 약간 딴 데 팔린 듯 보였다. 10분밖에 남지 않았다.

캐플런 부인이 외할머니 이야기책을 슬쩍 내려다 보더니, 그 책 중 주디스가 가장 나중에 쓴 '우주비행사 외할머니'는 보지 못했다고 말했다.

나는 주디스에게 책을 읽어 달라고 했고, 데이비드가 그린 멋진 삽화도 보여 달라고 했다.

주디스가 책을 읽어 주었고, 아버지를 포함해서 모두가 박수를 쳤다.

시간이 다 되었다. 그들은 깊은 감사를 표했고, 언제든 나에게 다시 전화할 수 있음을 이해하며 작별인사를 했다.

그런 전화는 오지 않았다.

이후로, 주디스는 일반적인 1형 당뇨병 진단을 유지하였다. 더 이상 '초불안정'은 없었다. 한때 아이를 '미끄러지기 쉬운' 위험한 상태로 몰아넣었던 것이 무엇이었든 그것은 고쳐졌고, 그것을 가능하게 한 것은 **말하기**였다는 사실에 우리는 동의했다.

심리치료가 모든 병을 치료하지는 않는다. 부러진 **뼈**를 붙이거나, 망가진 췌장을 고칠 수는 없다. 그러나 몸이 우리를 위해 말을 할 수밖에 없는 정신신체질환에서 위태로운 순간이 발생할 때 심리치료는 특히 유용하다.

여기서 라캉이 말한 세 가지 등록소라는 개념이 도움이 된다. 즉, 상징계, 상상계, 실재계라는 명칭의 서로 얽혀 있는 고리들을 말한다. 라캉에 따르면, 언어와 표상의 영역인 **상징계**에서의 실패는 **실재계**(이 경우, 주디스의 신체적 위기상황)로 되돌아오게 되어 있다. 우리의 작업이 등록소들 사이에서의 이런 파국적인 이탈을 바로잡았다고 말할 수도 있을 것이다.

대부분의 가족치료에서 6회기는 의미 있는 결과를 내기에 충분한 회기 수가 아닐 수 있다. 그러나 캐플런 가족처럼, 어른들이 기꺼이 자신들을 되돌아보고 새로운 자료를 받아들이고 가족의 규칙을 바꿀 때는, 소수의 치료 회기로도 차이를 만들어 낼 수 있다. 특히 의학적 위기처럼 호소문제가 분명하고 최근에 발생한 일일 때 그러하다. 일명 '당뇨병의 네 가지 요인' 중 하나인 스트레스를 경감시키는 데 3개월의 작업은 충분하였다.

그렇다면, 스트레스란 무엇인가라고 물을 수도 있다. 아무도 본 적이 없고, 정확하게 정의 내릴 수도 없지만, 우리 모두는 스트레스가 있을 때 그것이 있음을 안다. 우리는 스트레스를 적게 받고 싶어 하며 그럴 만한 충분한 의학적 근거가 있다. 내과 의사들은 당뇨병뿐 아니라 심장병, 고혈압, 암에서도 스트레스는 강력한 요인이라고 생각한다.

'스트레스(stress)'라는 단어는 '압축된'이라는 의미의 라틴어 *strictus*에서 유래되었다. 그러므로 어원적으로 스트레스는 너무 작은 방 그리고 넓게 펼쳐질 필요가 있다는 뜻을 담고 있다.

이러한 어원은 위니컷이 말한 **잠재적 공간**을 생각나게 한다. 잠재적 공간이란 주체와 객체 사이의 중간 지대로 창조와 놀이가 일어나는 곳을 말한다. 위니컷에 따르면, 심리치료는 놀이와 유사하다. 치료는 환자의 마음 안에서도 혹은 치료자의 마음 안에서도 일어나지 않으며, 그 사이의 잠재적인 공간, 어떤 중간 영역에서 일어난다.

주디스와 부모님은 가정의 물리적 공간뿐만 아니라, 다양한 가족구성원에게 제공해야 하는 심리적 공간에도 관심을 두었다. 가족은 나의 면담실—실제로는 2개의 방—을 자신들의 정서를 펼쳐 놓을 수 있는 공간으로 사용했다. 전에는 주디스의 머릿속에서 벌어지던 논쟁이 가족면담의 장으로 흘러나왔다. 그들은 모두 함께 새로운 소통의 창구를 열었다. 그럼으로써 캐플런 가족, 특히 주디스는 압축, 즉 스트레스를 얼마간 덜었다.

이렇게 짧은 치료에서도 전이관계를 말할 수 있을까? 나는 그렇다고 믿는다. 비록 전이가 발전되거나 해석될 수 없더라도 말이다. 치료 동안 대부분, 나는 캐플런 가족의 좋거나 나쁜 어머니 혹은 아버지가 아니라 가족의 존중받는 친구처럼 느꼈다. 가족의 무의식 속에서 내가 미리엄의 역할을 했다는 인상을 받았다. 주디스의 부모님은 심리학적 개입을 경계하기는 했지만, 주디스가 미리엄에게 사적인 문제를 털어놓을 수 있도록 허용했듯, 나에게 털어놓을 수 있도록 허용했다. 히브리어 교사로서, 미리엄이라면 우리가 처음 만났을 때 랍비가 했던 인사말을 알아들었을 게다.

3개월 후, 주디스가 잘하고 있다는 연락을 가족으로부터 받았다. 아이는 건강하며 새로운 히브리어 과외교사를 구했다.

이후 수년간, 켄 샤피로 박사는 병원 식당에서 나를 만나면, "당신의 아이는 여전히 아주 잘하고 있어요!"라고 말해 주었다. 나는 기뻤지만, 다른 가족들의 안부도 계속 궁금했다. 부모님은 이후에 부부갈등을 어떻게 다루었을까? 다른 아이들이 증상을 보이지는 않았을까?

어쨌든, 열한 살 이후로 주디스가 응급실에 다시 오는 일은 없었다.

* * *

치료는 환자와 치료자 모두의 상상세계를 열어 준다. 나는 캐플런 가족과의 작업에서 많은 것을 배웠다. 하나의 작은 예가 많은 이야기를 해 준다.

우리의 마지막 회기 몇 달 후, 나는 루카복음서의 착한 사마리아인 이야기를 다시 읽었다. 이 유명한 우화는 도둑들에게 습격을 받아 죽을 지경에 처하게 된 남자에 관한 이야기이다. 그가 도와달라고 외쳤지만, 지나가는 사람들은 보고도 못 본 척했다. 사제도 마찬가지였다. 딱 한 사람 멈춰서 도와준 사람이 사마리아인이었다.

[사마리아인은] 상처에 기름과 포도주를 붓고 싸맨 다음, 자기 노새에 태워 여관으로 데리고 가서 돌보아 주었다. 이튿날 그는 두 데나리온을 꺼내 여관 주인에게 주면서, "저 사람을 돌보아 주십시오. 비용이 더 들면 제가 돌아올 때 갚아드리겠습니다."라고 말하였다.

"저 사람을 돌보아 주십시오." 사마리아인이 말했다. 그는 희생자의 보살핌을 다른 사람에게 위임했다! 착한 사마리아인 이야기는, 내가 어렴풋이 기억했던, 이타적이고 무한한 가용성이 아니었다. '24시간 편의점'이 아니다. 성경구절은 정해진 한도에서 남을 돕고, 다른 사람에게 맡기며, 그다음에는 갈 길을 가라는 윤리적 선택권, 어쩌면 윤리적 필요성을 시사해 주고 있다.

　이 이야기는 "내가 만약 나를 위하지 않는다면… "이라는 탈무드 구절에 마침표를 찍는 느낌이었다. 두 이야기 모두 자기에 대한 관심과 타인에 대한 관심 사이의 균형을 지적하고 있다. 이는 언제든 교훈이 된다. 모든 포큐파인들에게도.

3

트렌턴의 돈 후안

3

트렌턴의 돈 후안

이것이 내 좌우명이오.
"한 여자에게만 충실하면 다른 여자들에게 충실할 수가 없다."
– 돈 조반니

첫 약속 날, 데이브 존슨은 로비에서 초인종을 누르고 이내 사라
져 버린 듯했다. 나는 내 사무실이 있는 8층 출입구에 서서 시계를
바라보며 졸업무도회에 함께 갈 파트너라도 기다리듯 초조한 마음
으로 서성거리고 있었다. **그는 어디에 있을까?** 건물 안에서 길을 잃
었나? 갑자기 마음이 바뀌었나? 라떼를 사러 갔나?

15분 후, 상기되었지만 누가 봐도 흡족해하는 표정의 데이브가
모퉁이에서 나타났다.

"어머나, 박사님, 제가 바보짓을 했네요." 그가 내게 인사했다.

우리는 악수를 했고, 나는 그를 안으로 안내했다.

(어머나, 박사님?)

그가 블레이저를 벗으며 설명했다. "7층의 그 앙증맞고 귀여운

빨강머리 여자 분이 문을 열어 줬어요. 양팔에 잔뜩 서류철을 들고 서요. 내가 '여기가 심리치료 받는 곳인가요?' 했더니, 그분이 '위층이에요. 제 전화 쓰실래요?' 그러더라고요."

(지어낸 말인가?)

"그래서 어떤 마음이 들었어요, 데이브?"

"솔직히요? 그녀와 잡담을 하다가 데이트를 신청하고 싶었죠."

데이브는 이런 혼동이 그의 삶을 말해 준다고 했다. 서점, 빨래방, 커피숍, 어딜 가나 그는 그의 관심을 받고 싶어 하는 매력적인 여자들을 만난다.

"제가 근방에서 제일 잘생긴 사람은 아니에요." 그가 털어놓았다. "저는 춤을 못 춰요. 그런데도 여자들이 나를 보면 늘 그런 식으로 반응해요. 꼬마일 때도, 여자들이 나를 최고로 대접했다니까요."

나는 그를 바라보았다. 데이브 존슨은 180cm 정도의 키에, 비싸 보이는 푸른색 셔츠, 금 커프스 단추, 롤렉스 시계, 잘 다려진 카키색 바지, 양말을 신지 않은 로퍼 차림이었다. 그가 씩 웃을 때 표준형 욕실의 도기처럼 하얀 이가 드러났다. 그러나 사실 그렇게 특출나게 잘생긴 얼굴은 아니었다.

"여자들이 내게 그런 반응을 보이는 건 내가 여자들을 흠모하기 때문이에요. 데이브는 여자들을 기쁘게 해 주길 좋아해요. 장미꽃을 주던, 컴퓨터를 고쳐 주건."

우리가 전화로 이야기를 할 때, 나는 데이브가 뭘 원하는지, 무엇이 문제인지 파악하기가 어려웠다. 이는 그렇게 특별한 일은 아니다. 처음 전화할 때 겁을 먹는 사람들이 많다. 나는 그가 무엇 때문에 트렌턴에서 필라델피아까지 족히 45분을 달려 나를 만나러 왔는지 다시 한번 파악하려고 했다.

"그렇게 고차방정식은 아니에요, 박사님. 데이브는 나누고, 관계 맺고, 소통하고 등등, 박사님이 늘 하시는 기본적인 문제들을 다루고 싶어요."

그는 마치 자신의 입원 차트를 읽고 있는 사람처럼 보였다. 이 사람은 정상일까? 아니면 단지 독특할 뿐일까? 나는 자신에 관해 더 말해 달라고 요청했다.

"전화로 말씀드렸듯이, 저는 수의사예요. 대체로 저는 행복하고, 잘 사는 사람이죠. 말처럼 튼튼해요. 그런데 6개월 전부터, 지옥이 시작된 것 같았어요. 늘 지치고, 아프고, 식욕이 없어요. 그리고 그놈의 두통이 시작됐고, 정말 뭔가 잘못되지 않았나 싶었어요. 그래서 큰 병은 아닌지 확인하려고 내과에 가 봤어요."

"정확히 어떤 큰 병이요?"

"암, 자가면역질환, 뭐 그런 거요."

"그래요."

"의사가 정신과 치료를 권했고, 박사님을 적극 추천했어요. 저는 거리는 상관이 없어요."

"그럼 신체적인 불편감과 관계, 이 두 가지를 다루고 싶으신 건가요?

"네, 바로 그거예요."

데이브 존슨은 33세로 지난 몇 년간 다수의 멋진 여성들과 데이트를 했다고 알려 주었다. 교제기간은 평균 2개월에서 6개월이었고 가끔 시기가 겹치기도 했다. 그가 만난 여성들은 열여덟 살에서

부터 마흔네 살까지 다양했다. 그는 빨강머리, 마른 금발 하는 식으로 한 가지 '유형'에 끌리는 남자들을 경멸했다.

"내게 모든 여성들은 **그 나름의 장점**을 갖고 있어요." 그가 자동차 키를 딸랑거리며 말했다.

이 남자에게는, 굉장히 낯설다가도 엄청 친숙한 느낌이 드는, 프로이트식으로 보면 뭔가 묘한 구석이 있다. 또 어떻게 보면, 초등학교 때 알던 누군가 같기도 했다.

또한 데이브는 그도 하룻밤 섹스를 하긴 하지만 좋아하지는 않는다고 덧붙였다. 남자들처럼 섹스 그 자체를 즐기는 여자들이 있음을 이해하지만 그녀들은 그의 취향이 아니었다. 그는 진지한 관계를 원하는 여자들에게 끌렸다.

문제는 그런 여성들과 짧은 기간 강렬한 연애를 하지만 곧 지루해지거나 번잡하게 느꼈다. 여자 친구들 몇 명은 결혼 얘기를 직접 꺼냈고, 데이브는 미안해하며 거절했다. 하지만 배우자에 대한 신의를 약속할 자신이 없는데 결혼을 하는 건 더 큰 잘못이 될 거라고 말했다. 아이들을 좋아하지만 아버지가 될 준비는 되어 있지 않았다.

데이브는 친밀한 관계에 쉽게 흥분하고 자극을 받는 반면, 오랫동안 혼자 있는 것은 도저히 견딜 수 없어 했다. 쇼펜하우어 우화의 포큐파인처럼, 그도 친밀감이 주는 압력을 괴로워했다. 하지만 '공간을 만들기 위해' 여자와의 관계를 정리하면, 이 세상에서 철저히 혼자라고 느끼고, 자유를 즐기지 못하고, 최고로 밀착된 따뜻한 포옹을 간절히 원했다. 이런 문제를 설명하다가, 잠시 성차에 대한 이야기가 나왔다.

"여자들은 생각보다 더 괜찮은 사람들이에요. 나는 남자보다 여자를 더 존경해요. 굳이 말하면, 남자들은 경쟁이나 일삼는 멍청이들이죠."

따라서 치료를 주저했지만, 치료를 받는다면 여자 치료자에게 하리라 생각했다고 한다.

데이브는 신체적 증상들을 다시금 나열했고, 가장 골치 아픈 또 다른 문제를 꺼내 놓았다. 즉, 그는 성에 대한 흥미를 잃었다.

"일에는 얼마든지 몰두할 수 있어요. 하지만 성욕을 느끼지 못하겠어요. 그리 대단한 일처럼 들리지 않을 수도 있지만, 한 번도 이런 적이 없었어요. 좀 섬뜩해요."

그의 신체적 증상은 6개월 전에 시작되었고, 현재의 여자 친구 실비와 만난 지 3개월째 되던 때였다. 늘 그랬듯 익숙한 과정이 반복되려 함을 그는 알 수 있었다. 그녀는 그가 지킬 수 없는 약속을 원했고, 그는 그녀와 헤어질 참이었다. 데이브는 관계를 끝내면서 이번처럼 마음이 편치 않았던 적이 없었다고 말했다. 실비는 부모님이 돌아가셨고, 데이브를 자신의 유일한 보호자로 여기며 기대고 있었다.

"실비는 아주 예쁘고 아주 괜찮은 사람이에요. 그녀는 대단한… **장점**을 갖고 있죠. 그녀와 헤어지면 끔찍할 것 같아요."

데이브가 바라는 대로, 헤어짐은 예정되어 있는 듯 보였다. 그는 실비와의 미래를 생각할 수 없을 뿐 아니라, 그녀를 더 이상 성적으로 원하지도 않았다. 근사한 저녁 약속을 잡곤 하지만 식사가 끝나고 나면, 그는 아프고, 피곤하고, 자고만 싶었다.

나는 둘 사이에 무슨 일이 일어나고 있는지 알 것 같았다. 데이브식대로 말하면, 그건 '고차방정식'이 아니었다. 그는 실비를 너무 적게 좋아하지도 너무 많이 좋아하지도 않았다. 증상은 그가 말로 할 수 없는 어떤 것을 말해 주고 있었다. 즉, 친밀한 관계는 괴롭고 소모적이다. 나는 그가 관계를 아예 끊기보다는 시간을 갖고 충분히 생각해 보았으면 했다.

데이브는 여자 친구도 나와 같은 생각을 한다고 알려주었다. 사실, 그녀는 자신들의 문제를 해결하기 위해 커플치료를 받자고 데이브를 졸랐지만, 데이브는 생각을 해 본 후 그렇게 하지 않기로 했다. 그는 빠져나가고 싶었다.

연애에 대한 고민을 더 이상 하지 않기 위해, 데이브는 일에 전력하겠다고 선언했다. 고양이와 개에게 주사를 놓고 가끔 수술을 하는 것이 그의 일이었다. 그는 직장 동료들과 상사를 좋아했으며, 상사를 자신의 아버지와 비교했다. 그의 아버지는 데이브가 열여덟 살 때 돌아가셨다.

"아버지는 최고였어요. 저는 결코 아버지만큼 될 수 없을 거예요."

조 존슨은 마취과 의사였고, 자신의 이름을 딴 신기술을 개발했으며, 돈도 많이 벌었다.

"아버지는 소박한 분이셨어요. 밖에 나가 유력한 사람들과 어울릴 수도 있었지만, 집에 있기를 더 좋아하셨죠. 그렇다고 우리랑 함께 있지도 않으셨어요. 서재에 계셨죠. 어머니는 아버지를 '2층에 계신 우리 아버지'라고 부르셨어요."

데이브는 어머니는 좋은 사람이지만 '완전히 괴짜'라고 표현했다. 차에 기름이 떨어졌을 뿐인데 차가 고장 났다고 생각하는 사람이었다. 데이브는 그런 어머니를 탓하지 않았다. "그 시절에 여자들이 어떻게 자랐는지를 생각해 보면…."

부모님은 두 분 모두 서로에게 충실하셨다.

"아버지는 조용한 분이셨어요. 잔잔한 물이 깊게 흐르고, 얕은 개울물은 요란하잖아요."

"당신이 지금 처한 상황에 대해 아버님은 뭐라고 하셨을까요?"

"데이브, 돈 후안에게 휴식을 줘라. 시간이 약이다. 치료보다 예방이 몇 배 낫다는 말이 있잖니."

"무슨 뜻이에요, 데이브?"

"사실을 직면해야 한다는 뜻이죠. 여자 친구에게 내 입장을 말하고, 저도 마음을 추슬러야죠. 선생님은 어떤 조언을 해 주실 수 있죠?"

나는 미소 지었다. "뭐라고 할 것 같아요?"

" '나는 조언을 해 주는 사람이 아니에요, **당신이** 도대체 무얼 원하는지 깨닫도록 도울 뿐이죠.'라고 하실 것 같아요."

"그런 조언을 들으면 어떨 것 같아요?"

"모르겠어요. 하지만 딱 30분 만에 벌써 시작하신 것 같아요. 나쁘지 않아요. 내과 의사 샤르마는 인도분이신데, 치료자를 결정하기 전에 두세 명 만나보라고 하셨어요. 그런데 더 찾아볼 필요가 없겠어요. 선생님은… 분명히 **장점**을 갖고 계세요."

나는 이 말을 조촐한 칭찬으로 들어야 할지, 아니면 화려한 비난으로 들어야 할지 알 수 없었다. 나는 그의 벙벙함이 첫 시간의 초조감 때문이라고 생각하기로 했다. 매번 상투적인 말만 하는 사람은 없을 테니 말이다.

"트렌턴이 또 다른 유일한 문제예요." 데이브가 일어서서 기지개를 펴며 말했다. "트렌턴을 떠나더라도 분명 견딜 수 있을 거예요."

나는 그가 무슨 뜻으로 그런 말을 하는지 몰랐지만, 시간이 다 되었다.

데이브는 다음 약속을 잡고 내게 수표를 건네주었다.

"박사님을 만난 것이 제게 있었던 최고의 일이 될 수 있다고 생각해요."

그를 배웅하고 문을 닫으며, 나는 문이 잠기는 딸깍 소리에 내가 안심하고 있음을 깨달았다. 이 남자에게는 숨이 막히게 하는 무언가가 있다. 자기 아이들을 죽이거나 아이들에게 마약을 먹인 부모들을 만날 때처럼 두려움이나 증오의 역전이를 느끼지는 않았지만, 싫은 마음이 들었다. 그의 끈적끈적한 아첨을 씻어내기 위해 손이라도 씻고 싶은 심정이었다.

첫 면담 뒤이기 때문에 이제 시작이고 근거가 없기는 하지만 이러한 생각에 주의를 기울이는 것은 치료자에게 매우 중요하다. 처음부터 환자에게 싫은 마음(혹은 강한 애정이나 성적 매력)이 든다는 사실을 인정하면, 그러한 감정을 상연할 가능성을 상당히 줄일 수 있다. 데이브가 가식적이고 환심을 사려 한다고 내가 느끼고 있음을 자각함으로써, 나는 이러한 정보를 진단적으로 사용할 수 있었다.

진단적으로, 데이브가 보인 모습은 '거짓 자기' 혹은 '가장' 인격의 범주에 속한다고 할 수 있다. 과하게 순응적인 외양을 꾸며내는 사람들은 어린 시절의 경험과 관련된 그럴 만한 심리적 이유가 있기 마련이다. 예를 들어, 부모가 우울하거나 학대를 할 경우, 아동은 부모의 관심을 요구할 때 자신이 안전하지 않음을 배운다. 자신의 생존이 날씨 같은 어른의 기분을 살피는 데 달려 있기 때문이다. 아동은 자신의 부모에게 부모처럼 행동하기 위해, 생생한 자기 혹은 욕구가 있는 자기를 포기한다. 위니컷은 이러한 상황에서 아동의 '참 자기'는 냉장고 속으로 들어가며, 거짓의 '양육자 자기'가 그 자리를 차지한다고 말했다. 또한 위니컷은 지나친 알랑거림이나 감상주의는 '부인된 증오'를 나타낸다고 믿었다. 더할 나위 없는 연인인 데이브 존슨은 실은 그 누구보다 증오에 가득 찬 사람일까? 아마도 여성들과 일찍 헤어지길 잘했을 수도 있다. 어쩌면 더 큰 파괴적 충동으로부터 그들을 보호했을 수도 있다.

아마 내가 성급하게 결론을 내리고 있는지도 모른다.

그가 언급한 '돈 후안' 때문에 나는 웃음이 났다. 돈 후안은 정신분석을 공부하는 학생들을 오랫동안 사로잡아 왔으며, 이들은 여전히 오토 랭크의 1930년 고전 『돈 후안의 전설』을 공부한다. 돈 후안이라는 이름의 인물은 1600년대 초 스페인 수사가 쓴 희곡 『세비야의 난봉꾼과 석상의 초대』에 처음으로 등장했다. 이 희곡은 자신이 1,300명의 여성을 정복했다고 자랑하는 방탕한 귀족의 종말에 관한 교훈적인 이야기이다. 극의 마지막 장에서 돈 후안은 여성 희생자 중 한 명인 딸의 복수를 하는 아버지에 의해 지옥으로 떨어진다. 이 이야기는 모차르트가 그의 오페라 역작 〈돈 조반니〉에서 다시 선보였다. 몰리에르, 바이런, 쇼도 돈 후안을 주제로 한 대표작들을 썼다. 헤겔부터 키르케고르, 까뮈에 이르기까지, 철학자들은 돈 후안을 신과 전쟁을 벌이는 사람, 궁극의 미를 추구하는 예술가, 부르주아식 결혼에 반대하는 혁명적인 사회비판가로 다양하게 분석하였다.

오토 랭크는 돈 후안을 전형적인 오이디푸스 승자로 보았다. 랭크에게, 현실에서의 돈 후안은 사내아이일 때 아버지로부터 어머니의 관심을 빼앗아 오는 데 성공한 남자였다. 이는 대개 저주받은 승리이며, 따라서 오이디푸스 승자는 성인이 됐을 때 사랑하고 사랑받는 데 목을 매며 휘청거리게 된다. 랭크는 돈 후안의 오이디푸스식 해석을 위해 다음과 같은 설득력 있는 사례를 제시하였다.

돈 후안 유형에서는 [여자들이 유혹당하고] 제3자가 상처받는 일이 끊임없이 반복된다. 이런 특징적인 현상은 분명 다음과 같은 분석적 해석을 뒷받침해 주는 듯 보인다. 늘 새로운 여성으로 대체되어야 하는 그 많은 여성들은 대체 불가능한 어머니를 상징하며, 그리고 그가 속이고, 사취하고, 맞섰던 경쟁자들과 적수들은 … 정복할 수 없는, 치명적인 적, 아버지를 상징한다.

그래서 역설적이게도, 자유를 그토록 갈망하고 가정을 경멸하는 돈 후안은 한 번도 집을 떠나려고 해 본 적이 없다.

나는 치료를 하며 랭크의 묘사에 들어맞는 남성들을 많이 보아왔다. 데이브 역시 그런 경우인지를 말하기는 아직 일렀지만, 두 번째 면담에서 그럴 수도 있겠다는 생각이 슬그머니 올라왔다.

두 번째 회기를 시작하며, 데이브는 한 주 동안 기분이 조금 나아졌고, 피곤하고 아픈 것도 덜했다고 말했다. 그는 여자 친구에게 심리치료자를 만났으며 치료자로부터 관계를 정리하고 금욕기간을 갖는 게 어떻겠느냐는 권고를 받았다고 말했다. 여자 친구는 울음을 터뜨렸고, 그가 준비될 때까지 기다리겠다고 고집했다. 그는 밤새 남아 그녀를 안아 주었다. 그는 그녀가 자신을 포기하기를 바랐다.

"실비는 이런 대접을 받아서는 안 되는 사람이에요. 위노나 라이더처럼 생겼고, 마음씨는 천사예요."

갑자기 더 사악한 유형의 돈 후안이 떠올랐다. 불과 몇 주 전에 본 끔찍한 아르헨티나 영화에 나왔던 인물이었다. 절정의 미남인 주인공은 여자와 사랑을 나눈 다음 담배를 피우고 단추를 눌러 여자를 마루 밑으로 떨어뜨려 버렸다. 여자는 다른 여자로 대체되며 똑같은 일이 반복된다. 나는 아르헨티나 친구와 그 영화를 함께 보며 대화를 나누다가 누가 그런 버튼이 더 필요할까, 여자일까 남자일까, 하는 질문에 다다랐다.

데이브의 건너편에 앉아서, 나는 그의 여자 친구가 마루 밑으로 쫓겨난 느낌을 받았을지, 혹은 그런 일이 일어나리라고 예상은 하는지 궁금했다. 그녀에 대해 아무것도 몰랐지만, 그녀가 잘해 낼 수 있기를 바랄 뿐이었다. 데이브 역시 그렇게 생각하는 듯 보였다. 그건 그렇고, 내 이름을 팔아서 여자를 버리는 이 남자는 대체 무슨 생각을 하고 있는 걸까? 나를 "데이브에게 성관계를 면제해 주세요, 오늘은 그럴 기분이 아니거든요."라고 편지를 써주는 응석받이 엄마라고 상상하나? 나는 얘기를 해야 했다.

"데이브, 저는 금욕을 권한 적이 없어요. 지난번 우리가 만났을 때 어떤 조언도 한 기억이 없는데요."

"네, 알아요, 박사님. 시적 허용을 좀 사용했어요. 실비에게 내가 자신을 속이고 있다고 생각하게 만들기 싫었거든요. 그리고 정말 혼자가 되고 싶었어요."

실비와의 이별이 기억의 문을 열어젖힌 듯 보였고, 그 문은 계속 살짝 열린 채로 남아 있는 듯했다. 그다음 몇 주 동안, 데이브는 자신의 지난날의 모험을 내게 이야기해 주었다. 그는 내가 그리 탐탁지 않게 여기리라 예상했고, 실제로 나의 탐탁지 않은 반응을 이끌어 내는 데 성공했다. 삼촌 결혼식에서 만난 16세의 신부 들러리, 웨스트 팜으로 가는 비행기에서 만난 승무원, 수의대의 유일한 미모의 여교수, 그가 컴퓨터를 수리해 주고 벼룩퇴치법을 알려 주었던 같은 빌딩의 다양한 비서들. 그는 그녀들이 잃어버린 문서를 찾아주었고, 사랑하는 애완동물을 치료해 주었으며, 그래서 그녀들은 그를 흠모했다. 이들 중 많은 여성들이 학대하는 애인을 두고 있었고, 데이브는 그 자리를 대신하며 엄청난 기쁨을 맛보았다. 다른 남자 때문에 위험에 처한 여인을 구하는 일은 그의 장기였다. 임무를 완수하면, 데이브는 떠날 준비를 했다.

나는 마치 돈 조반니의 레포렐로가 된 느낌이었다. 레포렐로는 주인이 정복한 여자들의 목록을 기록했던 시종으로, 목록의 여자들에게 경고를 보낼 수 있었다. 나는 그런 힘이 없었다.

어느 날 저녁, 데이브가 한쪽 어깨에 재킷을 걸치고 남성전용잡지 『지큐』의 모델처럼 입술을 삐죽 내밀며 걸어 들어왔다.

"오늘 엘리베이터에서 독특하게 생긴 흑인 여성을 봤어요."

그가 묘사하는 여성의 외모와 의상을 들어 보니, 그녀는 나의 다른 환자였다. 그 여자분은 분명 자신을 보호할 능력이 있었지만, 나는 또다시 보호해 주어야 한다는 마음이 들었다.

인종에 대한 이야기가 나오면서, 그의 가족에 대한 이야기로 돌아갔다.

"저는 인종차별주의자가 아니에요. 부모님이 그런 분들이 아니셨기 때문이죠. 아시다시피, 뉴저지 일부 지역은 백인들만의 구역이고 거기 사람들은 흑인을 두려워해요. 아버지는 사무실에 흑인을 고용하셨고, 어머니는 인종에 관계없이 저의 모든 친구들을 반기셨어요. 랫팩의 멤버 중 한 명도 흑인이잖아요."

데이브는 '랫팩'이 젊은 음악인들의 모임을 부르던 명칭으로 그중 프랭크 시나트라가 가장 유명한 사람임은 모르는 듯했다. 그는 고등학교 시절 가장 친했던 친구들에 관한 사랑스러운 이야기를 계속 이어갔다. 이 친구들은 함께 운동하고 공부했으며 각자의 집에서는 이들을 가족처럼 대해 주었다. 어머니날에 4명의 친구들은 각각 열두 송이의 장미꽃을 샀다. 처음에는 자신의 어머니에게 세 송이를 드렸고, 그다음에는 다른 친구들의 집에 들려 친구 어머니와 수다를 떨고 장미꽃 세 송이를 선물했다. 하루가 끝날 무렵에는 모든 어머니들이 열두 송이의 장미꽃을 받았다. 나는 영리하고 다정한 이야기라고 생각했다.

"거봐요, 그때가 여자 쫓아다니기가 시작된 때라고 생각하시죠?"

"아니요. 실은 아주 멋진 일을 했구나 생각하고 있었어요."

데이브는 혼란스러워 보였다. 그는 내가 못마땅해 하기를 바라는 듯 보였다. 나는 그의 아버지가 어머니에게 장미꽃을 보냈는지 알고 싶어졌다. 존슨 박사는 그런 방면은 잘 기억을 하지 못했다. 실제로, 아내의 40세 생일날 실험실에서 잠이 들어 생일파티에 오지 못한 적도 있다고 데이브가 말했다.

"지난주에 아버님이…."

"부모님을 분석하는 데 매달려 있고 싶지 않아요. 그분들은 정말 좋은 분들이에요. 문제는 저예요."

"부모님은 분석하지 마라, 이거군요. 하지만….."

"알아요. 하지만 친구들 이야기를 마저 하고 싶어요. 걔네들은 저한테 최고의 친구들이었거든요."

불행히도, 그 친구들은 미국 내 여기저기로 뿔뿔이 흩어졌다. 데이브는 지금 남자 친구들이 없다. 그는 남자들이란 여자들을 후리기만 바라는 자기중심적인 얼간이라고 생각하기로 했다.

정말?

페미니스트를 비방하는 사람들은 페미니스트가 남자들을 증오한다고 말한다. 사실 나는 데이브 존슨 같은 남자에 의해 남자들이 집단적으로 폄하되는 말을 들어본 적이 없다.

"모든 남자들이 그렇게 나빠요?" 내가 물었다.

"게이들은 괜찮아요. 이 사람들은 더 온화하고 덜 남성적인 경향이 있어요. 이제 나를 게이라고 생각하시겠네요. 그렇게 생각하세요?"

사실상, 돈 후안이 오이디푸스기에 고착되었다는 정신분석적 설명은 그가 드러나지 않은 동성애자라는 필연적인 추론에 도달한다. 남자들에 대한 끌림을 인정할 수 없어서 그는 이성애 남자들보다 여자들에 더 미쳐 있는 사람인 척했다. 분명 일부 '바람둥이들'에게는 이런 설명이 맞다. 그러나 데이브에게 게이 친구들이 있고, 동성애자를 혐오하지 않는다고 해서, 그의 진정한 욕구가 남자에게 있다고 말할 수는 없다. 그런 결론을 내리거나 다른 가능성을 배제하기에는 너무 이르다.

이후의 몇 달간, 데이브의 회기는 일정한 틀을 따랐다. 몇 분간 조용히 앉아 있다가, 시계를 만지작거리고, 여자들과 있었던 일을 좀 더 얘기하고, 관련이 있을 때는 남자 경쟁자들에 대해서 얘기했다. 우리의 작업이 조금 나아졌다고 나는 생각했다. 그는 어떤 인상을 심어 주거나 놀라게 하려고가 아니라, 자신을 알리기 위해 이야기를 하고 있었다. 이렇게 솔직하게 다른 사람에게 자기 이야기를 해 본 적이 없었다. 나는 질문을 하고 내 생각을 얘기해 주곤 했다. 그러나 매 회기마다 마지막 15분은 극도로 지루하게 느껴졌다. 이 지점에서 그는 "할 말이 없다."고 말하곤 했다. 때로는 자신의 손해를 계산하기도 했다.

"10분의 침묵, 20달러를 날리고 있네요."

나는 이러한 공백 동안 주의를 집중하려고 최선을 다했지만, 쉽지가 않았다. 내가 알던 다른 돈 후안들은 사람의 마음을 사로잡는 매력이 있었다. 그들의 달달함이 상담실 안에 퍼져서 어떤 생생함이 유지되곤 했다. 데이브와 나는 왜 이다지도 서먹한 걸까? 나는 한 가지는 알고 있었다. 그에게 더 이야기하도록 찔러 보거나 내가 관심 있는 주제를 제시하면, 전혀 도움이 되지 않았다. 불행히도, 침묵은 길었고, 점점 더 길어지고 있었다.

나는 데이브가 이런 회기 마지막의 공백에 대해 진심으로 답답해하고 있음을 알게 되었다. 그는 정말로 협조하고 싶다고 말했다. 그는 '제대로 하고' 싶어 했다. 그는 치료에서 사람들이 환상과 꿈에 관해 얘기한다고 알고 있었지만, 최근의 그의 환상은 모두 휴가에 관한 것이었고, 불행히도 그는 꿈을 꾸지 않았다. 나는 그에게 그가 꿈을 꾼다고, 모든 사람들이 꿈을 꾼다고 확인해 주었다. 단지 꿈을 기억하지 못할 뿐이며, 언젠가는 기억할 것이다. 바로 이때 데이브가 평소보다 진일보한 반응을 보였다.

"박사님, 이 시점에서 제가 어떤 꿈을 꾸어야 하나요? 지금의 치료 단계에서 제가 어떤 꿈을 꾸고 있다고 상상하세요?"

이는 복잡한 의사소통이었지만, 마치 그런 질문이 당연한 권리라도 되는 양 묻는 듯이 들렸기 때문에 나는 짜증이 났다. 이때, 수년간 읽지 않던 성경 대목이 불현듯 떠올랐다. 네부카드네자르 왕이 꿈 해석가로 명망이 높던 다니엘을 불러 꿈을 해석하라고 한 부분이었다. 늘 그랬듯 다니엘은 단단히 들을 준비를 했지만, 꿈은 단지 한 줄에 불과했다.

"뭔가가 내게서 빠져 나간다." 왕이 말했다.

왕은 다니엘에게 첫째, 그가 꾼 꿈이 무엇인지 말하고, 둘째, 그 꿈을 해석하라고 요구했다.

나는 데이브에게 누군가가 '어떤 꿈을 꾸어야 하는지' 말해 줄 수 있는 방법은 없으며, 혹시 꿈이 기억날 때는 꿈을 기록해 두라고 말해 주었다. 잠시 후, 데이브가 자기 자신에 관한 중요한 무언가를 얘기하고 있을지도 모른다는 생각이 번쩍 들었다. 그는 상상력이 너무 빈곤해서, 꿈을 꾸고, 곰곰이 생각하고, 공상을 한다는 것이 어떤 느낌인지조차 떠올릴 수 없었다. 무의식에 접근하는 또 다른 방법은 자유연상이기 때문에, 나는 다시금 긴 침묵 동안 무슨 생각이 나는지 할 수 있는 한 말해 보라고 격려했다.

"예를 들어, 방금 무슨 생각을 하고 있었는지 말할 수 있어요?"

"별거 아니에요. 그저 일 생각이죠."

"일이요?"

"어떤 여자분이 벌레가 생긴 폭스테리어를 데려왔어요. 그런데 우리는 그게 무슨 벌레인지 알 수가 없었어요. 마침내 그분이 휴가로 과테말라의 내륙지역을 도보 여행할 때 개를 데리고 갔다고 말했어요. 도대체 3주 동안이나, 내게 그 얘기를 할 생각을 못 했다니 믿을 수가 없었어요…. 제가 말했죠, 달리 관련된 내용을 생각하고 있지 않다고요."

"혹시 내게 말하는 걸 잊어버린 것이 있나요? **당신을** 이해하는 데 도움이 될 만한 뭔가를요."

"모르겠어요." 손목시계 줄을 비틀며 그가 말했다. "HSV 문제를 얘기했어야 했을까요?"

그는 마치 내가 그런 식으로 질문해 주기를 기다렸다는 듯이, 이내 대답을 했다. 나는 데이브에게 자신의 HSV(단순헤르페스바이러스) 병력을 내게 말하고 싶은지 물었다.

그는 25세 때, HSV를 갖고 있는지 본인도 모르는 18세 여성으로부터 처음 감염이 되었다. 그는 진단을 받은 후 절망했고 잠깐 자살을 생각했다. 의사가 예측한 대로, 첫 번째 발병이 최악이었고, 첫해에 가장 많은 발병이 있었다. 이후 1년에 네 번 정도 같은 병에 걸렸다. 약으로 증상은 완화되었고, 헤르페스가 성생활을 결딴내지는 않는다는 살아 있는 증거가 자신이라고 그는 말했다. 나는 연인들에게 그 문제를 어떤 식으로 밝혔는지 물었다.

"미국인 4명 중 1명이 갖고 있어요."가 그의 대답이었다. "대개, 정직하려고 했어요."

"대개요?" 나는 너무 비판적으로 들리지 않으려고 애쓰면서 물었다.

"어떤 여자들은 알려고도 하지 않는 것 같더라고요." 데이브의
답이었다.

그는 내가 그중 한 사람이라고 생각했음이 틀림없다. 그가 병을
옮긴 적이 있는지 물어봐도 될까?

"두 번이요." 그가 단호하게 말했다. "어쩌면 세 번. 하지만 우리
가 여기서 얘기한 기간이 8년이에요. 그러니 생각을 해 보면….."

내 생각을 말한다면, 왜 미국인 4명 중 1명이 이 병에 걸렸는지
알 만했다.

병이 시작되면, 몸이 노곤해지고 감기에 걸린 느낌이 든다. 지난
6개월 동안 그가 몸이 안 좋았던 이유는 병이 너무 자주 발병했기
때문이었다. 2, 3주에 한 번씩. 바이러스 치료제를 매일 먹거나 '압
도적' 용량의 약을 써도, 거의 차도가 없었다.

"박사님께 거짓말을 하려던 건 아니에요. 사실, 말을 하려고 했
어요. 단지 그런 주제가 나오지 않았을 뿐이죠."

어처구니가 없었지만, 말이 되지 않는 건 아니었다. 한편으로는,
성욕이 떨어지는 감기 같은 증상을 몇 달 동안 얘기하면서, 그와
관련된 신체적 질병을 치료자에게 말하지 않는다는 건 어처구니없
다. 그러나 다른 한편으로는, 체면이 깎일까 봐 혹은 단지 새로운
환경에서 진실을 마주하기가 두려워서, 알고 있는 것을 알기 어렵
게 만드는 현상은 때때로 우리 대부분이 겪는 문제이기도 하다.

데이브는 폭로의 결과가 어떨지 무척이나 궁금해했다. 나는 그
가 내게 말할 수 있어서 기뻤다. 혹시 내가 더 빨리 알아채기를 바
랐을까?

"그럴지도 모르죠. 하지만 아마 그냥 나가버렸을 거예요. 창피스 럽잖아요."

그렇다면 금욕은 어떻게 되고 있을까? 나는 궁금했다. 그는 굉장히 좋다고 말했다. 솔직히 말하면, 가끔 성관계를 그만할까, 휴식기를 가져볼까 생각한 적이 있었다. 그는 '안식'기가 마음의 평화를 가져다주고 집중력을 높여 주지 않을까 생각했다. 단지 혼자라는 사실이 불편하고 혼란스러웠다.

"내 인생에서 여자가 없다면, 하루가 끝나고 뭘 하겠어요? 아무런 보상이 없다면, 어떻게 일을 해나갈 수 있겠어요? 함께 와인을 마시고, 저녁을 먹고, 나의 하루에 대해 물어보는 숙녀가 없다면요? 누군가와 함께 있지 않을 때, 저는 은둔자예요."

그래서 쇼핑몰에서 만난 여자와 대화를 나누면 욕구가 살아난다. 그 즉시, 2개월에서 6개월짜리 연애가 시작된다.

이제까지 빈 시간으로 남아 있던 마지막 15분이 이때부터 흥미로운 자기관찰로 채워졌다. 말하자면 그 자신의 포큐파인 딜레마는 어떤 모습일까?

데이브는 치료에 진지하게 임했지만, 나는 여전히 그를 싫어하는 마음 때문에 산만해졌다. 그가 1970년대에 내가 알던 자유분방한 남자들을 생각나게 하는 걸까? 그가 여자들에게 성병을 옮겼다는 생각 때문에 역겨울 뿐일까? 아니면 시기심일까? 돈 후안은 나머지 우리들은 짐작조차 못하는 끝없는 로맨스가 펼쳐지리라 상상했다.

2개월 후, 데이브는 몇 분 일찍 도착했고, 마침 부모와 함께 치료를 받으러 왔다 돌아가는 일곱 살짜리 사내아이를 보았다. 그는 카우치에 앉자, "어린 남자들한테도 관심이 있는 줄은 몰랐네요."라고 말했다.

그가 나를 웃게 만들었다. 데이브가 계속 말을 이었다. "메이 웨스트가 뭐라고 했는지 아세요? 그녀는 어린 남자들이 사연이 더 짧기 때문에 좋다고 했어요."

웃음이 터졌다. 나는 입을 다물고 진정하려 했지만 터지는 웃음을 막을 수 없었다. 환자와 함께 킥킥거리는 건 그가 마지막이어야 한다.

"정말 재밌는 말 아니에요? 어디서 그 얘기를 들었는지 기억도 나지 않아요. 아마 해변에서 도나와 데이트할 때였을 거예요. 이 예쁜 숙녀는 내가 스물일곱 살일 때 마흔네 살이었어요."

나는 아무 말도 하지 않았지만, 내가 대략 도나의 나이쯤이라는 생각이 들었다. 아마 처음부터 나에 대한 그의 감정은 에로틱한 색채를 띠고 있었고 회기 중에는 억눌려 있었는지 모른다. 역전이에서의 에로스로 말하자면, 그것이 없음이 여전히 분명했다. 내게 데이브는 약해지거나 웃길 때 더 좋아할 수 있는 사람이었다. 그러나 로봇 같은, 여전히 '척하는' 남자로만 보여서, 어떤 여자가 그를 매력적으로 느낄 수 있을지 상상이 안 됐다. 바이런 경은 그의 서사시 「돈 후안」에서 돈 후안에 대해 다음과 같이 말했다.

… 그가 여자들과 함께 있을 때
여자들은 그를 생각하고 싶은 대로 혹은 받아들이고 싶은 대로 받아들인다.
그리고 그녀들은 풍부한 상상력으로 그를 만들어 낸다.

나는 시계를 흘깃 보았다. 그는 10분째 창밖을 바라보고 있었다.

"지금 뭐하세요, 데이브?"

"딱히 심각한 생각은 하지 않아요, 박사님. 또 일 생각이죠. 오늘은 나쁘게 시작했는데, 좋게 끝났어요."

그날, 아침부터 화가 잔뜩 난 고객이 찾아와서 그에게 불평을 했다. 6개월 전에 커티스 박사에게 수술을 받은 고양이 때문이었다. 고양이는 여전히 절뚝거렸고 상태가 비참했다. 나는 고양이 주인이 왜 커티스 박사에게 직접 이야기하지 않는지 물었다.

"서열이 있잖아요!" 데이브는 마치 내가 신참 바보라도 되는 양 말했다. 사실 이때 나는 처음으로 그가 상사와 문제가 있음을 알게 되었다. 데이브는 늘 자신의 상사에 대해 '사람 다루는 기술'만 빼면 '굉장한 사람'이라고 말했다. 직원들 간에 그런 문제로부터 상사를 보호하려는 일종의 결탁이 있고, 필요할 때는 직원들 스스로 책임을 지는 듯 보였다. "고객의 불만에 그를 끌어들인다고 해서 좋을 게 없어요. 그는 슬며시 자기 방으로 들어가 수술이 없는 시간에 낮잠 자기를 좋아해요. 그러거나 말거나. 우리는 그를 사랑해요."

나는 "2층에 계신 우리의 아버지." 라는 말이 생각났다.

그날은 좀 달랐다. 어떤 이유에서인지, 데이브는 중간 역할을 하지 않기로 했다. 그는 화가 난 고객을 커티스 박사에게 데려갔고, 이후 자기 자신과 직원들 편에 섰다.

"그는 그런 방식을 좋아하지 않았어요. 오해는 하지 마세요. 그건 의료 과실 문제였거든요. 하지만 결국 그는 내 말을 이해했죠. 사람들이 하루 종일 저랑 하이파이브를 했어요. 기분이 좋았어요."

기분이 좋았던 이유는 그가 자신의 원칙을 지켰기 때문이었다. 그리고 그가 좋아한다고 공공연히 말하는 이 남자에게 자기 생각을 말할 수 있을 정도로 그를 신뢰했기 때문이기도 했다. 또한 데이브는 이상화라는 것에 대해 뭔가 깨닫는 듯 보였다.

"사람들은 모두 커티스 박사가 똑똑하기 때문에 사람 다루는 기술이 없다고 말해요. 그렇다고 그를 빼주면 그건 큰 책임회피가 되잖아요."

"맞아요. 때로 우리는 우리가 윗사람들을 경멸한다는 걸 인정할 수 없어서 그들을 이상화하죠."

"내놓고 말할 수는 없지만, 맞는 말이에요."

그는 다음 회기에 한 주를 아주 잘 지냈다고 말하며 시작했다. 그는 안팎으로 다 좋다고 느꼈다. 그리고 저번 회기가 치유는 됐지만, 이상하게도 무슨 이야기를 했는지 기억이 나지 않는다고 말했다.

"하나도요?" 내가 물었다.

"네. 메이 웨스트에 대해 농담한 것 빼고요. 그리고 양키스 모자를 쓴 그 귀여운 꼬마가 있었잖아요. 얼마나 귀엽던지."

데이브는 긴 침묵에 빠져들었다. 이 특별한 침묵은 꽉 찬 느낌이었다. 그는 발을 또각거리지도, 시계를 만지작거리지도 않았다. 그는 내가 모르는 무언가에 대한 깊은 몽상에 빠져 있었다. 유난히 추운 겨울날이었고, 그는 감청색 캐시미어 스카프를 목에 두르고 있었다. 그의 검은 눈은 덜 놀라보였고 더 느긋해 보였다. 평소의 경직된 모습을 벗어버리니 데이브의 얼굴이 꽤 잘생겨 보였다. 그가 스카프를 잡아당길 때, 나는 또다시 어디선가 그를 본 적이 있다는 느낌이 들었다. 내가 생각할 수 있는 사람 중에 그를 닮은 사람은 없었다. 환자도 아니고, 친구도 아니고, 이웃도 아니다. 그리 유명하지 않은 배우나 TV에 나왔던 사람을 닮았을까?(<새터데이 나이트 라이브(Saturday Night Live, SNL)>의 댄 애크로이드가 생각났다.)

"뭐하고 있어요, 데이브?"

"아무것도요. 점점 사라지고 있어요. 그 꼬마 생각을 하면서요. 내가 그 나이 때는 어땠을까 뭐 그런 생각."

"그땐 어땠어요?"

"모르겠어요. 혹시 부모님이… 아버지가 나랑 같이 치료에 오셨을까요? 그러지 않으셨을 것 같아요. 아버지는 자기 생각 속에서 사셨죠. 어머니는 물론 오셨을 거예요. 그 나이 때도, 어머니는 침대 머리맡에서 늘 제게 책을 읽어 주셨죠. 저는 잠들기 전에 하나라도 이야기를 더 들으려고 안간힘을 썼어요. 가끔은 부모님 방에 갔고, 그러면 대개 그냥 두셨어요. 지금 생각하면 어떻게 그러셨을까 싶어요…. 그러다가, 내가 열 살 때 아버지가 다리가 부러지셔서 한동안 손님방에서 주무셨는데, 제가 엄마 방에 몰래 들어갔어요. 킹사이즈 침대의 아버지 자리에 누워 있으면, 아침이 될 때까지 엄마는 내가 있는지도 몰랐어요. 아니, 왜 나한테 이런 프로이트식 얘기를 하게 하시죠? 오늘 기분이 아주 좋다고 말씀드렸잖아요. 제가 심리치료 포스터에 나오는 아이 같네요."

"그 프로이트식 얘기가 아주 흥미롭게 들리는데요. 데이브는 어때요?"

"뭐 그렇죠. 늘 얘기할 거리야 있지 않나요? 그러니까, 몇십 년씩 치료를 받는 우디 앨런 같은 사람들도 있잖아요? 저는 그 사람처럼 돈이 많지 않아요. 치료횟수를 줄일 때가 됐나 봐요. 한 달에 한 번은 어때요? 커피나 마시면서. 박사님은 환자들과 어떻게 지내시는지 모르겠네요, 친구처럼 될 수도 있나요?"

나는 어머니의 침대에서 아버지를 대신했다는 기억을 얘기하다가 나와 커피를 마시러 나가자고 하는 이런 이야기의 전환을 해석하지 않기로 했다. 여자들을 소유할 자격이 있다는, 심지어 그래야 한다고 느끼는 이 환자의 경계의 문제를, 치료자들이 소위 말하는 '지금-여기에서' 다룰 수 있는 기회가 생겨서 기뻤다. 분명, 데이브는 내가 그의 친구가 되고 싶은지 따위는 궁금해하지도 않았다. 나는 그에게, 나는 직업적인 관계와 사적인 관계를 결코 흐리지 않는다고 말해 주었다. 그를 친구로 만나고 싶지 않고, 오직 그의 치료자가 되기를 바랄 뿐이다. 나는 날을 세우지 않고 부드럽게 말이 나와서 안심이 됐다.

내 사무실에서 어린 남자아이를 본 일이 데이브에게 깊은 인상을 남겼다. 그는 그 아이를 '귀염둥이'라고 불렀고, 그 나이 때의 자신을 기억했다. 활기차고 접촉을 갈망했던 그 작은 소년에게 무슨 일이 일어났던 걸까? 나는 궁금했다. 어떤 과정을 거쳐서 생기발랄한 아이가 감정의 쳇바퀴를 도는 멍한 남자가 되었을까?

심리학자 캐롤 길리건은 우리 사회에서는 남자아이들을 무감각하게 만드는 일들이 일어난다고 말했다. 사회적 압력으로 인해, 남자아이들은 감정을 드러내고 여자아이들과 친구로 놀고 싶은 마음을 억눌러야 한다. 페미니스트 존 스톨텐베르그의 말을 빌리면, 경쟁과 여성혐오의 문화를 거부한다는 것은 어느 시점부터인가 '남자가 되기를 거부한다.'는 의미가 된다. 여자들을 수집했던 돈 후안에게 가족이나 오이디푸스 역동뿐 아니라 사회적 압력도 자양분이 됐음이 분명하다. 아이의 등장에 대한 데이브의 반응으로 인해, 나는 며칠간 이런 문제들을 생각했고, 다음 시간에 그가 어떤 이야기를 가져올지 몹시 궁금했다.

데이브는 다음 회기를 꿈을 기억했다고 말하며 시작했다. 치료를 시작하고 처음이었다. 그는 침대 옆에 녹음기를 두고 잤고 밤중에 깨었을 때 꿈 내용을 녹음했다.

데이브는 아버지 꿈을 꿨다. 그들은 함께 세차를 하고 있었다. 꿈에서 데이브는 "아버지가 자신이 죽은 줄 모른다."라고 생각했다. 극도로 슬픈 감정이 밀려 왔다.

이 회기에 그는 아버지에 관해 처음으로 이야기할 수 있었고, 이후 몇 회기에 걸쳐 아버지의 삶, 죽음, 장례식에 대해 이야기하였다. 존슨 박사는 학회에서 연설을 하기로 되어 있었으나 나타나지 않았다. 호텔 경비원이 방에 들어갔을 때, 그는 이미 심장마비로 사망한 상태였다. 데이브가 대학에 입학하기 전 여름의 일이었다. 그는 대학 첫해에 전 과목에서 낙제를 했고, 잠시 휴식을 취하기로 했다. 2년 만에, 그는 일등석 비행기 표와 두어 대의 고급 승용차를 사는 데 유산을 다 써버렸다. 다행히 재산 대부분은 어머니가 상속받았다. 어머니가 돌아가시면, 얼마간의 유산을 받을 수 있음을 알고 안심이 됐지만, 때때로 어머니에게 돈을 빌려야 했고, 그때마다 거북함을 느끼곤 했다. 때로는 돈이 떨어져서 월세가 밀리기도 했고, 어머니에게 다시 부탁을 하느니, 친구에게 돈을 꿔 달라고 했다. 그 결과, 가끔은 자신이 부자인지 가난한지 모르겠더라고 말했다. 그는 아버지보다 오래 살아남았고 그의 유산을 상속받았지만, 전리품은 멀리 있었다. 즐길 수가 없었다.

랭크라면 아마 이것이 오이디푸스 승자의 운명이라고 했을 것이다. 그는 아버지를 대체하고 어머니의 짝이 되었지만, 회복 불가능한 대가를 치렀다. 이런 상황에 있는 많은 장성한 아들들처럼, 데이브는 아버지에 대한 감정, 어머니에 대한 감정, 가족 삼각관계에서 자신이 했던 역할 등에 대해 거의 이해하지 못했고, 따라서 아무것도 즐길 수가 없었다. 당연히 누려야 할 즐거움조차 말이다.

그다음 주에 내가 출장을 가서 데이브를 만나지 못했고, 그때 그를 걱정했던 기억이 난다. 때로 결정적인 순간에 치료에 잠깐의 공백이 생기면, 환자들은 이를 상당히 견디기 어려워하며 그래서 스스로 중단을 선택하는 방식으로 대응한다. 내가 돌아왔을 때, 데이브로부터 취소전화가 오지는 않았고, 그는 다음 약속에 제 시간에 왔다. 그러나 그는 말이 없고 안절부절 못했으며 종결 얘기를 다시 꺼냈다.

"솔직히, 이제 다 된 것 같아요. 더 이상 할 이야기가 없어요. 여자 친구들 얘기도 다 했고, 제 치부도 다 보여줬어요. 더 이상 숨은 의도 같은 건 없어요. 보시는 게 전부예요."

나는 그의 말을 액면 그대로 받아들이기로 하면서, 그를 찬찬히 살펴보았다. 데이브는 늘 직장에서 올 때는 셔츠와 블레이저를 입었고, 일을 하지 않는 날에는 평상복 차림으로 왔다. 오늘은 일을 하지 않는 날이다. 그는 전에 본 적이 있는 연한 청색 스웨트 셔츠를 입고 있었다. 사무실의 낮은 조명 속에서, 옷의 왼쪽 주머니에 찍혀 있는 어떤 모양을 볼 수 있었다. 나는 내가 잘못 보았나 싶었지만, 아니었다. 분명, 청색 바탕에 2개의 아주 작은 노란색 발이 있었다.

"내가 본 대로 받아들일게요, 데이브. 옷에 뭔가가 보이네요. 발바닥 2개인가요?"

"네, 맞아요. 그가 말했다. 낙태됐을 때 아기의 발 크기래요. 이건 낙태 반대운동 옷이에요. 제가 낙태 반대론자거든요."

데이브는 자신은 의사들을 죽이거나 병원에 폭탄을 터트리는 부류는 아니라고 하면서 나를 안심시켰다. 자신은 또라이가 아니라며, 진지한 낙태 반대론자처럼 들리는 설명을 계속 이어갔지만, 상투적인 표현을 너무 습관적으로 사용해서 말의 무게가 떨어졌고, 늘 그렇듯 누군가 그를 대신해서 생각을 해 주고 있다는 느낌을 주었다. 그는 내가 반대의 입장에 서 있다고 예상하기 때문에 이런 대화가 불편하다고 말했다. '그 많은 책들'이 있기에, 여자들에 관한 책들이 너무 많아서, 내가 낙태 찬성론자일 거라고 했다.

그렇다면, 내가 진짜 낙태 찬성론자라면 어떨까? 그는 내가 자기 생각을 바꾸려고 하지 않는 한, 여전히 나를 존중한다고 말했다.

나는 그의 생각을 바꾸려고 하지 않겠다고 말했다. 또한 치료 중에 종종 정치적 신념이나 종교적 신념을 살펴볼 때가 있지만, 그런 신념이 치료자와 일치할 수도 있고, 일치하지 않을 수도 있다고 말해 주었다.

"공평하네요." 그가 말했다.

나는 어떻게 그런 입장을 취하게 되었느냐고 물었다. 데이브는 실은 자신이 한때 낙태 찬성론자였다고 말했다. 그런데 어떤 일이 있었다고 그가 시계를 보며 말했다. 시간이 다 되었다. "무슨 일이 있었어요. 하지만 정말 긴 이야기예요….”

내가 그 긴 이야기를 위한 시간을 가질 수 있다고 하자, 그는 주중에 두 번째 약속을 잡았다. 빈 시간이 다음 날 오전밖에 없었다. 데이브는 오겠다고 했고, 다음 날 오전에 잡혀 있던 자기 약속을 취소했다.

* * *

어떻게 수요일 5시에 자기 이야기를 모두 다 했노라고 진심으로 말했던 사람이, 6시가 되기 전에 자신에게 죽은 아이가 있었음을 기억할 수 있을까?

데이브가 얘기하지 않은 관계가 하나 남아 있는 듯했다. 열아홉 살 때, 데이브는 극장에서 일하다 만난 열여섯 살의 조디와 데이트를 하고 있었다. 조디는 데이브에게 빠지기 전 이십 대 남자를 만나고 있었고, 그와 두어 번 잠자리를 가졌다. 자신이 임신했음을 알았을 때, 그녀는 사람들이 알까 봐 덜컥 겁이 났다. 그녀는 낙태를 원했지만, 여호와의 증인 신도인 어머니가 반대하리라는 걸 알고 있었다. 데이브 역시 낙태하는 것이 좋겠다고 생각했고, 조디가 엄마가 되고 싶어 하지 않아서 다행이라고 느꼈다.

여름휴가가 다가오고 있었고, 조디는 뉴욕에 사는 이해심 많은 이모네 집에서 지내기로 했다. 이 기간 동안 조디는 데이브와 연락을 끊었고, 전 남자친구와 다시 연락을 하는 듯했다. 그녀는 가을이 돼서야 데이브에게 전화를 했고, 다시 만났을 때 데이브는 그녀가 임신 6개월째임을 알고 기절초풍했다. 그는 임신 사건은 종결

되었고, 관계도 끝났다고 생각했었다. 그러나 조디의 이모는 가족의 원망이 두려워서 조카를 돕지 않았다. 그리고 조디의 어머니는 딸에게 아이를 낳아서 기르라고 통보했다. 데이브는 조디의 집에 얼굴을 비쳐서는 안 되는 사람이었다.

조디는 정신을 차릴 수 없다고 데이브에게 말하면서 옆에서 힘이 돼 주기를 바랐다. 임신 마지막 3개월을 같이 보내면서, 데이브는 마음이 찢어질 것 같았다. 그는 이미 저질러진 일에 대해 책임감을 느꼈고, 자신이 아이를 부양해야 한다고 느꼈다. 어쩌면 결혼을 해야 할지도 모른다. 데이브의 어머니는 여자애가 나이를 속이고 아들 몰래 임신을 밀어붙여서 아들을 궁지로 몰았다고 느꼈다. 그리고 그 아이가 아들의 아이인지 어떻게 알겠는가? 데이브는 어머니의 비정함에 충격을 받았다. 부모님이 인종차별주의자가 아니라고 믿어오긴 했지만, 조디가 만약 흑인 혼혈이 아니었더라도 어머니가 그런 반응을 보였을까, 데이브는 궁금했다.

조디의 출산은 병원에서 기록을 세웠다. 36시간의 난산이었고, 몸은 지칠 대로 지쳤지만 조디는 건강했다. 그러나 아기는 출산 중에 고통이 너무 컸고, 의사는 병원에 있으며 계속 지켜보아야 한다고 했다. 그러나 아들 마이크는 기력을 회복했고, 집중치료 2주 후 조디와 함께 집으로 왔다. 조디 어머니의 말을 거역하며, 어린 두 사람은 계속 만났고, 데이브는 거의 매일 조디의 집으로 숨어들었다.

조디는 우울했고, 아기에 대해 양가적이었다. 어떨 때는 몇 시간씩 아기에게 매달렸지만, 어떨 때는 아기를 안아주지도 않았다. 데이브는 이 몇 달 동안 자신의 모습을 어리벙벙하고 무능하다고 표현했다. 그는 내게 여러 가지 모순을 열거했다. 조디의 어머니는 데이브에게 아기 아빠처럼 행동하지 말라고 했다. 그러나 조디의 어머니는 그가 아빠라고 주장하는 유일한 부모님이었다. 그는 한 번도 아이와 연관되기를 바란 적이 없지만, 그럼에도 마이크가 살아남기를 기도했다. 아기의 피부색은 연한 갈색이었지만, 데이브는 가끔 실제 아빠는 조디의 흑인 남자친구라는 자기 어머니의 주장에 매달렸다.

"그냥… 엉망진창이었어요." 데이브가 목이 메어 울부짖었다.

4개월 후 아기가 사망했고, 한 달 후 조디가 자살을 시도해 병원에 입원했다. 결국 조디는 어머니의 교회를 다니기 시작했고, 데이브와는 각자의 길을 갔다. 아기의 장례식 이후 그들은 두 번밖에 만나지 않았다.

"너무 끔찍해요, 믿을 수가 없어요." 그가 눈물을 훔치며 말했다.

지금 어떤 느낌인지 말해 줄 수 있느냐고 물었다.

"아니, 제발 질문 따위 하지 마세요." 그가 말했다. "물어봐서는 안 된다는 게 아니라, 제가 모르겠기 때문이에요. 현실이 아니에요. 평행 세계의 다른 남자에게 일어난 일 같아요."

"삶을 이어가기 위해서, 이 어마어마하게 중요한 대목을 당신 삶에서 지워야만 했군요."

"박사님이 '이 남자 진짜 쓰레기네'라고 생각할 것 같아요. 아마 저를 하찮게 보시겠죠. 하지만 새로 사는 기분이 들기도 해요. 내 인생 거의 절반을 이 일을 뭉개고 살았어요! 망할 놈의 잃어 버린 개처럼 맴돌았다고요."

하찮게 본다고? 나는 마침내 이 방에 로봇이 아니라 사람이 있다고 생각하고 있었다.

"이제야 당신을 만난 것 같네요, 데이브!" 나는 그에 대해, 또 양쪽 할머니를 비롯해 관련된 모든 사람들에 대해 안타까운 마음이 들었다. 데이브는 열아홉 살의 나이에 홀로 자신이 괴물이라고 느꼈을 것이다. 나는 그 일을 누군가에게 털어놓은 적이 있는지 궁금했다.

"신부님이 계셨어요. 아기가 죽은 후, 너무 공허하고 죄책감이 들었어요. 신부님은 마이크가 하느님과 함께 하늘나라에 있다, 그러니 슬퍼할 이유가 없다고 말씀하셨어요. 신부님은 제가 조디가 낙태하기를, 그녀가 내 자식을 죽이기를 바랐기 때문에 죄책감을 느낀다고 말씀하셨어요. 하느님이 개입하셔서 낙태를 못 하게 했고, 기도하고 미사에 나오면 죄가 보상된다고 하셨죠. 두어 해 전에 신부님이 전화를 해서 모임에 나오라고 하셨어요. 필라델피아에서 토요일 오전마다 모임이 있는데, 여자들이 낙태를 하러 병원에 가지 못하게 해요. 물리적인 방법을 쓰거나 그러지는 않고, 거리에서 상담을 해요. '제발 당신의 아기를 죽이지 마세요. 다른 선택지가 있습니다.' 이런 식이에요. 아시죠?"

물론 너무나도 잘 안다. 수년간 토요일 오전마다 내가 바로 그 병원 앞에 있었다. 때로는 시위자들 무리를 뚫고 환자들을 호위하기도 했고, 때로는 '병원 진료 중'이라는 푯말을 들고 서 있기도 했다.

이제야 왜 데이브가 낯이 익은지 알았다. 그는 내가 초등학교 때 알던 꼬마가 아니라, 만화 캐릭터 모자를 쓰고 커다란 묵주를 들고 있던 사람 옆에 서 있던 감청색 스카프를 한 남자였다. 옆의 남자는 수염을 쓰다듬으며, "은총이 가득하신 마리아! 주님께서 함께 계시니!"라고 외치던 사람이었다. 그리고 나는 늘 **"여인** 중에 복되시며"라는 대목에서 분통이 터졌다.

한 번의 묵주기도는 53번의 성모송으로 이루어져 있어서, 복수를 단수로 사용하는 그 기도에 대해 나는 오전의 반이 지나기도 전에 폭발 일보직전이 됐다. 한번은 실제로, " **'여인들'** 이 맞는 **단어**예요! **여인들** 중에 복되시며."라며 맞고함을 쳤다. 그러면 병원 관계자가 재빨리 나와서 "야유하지 마세요."라고 나를 꾸짖곤 했다.

큰 묵주를 들고 있던 남자에게 고함을 쳤던 여자가 나란 걸 데이브가 알아보았을까? 그래서 그 수많은 불편했던 침묵 동안 말을 하지 않았을까? 나는 힘들었다. 왜 그를 바로 알아보지 못했을까? 만약 알아보았다면, 그에게 정확히 뭐라고 말했을까? 2년이 지난 뒤에야 우리는 이 질문으로 되돌아갔지만, 결국 이 문제를 다루었고 결과는 좋았다. 정서가 소용돌이쳤던 이 회기에서 중요했던 점은 그가 침묵을 깼다는 사실이다. 그가 결혼해서 가정을 이룰 준비가 되어 있지 않다는 사실이 이상하지 않았다. 나는 며칠 전만 해도 나를 초조하게 만들었던 이 젊은이에게 새로운 따뜻함을 느꼈고 보호해 주고 싶은 마음이 들었다. 이 어린 두 사람이 자신들의 마음이 종잡을 수 없이 왔다 갔다 하면서 겪었을 고통을 나는 상상해 보았다. 아이를 낳을까? 그래, 그러자. 그러다가, 아니야, 임신을 끝내기로 했잖아. 또 그러다가, 그래, 더 이상 다른 방법이 없어. 나중에는, 아니야, 아이가 병원에서 죽을 거야. 그래, 아기가 살아났어, 살 거야. 그리고 마지막 4개월 후, **이건 아니야.**

갑자기 데이브의 비슷비슷했던 다수의 짧은 연애사가 예전보다 더 복잡하고 가슴 아프게 느껴졌다. 조디 이후 그가 먼저 끝냈던 그 많은 이별은 자신의 영적인 생존을 위한, 그리고 그 사건으로 인한 상실에 맞서 자기 자신을 보호하기 위한 필사적인 방법이었을 수 있다. 그런 고통을 다시는 겪지 않기 위해서라면 무슨 짓이든 했을 것이다.

작은 부문에서 나는 신부님의 의견에 동의했다. 아기를 낳지 않으려 했기 때문에 데이브가 아기의 죽음이 자기 책임이라고 **느꼈을** 수 있다. 이것이 죄책감의 본질이다. 그러나 무엇이 잘못되었는지에 대한 나의 견해는 신부님과 달랐다. 다른 성직자였다면, 데이브에게 안전한 성교육 프로그램의 자원봉사자로 일하거나, 출산을 위한 여성의 선택권을 위해 일하라고 권고했을 수도 있다. 말하자면 조디 같은 소녀들이 법적인 선택권을 잃지 않도록 하기 위해서 말이다.

아마 데이브가 나와 동행하여 과거를 탐색하기는 처음인 듯싶었다. 그는 어질어질한 꿈이 전개되기 전, 조디와 처음 사귀기 시작했던 때를 기억하고 싶어 했다. 그는 일이 그렇게 되지 않았더라면, 지금 자신이 어떻게 되어 있을지 궁금해했다. 그는 조디가 뉴욕에 있는 동안 자신이 무엇을 했는지, 그녀와 어떻게 연락하려고 했는지, 자기 어머니와 어떻게 다퉜는지 얘기하고 싶어 했다. 그는 부모가 된다는 데 대해 엄청난 두려움을 느꼈지만, 아기를 꼭 안았을 때의 기억을 소중히 간직하고 있었다. 그는 조디가 숨을 쉬지 못하는 마이크를 병원으로 급히 데려가던 날 밤, 그리고 뒤따른 전화, 아이가 죽었다는 소식에 느꼈던 안도감과 고뇌가 뒤섞인 처절한 심정을 묘사하였다. 데이브는 이 일이 있기 바로 1년 전에 아버지가 돌아가셨음을 내게 상기시켰다. 이렇게 짧은 기간 동안 아버지와 아들을 잃는다는 건 열아홉 살이 짊어지기에는 너무 무거운 일이다.

도로시 파커는 어떤 배우에 대해 감정의 폭이 A부터 B까지라며 혹평한 바 있다. 데이브는 감정이 납작했던 사람이었지만, 이 시점부터 극적인 변화를 보였다. 그의 눈꺼풀은 원통함, 비참함, 안도감, 격분으로 떨렸다. 전인미답의 감정표현은 이제 그의 특기가 되었다.

"이 이야기를 할 때마다 심장에 비수가 꽂히는 기분이에요. 하루종일 아프고, 메스껍기까지 해요. 상담을 받으며 한동안 좋아지고 있었어요. 이제 헤르페스는 더 이상 발병하지 않아요. 하지만 기분은 더 엉망이에요. 박사님 기분을 상하게 하려는 건 아니에요. 하지만 살면서 이렇게 엉망진창이었던 적은 없었어요. 걷잡을 수 없이 울음이 터지고, 매일 일찍 퇴근을 해요. 정신을 차리지 않으면, 곧 직장을 잃게 될 거예요. 나아질 것 같지 않아요, 데보라."

나는 안타까웠다. 그의 말은 분명 과장이 아니었다. 아마 살아오면서 이렇게 엉망으로 느낀 적이 없었을 것이다. 그러나 이는 좋은 소식이기도 했다. 나는 주저 없이 우울의 가치에 대해서 잠시 이야기해 주었다.

현명하게도, 도널드 위니컷은 우울은 하나의 성취라고 말했다. 우울해지는 사람은 **투사적 동일시**라는 방어기제의 한계에 도달한 사람이다. 데이브가 조디에 관한 일을 다 잊은 건 아니었다. 하지만 그는 자신의 고통을 분열시켜 조디가 간직하게끔 했다. 조디가 자살을 시도해서 결국 정신병원에 입원했다고 데이브가 얘기했을 때, 사실 나는 그녀가 두 사람 분의 신경쇠약에 걸린 건 아니었을까 하는 의구심을 가졌었다.

이후 수년간 데이브는 깊은 정서를 느낄 수 있는 사람을 연인으로 골라, 자신의 불행을 그 연인들에게 계속 놓아두었다. 자기 자신의 악마와 사투를 벌이는 대신, 사투를 벌여 줄 여자들을 찾았다. 그다음, 자신은 고통받는 사람을 위로해 주는 좀 더 구미에 맞는 일을 맡았다.

투사적 동일시가 늘 나쁜 건 아니다. 오히려 정신적으로 살아남기 위해서 때로 우리는 압도적인 감정을 몰아내 버리거나 외부를 탓해야 할 때가 있다. 그러나 그것이 이 세상을 살아가는 방식이 되면, 감정과 판단력이 모두 손상된다. 우울해지지 못함으로써, 데이브는 점점 둔감해졌다. 마치 감정을 꽁꽁 묶어두기라도 한 듯, 그는 세상을 터무니없이 얄팍하게 생각하게 되었다. 그래서 아버지는 이해받지 못한 천재, 어머니는 마음씨 좋은 괴짜일 뿐이었다. 남자들은 이기적인 아첨꾼, 여자들은 고장 난 컴퓨터를 가진 천사였다.

데이브는 내가 우울의 가치, 우울의 중요성에 관해 얘기하자 무슨 말인지 알겠다고 했다. 그러나 그런 통찰은 우울의 손아귀에서 벗어나는 데 아무런 도움도 되지 않았다. 그는 직장에서 있으나 마나였고, 마음을 추스른다며 휴가를 요청했다. 커티스 박사는 무슨 일이 있느냐고 물었고, 데이브가 자신의 심리치료와 슬픔에 관해 얘기를 하자, 성을 냈다. 데이브가 위층의 스웨덴 비서를 쫓아다닐 때는 휴가를 허락했던 적이 있었다. 하지만 이런 정서적인 이야기에 대해서는 경멸을 보낼 뿐이었다.

"정신 차리게." 커티스가 말했다. "세상은 온통 자네 거야. 자네는 여기서 할 일이 아주 많다고. 자기연민에 빠져 있을 때가 아니야."

휴가를 선택할 수 없게 되자, 데이브는 약을 생각하기 시작했다. 나는 그에게 자문을 해 줄 동료 정신과 의사를 소개해 주었고, 약물치료의 장단점에 대해 이야기를 나누었다. 데이브는 항우울제 SSRIs에 대해서 읽어 본 적이 있었다. 동물들에게 항우울제를 처방하는 수의사들이 많기 때문이다. 그는 항우울제를 인간 환자에게 쓸 경우, 리비도의 감소가 일반적인 부작용임을 알고 있었고, 그걸 견딜 수 있을지 자신이 없었다. 데이브는 한 달간 기분이 나아지기를 기다려 보기로 했다. 좋아지지 않으면, 그의 친구가 비타민 P라고 부르는 프로작을 처방받을 예정이었다.

2주 후, 데이브는 다음과 같은 꿈을 가져왔다.

비가 퍼붓고 있어요. 부드럽고 관능적인 비예요. 거의 성적으로 느껴져요. 나는 우산이 없어요. 번개도 치는데, 소리는 나지 않아요. 어떤 나이 든 남자가 여기서 얼마나 오래 서 있었냐고 물어요. 내가 "4년 동안."이라고 대답해요.

나는 그가 꿈 얘기를 하는 모습을 보고, 그에게 꿈이 특별한 의미로 다가오지 않았음을 알 수 있었다. 나는 그 꿈에 관한 내 자신의 질문을 퍼붓지 않으면서 부드럽게 접근하고자 했다.

"연상되는 것이나 생각나는 것이 있나요, 데이브?"

"아무것도요. 꿈이 무슨 뜻이라고 생각하세요?"

"비가 거의 성적으로 느껴진다고 하셨어요. 성에 관한 꿈이었을까요?"

"무슨 뜻이세요? 내가 우산도 없이, 아무런 보호 장치 없이 성관계를 하는 사람이라는 뜻이세요? 하지만 조디 이후로는 늘 조심을 했어요."

"마지막 여자 친구가 당신한테 헤르페스 바이러스를 옮았던 사람 중 한 명인지 물어봐도 될까요?"

"실비는 아니에요. 우리가 만났을 때 그녀는 이미 바이러스를 갖고 있었어요. 그리고 처음부터 내게 말했죠."

"둘 다 바이러스를 갖고 있으니, 콘돔을 사용하지 않아도 된다고 생각했나요?"

"비가임기 동안에요. 굳이 말하자면 일종의 사치 같은 거죠."

데이브는 실비가 다른 피임방법을 사용하지 않고 있었고, 아이를 간절히 바라고 있음을 알고 있었다. 과거 계획되지 않은 임신 이후 어떤 일이 일어났는지를 생각한다면, 이건 엄청나게 위험한 짓이었다. 그는 그녀와 함께 그런 위험성을 안고 있었고, 동시에 그런 위험한 행동을 하고 있음을 부인하고 있었다. 나는 만약 실비가 임신을 했더라면 무슨 일이 벌어졌을까를 물었다.

"그런 생각을 해 본 적이 없는 것 같아요." 그는 꽃무늬 안락의자 속으로 몸을 움츠리다가 급기야 두 손을 엉덩이 밑으로 깔고 앉으며 말했다. "그러니까, 기술적으로, 그런 일이 일어날 수 있겠죠. 제 말은, 어떻게 아기가 생기는지 알고 있고, 그러니 당연히 그런 생각이 나긴 했어요…. 아마 완전히 지옥이었겠죠. 모르겠어요. 또다시 원치 않는 아기가 생기는 시나리오가 만들어진다면, 제가 어떻게 살아남을 수 있을지요. 실비는 아이를 몹시 원했지만, 미혼모가 되고 싶지는 않다고 늘 말했어요. 저는 물론 낙태 반대론자예요. 아마도 실비에게 맡기지 않았을까요? 그녀의 몸이니까요. 저는 그냥 결코… 아시죠? 제가 지금 말이 되는 말을 하고 있나요?"

"아직은요." 나는 지나치게 딱딱하게 말했다. 나의 이런 반응은, 낙태 반대론자들이 막상 그것이 자신의 안위가 달린 일이 되면 **사실상** 낙태 찬성론자가 되는 걸 본 나 자신의 경험에서 비롯된, 조금은 건방진 역전이였다.

과거를 애도할 수 없으면, 과거에서 벗어날 수도 없다. 너무나 자주 우리는, 의식적으로든 아니든, 과거를 반복하기로 결정한다. 아는 것이 그것밖에 없기 때문이기도 하고, 아니면 다음에는 제대로 해 보기 위해서이기도 하다. 프로이트는 이를 Wiederholenzwang, 말 그대로 '반복 강박'이라고 불렀다. 그러나 데이브는 첫 번째 외상을 반복하는 지경에 이르지 않았다. 이유는 우리가 알고 있는 그대로다. 증상이 발생한 것이다. 질병이 구원을 해 주었다. 뚜렷한 의학적 원인 없이, 평소보다 6배 많이 헤르페스가 발병하기 시작했고, 과거에는(그리고 미래에도 그럴진대) 늘 증상 완화에 도움을 주던 약이 갑자기 소용이 없게 되었다. HSV 발병은 성에 대한 흥미를 잃게 함으로써, 준비가 되기 전에 아버지가 된다는 잠재적 재앙으로부터 그를 보호해 주었다. 실비에 대한 욕망을 잠재우기 위해, 닥쳐올 곤경에 대한 자기 자신의 의구심을 떨쳐 버리기 위해, 그는 실비를 그냥 떠나보냈다.

데이브는 실비를 위해 울었다. 자신이 맺었던 가장 좋은 관계였기 때문이었다. 그녀가 다른 사람을 만난다고 생각하면 가슴이 찢어졌지만, 그녀가 행복하기만을 바랄 뿐이었다.

나는 꿈에 대해 좀 더 작업할 수 있겠느냐고 물었다. (나는 맹렬한 기세로 꿈 작업에 돌입한 느낌이었다.) 그는 정말 그러고 싶다고 했고, 나는 '부드럽고, 관능적인 비'에 관해 더 말할 수 있겠냐고 물었다.

"전 늘 빗속에서 걷기를 좋아했어요. 모든 여자 친구들과 그런 달콤한 데이트를 즐겼죠."

나는 '우산 없이'에 대해 물었다.

"전 우산을 좋아하지 않아요. 고등학교 때는 날씨가 어떻건 외투 따위를 입고 다니면 진짜 남자가 아니라고 생각했어요. 지금도 우산을 갖고 다니지 않아요. 제대로 된 우산을 본 적이 없어요. 손에 쥐기만 해도 망가진다니까요. 콘돔같이요."

"'소리 없는 번개'는 어때요?"

"모르겠어요. 어릴 때 번개를 좋아했어요. 그런데 곧바로 천둥이 치면 무서웠죠."

"'나이 든 남자'는요?"

"얼굴을 볼 수가 없었어요. 내가 아는 사람이 아닌 것 같아요. 그냥 버버리 코트를 입고 있는 남자였어요." 여기에 "아버지는 1년 내내 버버리 레인코트를 입으셨죠."라고 그가 덧붙였다.

"'여기서 얼마나 오래 서 있었나.'라는 말에 대해서는 뭐가 떠오르세요?"

"아무것도요, 하나도요." (그 주의 다음번 상담에서, 그는 자신이 난장판을 만들었다며 식탁 앞에 서서 반성하라는 벌을 아버지가 준 적이 있음을 기억했다.)

"꿈에서 '4년'이라고 대답했어요." 내가 말했다.

"이것도 모르겠어요. 4년… 4년, 44? 그건 도나 밀러의 나이예요. 내가 스물일곱 살 때 데이트했던 여자죠. 그녀는 마흔네 살보다 훨씬 젊어 보였어요. 그래도 그 나이 차는 지금도 좀 찜찜해요. 실제로 엄마가 됐을 수도 있는 나이잖아요."

"4년, 4년." 나는 그가 더 할 말이 있지 않을까 해서 반복했다.

"아무것도요. 박사님이 방금 말씀하시는 걸 들으니 사사사-사라고 더듬는 것처럼 들렸어요. 저는 기억을 못하지만 어머니가 그러는데 제가 유치원에 다닐 때 잠깐 말을 더듬은 적이 있었대요. 어머니가 아버지에게 나를 언어치료사에게 보여야 할까 물었는데, 아버지는 크면 괜찮다고 하셨고, 정말 그랬죠."

나는 꿈에서의 느낌이 어땠냐고 물었다.

"처음에는 기분이 좋았고 위로가 됐어요. 나이 든 남자가 나를 지켜보는 것 같아서 좀 초조하기는 했죠. 하지만 그 남자가 거기 있어서 기뻤어요."

데이브의 연상은 기본적인 오이디푸스 주제로 수렴되었다. 아버지상이 그가 (빗속을 걸으며) 로맨틱한 일에 몰두하고 있을 때 '지켜보고 있다.' 나이 든 남자에게 그가 한 대답은 그의 엄마가 '됐을 수도 있는' 나이 든 여자를 암시한다. 실제로 다섯 살 무렵 그는 말을 더듬었고, 이는 어머니와 너무 밀착된 것에 대한 불안의 표현일 수 있었다. 꿈에서 나이 든 남자의 등장에 안심이 됐다는 것은 자신이 어머니의 유일한 사랑은 아니라는 안도감의 표현일 수 있다. 데이브의 연상은 어머니와 아버지를 모두 가져서 그가 얼마나 기쁜지 상기시켜 준다. 그의 말더듬을 걱정해 주는 어머니와 그의 회복력을 굳게 믿는 아버지.

데이브는 스스로의 연상에서 이렇게나 많은 이야기가 나왔다는 사실에 감격했다. 무엇보다도, 어린 시절에 대한 이런 생생한 기억으로 그는 그리움으로 가득 찼다.

아버지가 살아계셨더라면 얼마나 좋았을까! 데이브는 아버지가 살아계셨다면 이 모든 일이 일어나지 않았으리라 느꼈다. 그는 아버지가 동떨어진 천재만은 아니었음을 잘 알고 있지만, 아버지가 어떤 사람이었는지 누가 말해 줄 수 있겠는가? 그가 자신의 인생, 결혼, 그리고 아들에게 무엇을 원했는지를 누가 말해 줄 수 있을까?

데이브가 우는 모습을 바라보며, 나는 그를 한없이 감싸 안고 싶은 마음이 들었다. 그의 질문에 대한 답은 없을지라도, 질문을 하는 그 자체가 유익하리라.

데이브의 치료 3년 차이자 마지막 해는 가장 도전적이었다. 아버지, 실비, 아기, 그리고 자기 자신의 잃어버린 순수함을 슬퍼하면서, 더 알고 싶은 욕구가 생겼다. 우선 어머니와 이야기를 했다. 버몬트로 달려가 어머니와 시간을 보내며 집안일도 하고 아버지에 대해 물었다. 어머니는 아버지가 창의적이지만 한 가지 일에만 몰두하는 조용한 사람이었으며, 자기 아버지가 돌아가시기 전까지는 그렇게 틀어박혀 있는 사람은 아니었다고 말했다. 데이브의 할아버지는 데이브가 다섯 살 때 돌아가셨다. 실은 데이브의 이름은 할아버지 이름을 따라 지었는데, 어머니는 할아버지를 '**인생을 즐기는 사람**'이라고 표현하셨다. 어머니는 아버지의 쌍둥이 남매로 아버지와 가까운 사이였던 고모와 얘기를 해 보라고 했다. 고모는 대륙 반대편 해안에 살고 계셨다.

고모 버트 존슨은 그를 반겨주었다. 고모는 임상사회복지사로, 미혼이고, 고양이를 키우는 마음씨가 넉넉한 사람이었다. 고모는 오빠와 가깝긴 했지만, 아무도 그를 모른다고 주장했다. 그러나 그가 성인기 내내 우울증을 앓았던 것 같다고 했다. 그는 무언가를 내비치고, 곰곰이 생각하고, 단서를 남겼다. 그는 도움받는다는 개념을 이해하지 못했다.

반대로, 할아버지는 쾌활하고 장난기가 많은 사람이었다. 지나칠 정도였다고 고모는 말했다. "할아버지는 난봉꾼이었어, 데이브. 모르는 사람이 없었지. 사생아가 여러 명 있다는 소문도 돌았어. 내가 보기에, 실제로는 한 명이었어, 아들이야. 어른이 돼서도 그런 질문은 할 수가 없었지."

데이브는 할아버지처럼 그렇게 제멋대로인 사람에게서 어떻게 그렇게 고지식하고 진지한, 미국에서 가장 진지한 아버지 같은 아들이 태어났을까 의아했다.

고모는 잠시 가만히 있더니 이윽고 말했다. "글쎄…. 네가 생각하는 것처럼 그렇게 도덕적으로 고지식한 사람만은 아니었을 걸."

데이브의 어머니와 고모는 아버지가 사망하신 후 아버지가 남긴 문서들을 훑어보다가, 도색잡지로 가득 찬 큰 상자 4~5개를 발견했다. 어머니는 "이런 야한 물건들이 있는 줄 몰랐네. 남자들이 다 그렇지 뭐." 하면서 대수롭지 않게 넘겼다. 그러나 고모는 호기심이 생겼고, 그 잡지들이 알파벳순으로, 그리고 빈틈없는 연도순으로 쌓여 있음을 발견했다. 대부분은 '그저 그런 것들'이었지만, 게이 남성잡지도 수십 권 있었다.

"아버지 것이 아닐 거예요!" 데이브의 첫 반응이었다. 고모는 다시 미소 지었다.

"네 아빠가 돌아가시던 날, 호텔의 아빠 서류가방에서 숨겨 놓은 잡지가 나왔어."

"아빠가 게이였다고요? 도대체 무슨 말씀을 하시는 거예요?"

잡지 한 묶음을 갖고 있다 해서 그 사람을 증명할 수 있는 것이 많지는 않지만, 의문이 생겼다고 고모가 말했다. 그는 남자에게 끌렸을까? 그래서 그렇게 성공을 했음에도 불구하고, 좀처럼 자기 자신을 좋게 느끼지 않았을까? 그리고 그는 왜 병원에서 대부분이 남자들인 동료들과 관계를 단절했을까? 고모는 데이브가 할아버지와 너무 비슷하다면서, 어떤 행동은 세대를 건너뛰는 것 같다고 말했다. 아니면, 자기 아버지가 그리워서 데이브의 아버지가 데이브를 자기 아버지처럼 만들었는지도 모른다. 아버지는 아들을 자랑스러워했다. 그는 데이브가 친절하고 공부도 열심히 하는 킹카라고 느꼈다. 여자들 마음을 애타게 하는 아들의 명성을 그가 좋아했다고 고모는 말했다. 개의치 않았고 어쩌면 부추겼는지도 모른다.

흔히 사람들은 바람둥이들은 그 아버지도 불한당이었으리라 짐작한다. 이 말이 맞는 가족도 있다. 그러나 내가 치료했던 20여 명의 돈 후안들 중에서 단지 두 사례만이 이 경우에 해당되었다. 직감에 반하는 이러한 사실은 가족심리를 이해하는 데 '모델링'에 의존한 이론이 적합하지 않음을 잘 보여 준다. '본 대로 한다.'는 설명은 우리가 살아가는 삶을 해석하는 데 한계가 있다. 무의식 그리고 투사적 동일시 같은 과정을 파악해야만, 버트 고모의 말대로, 어떻게 행동이 '세대를 건너 뛸' 수 있는지 설명할 수 있다.

데이브는 두세 살은 더 늙어 보이는 모습으로 캘리포니아에서 돌아왔다.

"아버지가 동성애자였다고요? 내가 게이일 수 있다고요? 그게 생물학적으로 결정된다고 말하는 사람들도 있잖아요."

"이야기를 해 보죠." 내가 말했다.

"솔직히 내가 남자들에게 끌린다고는 생각하지 않아요. 잘생긴 남자가 눈에 띌 때는 있죠."

데이브는 우리가 이 문제를 최우선으로 다루어야 한다고 느꼈다. 또한 아버지와 함께 일했던 적이 있고 자신이 게이임을 밝힌 내과의사에게 찾아가 이야기를 나눠보기로 했다. 문제의 그 동료는 매우 친절한 사람이었다.

"자네 아버지를 잘 아네, 데이브." 그가 말했다. "조는 내가 커밍아웃 했을 때, 우리 부서에서 나를 가장 많이 지지해 주었어. 돌아가시기 1, 2년 전까지는 자신의 문제를 내게 털어놓지 않았지. 하지만 나는 이미 알고 있었네. 내가 보기에 자네 아버지는 어머니를 사랑하셨어. 그래서 나는 마음이 아팠지. 일에만 몰두할 수 있었기 때문에 자신을 잃고 살았을 거야. 자기 자신과 타협하지 않고 평생을 그렇게 살아가는 게이 남자들이 있어. 아내랑 애들에게 상처를 주기 싫기 때문이지."

데이브는 아버지가 게이였다는 사실 자체보다도, 비밀스러운 삶을 간직하고 있던 사람이었다는 사실에 더 큰 충격을 받았다. 조는 놀림의 대상이 되곤 했던 어벙한 교수가 아니라, 정교하게 짜인 관능적인 욕구로 찢겨진 사람이었다. 데이브는 알고 싶었다. 어째서 어머니는 아버지가 괴로워하고 있다는 걸 알지 못했을까? 그것이 우울증이건, 성적 혼란이건, 혹은 다른 문제건. 어떻게 20년간 한 남자와 살면서 그의 아픔을 알아차리지 못할 수 있을까? 마치 아버지를 두 번 잃은 느낌이었다.

내 환자가 얼마나 달라졌는지! 치료에서 그는 이전과는 확연히 다른 방식으로 말하기 시작했다. "잘 지내셨어요, 박사님?"이라고 첫마디를 시작하던 데이브가, 어느 날 저녁 매우 흥미로운 단어 하나를 갖고 상담실에 들어왔다.

"마취학이요!"

"뭐라고요?"

"마취학이요, 데보라! 아버지는 사람들을 무감각하게 만드는 데 평생을 바치셨어요."

조는 그의 마지막 분개 대상이었다. 커티스 박사처럼 그의 아버지도 뭔가를 느끼지 않기 위해 열심히 일했다. 방에 같이 있을 때조차도 아버지는 어머니에게 정신이 딴 데 팔린 사람처럼 보여야 했다. 데이브는 다시 한번 어머니와 이야기를 나누어 보기로 했고, 이번에는 어머니가 마음을 더 여셨다.

"조가 자신의 어두운 기분을 말하게 하려고 갖은 애를 썼어." 그녀가 말했다. "나 역시 외로웠어. 그를 괴롭히는 무언가⋯ 개인적인 일이 있다는 걸 알게 됐지. 하지만 그때는 세상이 달랐어. 우리는 1954년에 결혼했어. 당시는 사람들이 성에 대해서, 그런 종류의 성에 대해서, 이러쿵저러쿵 말할 때가 아니야. 그냥 속에 담아 두고 살았지. 그래도 다른 결혼이랑 비교하면, 우리 결혼생활은 괜찮았다고 여전히 말할 수 있어."

데이브는 새삼 어머니가 존경스러웠다. 지금의 기준으로 보면 분명 실망스러웠을 삶을 조용히 품위 있게 보낸 분이셨다. 남편의 사망 후, 어머니는 이사를 하고, 새로운 친구들을 사귀고, 새로운 관심사를 만드셨으며, 그 모든 일을 스스로 하셨다.

치료에서 데이브는 새로운 정보를 바탕으로 그의 가족사를 다시 쓰려고 애썼다. 어머니가 아버지보다 자신과 같이 있기를 더 좋아한다는 걸 알아차린 건 그가 유치원생 때였다. 당연했다. 누가 봐도 조 존슨은 정서적으로 동떨어져 있는 사람이었고, 데이브는 세심하고 재미있는 아이였다. 조는 자기 아버지가 돌아가시자 더욱 자기 안으로 침잠했다. 아버지가 그의 아버지를 잃었을 때, 데이브는 다섯 살이었다. 상실을 다룰 수 없었던 조로서는, 아내가 아들에게 빠져 있는 편이 차라리 더 나았다.

서른 살의 남자에게서 여자를 빼앗는 데 성공한 다섯 살짜리 아이는 미래의 경쟁자들을 두려워하지 않을 것이다. 무의식의 관점에서 볼 때, 그는 이미 인생에서 가장 멋진 상대를 낚아채는 데 성공했다. 종종 이런 남자아이들은 "엄마를 네가 가질 수는 없어. 엄마는 너보다 나를 더 좋아해. 나 역시 그렇고."라는 말을 부모로부터 듣고 싶어 한다. 이러한 패배는 안전하다. 이는 아이를 복수의 공포로부터 구해 주며, 아이로서는 어차피 가늠할 수 없는 성인 어머니의 욕구와 욕망을 과연 자신이 채워줄 수 있을까 하는 의구심, 그리고 그와 함께 어김없이 따라오는 두려움으로부터 보호해 준다.

이런 이유 때문에 신화, 문학, 우리 삶에 등장하는 '돈 후안'상이 잡혀서 벌을 받으려고 하는 사람처럼 보이는 것이다. 말하자면, 사실 돈 후안은 누군가가 자신의 오만함에 고삐를 채워주기를 간절히 바라고 있음을 말과 행동으로 보여 준다. "너보다 더 센 힘이 있다."

데이브와 나는 그가 무서운 아버지를 찾지 못함으로써, 그 자신이 아버지가 되려 했다는 생각을 함께 검토해 보았다. 데이브, 조디, 마이크의 새로운 삼각관계에서, 아들은 죽고 아버지는 살아남았다. 어쩌면, 여기에 어떤 무의식적인 보복이 자리하고 있는지도 모른다. 잠깐 동안 신부님이 훈계하는 역할로 등장했지만, 신부님과 데이브는 좀처럼 가까워지지 않았다.

데이브는 탐색을 멈출 준비가 되어 있지 않았다. 갑자기 그는 모든 사람들과 다시 연락하기를 원했다. 그는 조디를 찾으려고 애썼고, 그녀가 알래스카에 살고 있음을 알아냈다. 그녀는 자신은 잘 지내고 있으며 과거를 다시 들추고 싶지 않다고 쓴 카드만 보내왔다.

그는 실비도 찾았다. 예측대로, 그녀는 그의 행동에 여전히 화가 나 있었고 영문을 모르고 있었다. 그녀는 엔지니어링 학위를 마쳤고, 그녀 역시 몇 년간 치료를 받았다. 데이브에 대한 변치 않는 애정에도 불구하고, 다시 그와 엮이기에는 '조금은 너무 건강한' 느낌이라고 말했다. 그는 친구가 될 수 있는지 물었다.

무엇보다도, 데이브는 혼자 즐길 수 있는 사람이 되었다. 그는 음악을 들으러 밤에 외출했고, 외롭기는 했지만 여자를 골라야 한다는 압박감을 느끼지 않았다. 처음 며칠은, 사실 '얼떨떨했다고' 자신을 묘사했다. 뉴저지의 눅눅한 재즈클럽 무대 앞에 앉아 뮤지션들을 바라보곤 했고, 술은 거의 입에 대지 않았다. 몇 주가 지나자, 주변이 눈에 들어오기 시작했다. 흥미로운 여자들과 남자들이 많았다. 혼자 온 사랑스러운 여성, 친구와 함께 온 여성, 커플로 온 여성 등등. 그는 누구에게도 접근할 수 없었다. 다음으로, 뜨겁고 지속적인 환상의 기간이 찾아왔다. 회기 중에, 그는 웨이트리스와 나누었던 간단한 대화를 들려주었다. 그녀의 깊고 풍부한 음성을 묘사하며, 어떤 매력을 느꼈는지, 어떻게 그녀를 만지고 키스하고 싶었는지 자세히 설명했다. 치료 초기의 유치한 이야기와는 완전히 다른 차원이었다. 데이브는 성을 발견하고 있었다.

이 시기의 치료 기간 동안, 데이브와 나의 상호작용은 좀 더 따뜻하고, 가볍게 에로틱한 색채를 띠었다. 치료 초기에 그가 자신이 연상의 여자를 좋아한다고 내게 말했고, 실제로 나와 커피를 마시러 가자고 청한 적이 있기는 하다. 이 새로운 단계는 달랐다. 내게 호기심을 표현하기는 했지만, 자신이 우리 관계의 통제권을 갖거나 끝내고 싶어 하는 식이 아니었다. 어느 날 저녁, 그는 내가 입은 새 옷에 대해 얘기하며, 내가 나의 연인과 늦은 저녁약속이 있나 보다 상상했다. 더 나아가, 내가 아주 성공한 지적인 남자와 한 번 혹은 두 번 결혼한 적이 있으며, 최근에는 조금 다른 사람, 잘생긴 목수나 예술가를 선택했으리라 상상했다고 했다. 그의 말은 사려 깊었고, 지나치지 않았다. 그는 나의 사생활을 자세히 밝히라고 요구하거나 기대하지 않으면서, 이런 얘기를 할 수 있었다. 마침내 나는 방 안에 성인 두 사람이 있으며, 나에게 말을 하는 사람이 남자, 말하자면 매력적인 남자라고 느낄 수 있었다.

데이브는 친구와 함께 게이클럽에 가 보기로 했다. 그는 거기서 남자들과 이야기를 하고 춤도 추었다. 하지만 자신이 '절대적으로 이성애자'라며 게이 친구의 동의를 구해야 했다. 이 모든 것들이 낯선 사람들, 예전 연인들, 잡지에서 본 이미지들이 담긴 환상의 소재거리가 되었다. 그가 말하는 소위 '더러운 사진들'을 보고 흥분할 때도 있지만, 잠시 후면 늘 에로틱한 느낌이 싹 사라져 버렸다. 자신이 그림을 응시하면 마치 물기가 싹 빠져 버리는 느낌이었고, 그다음에는 역겨움, 분노, 죄책감의 감정이 차례로 일어났다. 그는 이러한 일련의 반응을 아주 아름다운 여인들과 가졌던 잠자리의 기억과 비교했다.

"여자에 흠뻑 빠져서 그녀와 자고 싶어 안달이 나고, 성공을 하면 마음껏 즐겨요. 하지만 다음날 아침이면, 끔찍하게 들리겠지만, 세상에서 가장 하기 싫은 일이 그 여자의 얼굴을 보는 거예요! 전날 밤에는 그토록 거부할 수 없다고 생각했던 바로 그 특징들이, 그녀의 눈, 치아, 다른 뭐든, 더 이상 흥미를 끌지 못해요. 그런 생각을 하는 내 자신이 형편없어 보이고 꼼짝달싹할 수 없는 기분이에요. 혼자 있고 싶은 마음을 내가 노골적으로 드러내기 전에 그녀가 흥미를 잃기를 바라면서, 한동안 그렇게 버텨요."

"하룻밤 잠자리를 싫어한다고 들은 기억이 있는데요. 한 번 사귀면 몇 달씩 갔잖아요."

"정말 싫었어요! 다른 놈들처럼 쓰레기가 될 수 없어서 예의를 지켰을 뿐이에요. 하지만 열에 아홉은, **그만두고** 싶었어요. 믿어주세요."

데이브는 잔인하고 성차별주의자처럼 들리는 말을 해서 미안하다고 했고, 나는 3년 전의 그 삐걱거리는 양철인간보다는 더 진짜처럼 들린다고 말했다. 이 연애고수가 자기 자신의 잔인함, 무관심, 의심을 돌아보기 시작하고 있었다. 확실히 그는 침착해지고 있었다. 마침내 그가 여자에게 데이트를 신청했고, 그는 맨 처음부터 다시 시작하는 기분이었다. 여자가 자신의 생각을 읽고, 그가 혼란스러워하고 자신 없어 하는 사람임을 알면 어쩌나? 제대로 할 수 없으면 어쩌나? 심리치료를 받고 자신의 성병에 대해 더 이상 거짓말을 할 수 없게 되었고, 그래서 이제는 그 어느 때보다 성적인 거절을 더 많이 당할 수 있다고 내게 말했다.

놀랍게도, 그는 자신의 아버지, 어머니, 메신저인 나조차 비난하지 않았다. 그는 이러한 새로운 취약성을 자기 존재의 증거로 받아들였다. 변화가 자리를 잡을 때까지 당분간 이럴 수밖에 없으리라….

"그런데, 정확히 치료가 어떻게 성병에 관해 거짓말을 못하게 했을까요?"

"모르겠어요. 그냥 그렇게는 못 하겠어요."

"어떻게 그렇게 변했는지 아시겠어요?"

"아마도 박사님 목소리를 듣나 봐요, '도대체 지금 무슨 짓을 하는 거야?'라는."

"그게 내 목소리일까요?"

"그렇게 말씀하신 적은 없죠. 모르겠어요. 그냥 그렇게 할 수 없어요. 병을 진단받았을 때 죽고 싶었어요. 어떻게 잠자리 한번 가져보자고 다른 사람에게 그럴 수 있겠어요?"

5개월 후, 그는 매력적인 수의사를 만나 우정을 쌓았고 성적인 관계로 발전하였다. 그녀와의 데이트가 6개월 되던 때, 우리는 치료 종결 일자를 잡기로 했다. 데이브는 이 여성이 헌신적인 모습을 보여 주길 바라지 않았다. 그들은 결혼에 관해 이야기하지 않았다. 그저 재밌게 지냈다.

치료를 시작한 지 3년 후, 데이브 존슨은 트렌턴을 떠났다. 트렌턴은 그가 좋아한 적이 없는 도시였다. 아버지 대리자였던 살 커티스를 떠난다는 생각을 할 수 없어서 남아 있었다. 그는 더 큰 대도시로 옮겨서 더 막중한 책임을 지는 자리를 맡았다. 그는 누구나 자기 목소리를 낼 수 있고, 상사 역시 고객들에게 책임을 질 수 있는 직장을 만들어 나가기로 결심했다.

그의 성욕은 예전처럼 강하게 돌아왔고, 헤르페스 발병도 위기 전과 별반 다르지 않았다.

데이브에게 이는 나아졌다는 커다란 징표였다. 내게도 마찬가지였다. 하지만 가장 의심의 여지가 없는 징표는 그의 언어 변화였다. 종결을 할 즈음에는, 거의 1년 동안 그가 특유의 상투적인 말들을 늘어놓지 않았다고 맹세할 수 있다. 나만 그렇게 생각했을까? 어쩌면 그가 더 좋아졌기 때문에 그가 말하는 스타일이 덜 부대꼈을 수도 있다.

그의 친구 한 명이 이러한 변화를 알아차렸고, 그래서 우리는 이 주제를 다룰 수 있었다.

"더 이상 좀비가 아니고, 그래서 그냥 자연스럽게 말도 더 잘하고 재밌어지나 봐요. 그렇지 않아요?" 그가 물었다.

그렇다. 그렇다고 믿는다.

우리는 2주에 한 번씩 만나기 시작했고, 그러다가 3주에 한 번으로 줄였다. 이렇게 마지막으로 만날 즈음 데이브가 이런 질문을 했다. "어떻게 치료가 되는 거죠? 비밀을 말해 주세요. 어떻게 제가 거기에서 여기까지 왔는지 진짜 알고 싶어요."

나는 이 주제에 관한 나름의 생각이 있었지만, 먼저 데이브의 생각을 물었다. 데이브는 모두 내 덕택이라고 주장했다. 그는 그 누가 자신의 꿈에서 그렇게 많은 것들을 이해할 수 있겠으며, 옷 위의 작은 발바닥처럼 그렇게 사소한 것에서 단서를 찾을 수 있겠으며, 상태가 안 좋았던 몇 달을, 그것도 약도 없이 버틸 수 있게 해주겠느냐고 열변을 토했다.

그가 변화하는 데 있어 이것들은 작은 요소들일 뿐이었다. 이는 짐짓 겸손에서 나온 말이 아니다. 내가 했던 모든 말들은 다른 누군가라면 몇 배는 더 명석하게 했을 수 있다. 우리들 모두처럼, 데이브도 잘 보이는 곳에 자신에 관한 많은 것들을 감춘 채 살아가고 있었다. 낙태 반대 셔츠로 말하자면, 내가 그것을 알아차리기 전에 그가 그 셔츠를 입은 모습을 이미 여러 번 보아왔던 터였다. 마찬가지로, 첫 면담에서 더 잘 '소통하고 싶다.'는 그의 바람을 내가 진지하게 받아들였더라면 어땠을까 하는 생각을 나는 종종 한다.

데이브 존슨은 자기 자신에 대해 진지했고, 기분이 더 안 좋아질 때도 치료를 견뎌냈으며, 가족에 대해 조사했고, 애도할 수 있었기 때문에 변했다. 궁극적으로 자신에 관한 진실이라고 부를 만한 것들을 그가 찾아 나서도록 나는 거들었다. 그리고 무엇보다도, 우리 관계의 한계를 정했기 때문에 그 일이 가능했다. 그는 처음 몇 달 동안 친구로 만나자고 제안하며 나와의 경계를 시험했다. 내가 부드럽게 그러나 단호하게 거절하자, 우리의 작업은 궤도에 진입하였다. 그러한 개입이 이루어진 직후의 회기에서 어떤 일이 있었는가를 보면, 그 효과를 알 수 있다. 데이브가 첫 번째 꿈, 아버지가 살아계신 것도 아니고 돌아가신 것도 아닌 꿈을 가져온 때가 바로 그다음 회기였다. 내가 보기에 그는 마치 "내가 당신을 유혹할 수 없고, 당신이 정말 나의 치료자가 될 수 있다면, 당신의 환자가 되는 위험을 감수해 보겠어요."라고 말하는 듯했다.

"이런 난장판을 내 자식들이 물려받지 않을 거라고, 같은 일을 겪지 않을 거라고 약속해 주실 수 있나요?" 데이브가 물었다.

그 반대를 약속하기가 더 쉽다. 나는 존슨가의 자녀들은 아마도 친밀감, 배우자에 대한 신의, 사랑, 공격성 등의 문제와 씨름하게 될 가능성이 아주 높다고 말했다. 그들 역시 어느 날 가족사에 비추어 자신들에 관해 이해할 필요가 있다. 바람둥이 증조할아버지, 우울하고 폐쇄적이었던 할아버지, 아이를 돌볼 준비가 되기 전에 아비가 된 철부지였던 아버지. 이런 이야기들을 듣는다면, 다음 세대는 분명 혜택을 보리라고 느꼈다.

"당신은 아버지가 돌아가시고 15년이 지나서야 아버지를 안다고 느끼기 시작했잖아요. 침묵 속에 '2층'에 살기를 거부함으로써 틀을 깰 기회가 당신에게는 있어요."

"얘기를 하면 또 다른 이야기가 나와요. 그래서 도움이 되죠." 그가 자신의 생각을 말했다.

"음, 맞아요."

내가 하고 싶은 말이 그 말이다.

* * *

"내가 박사님의 어떤 점을 좋아하는지 아세요? 내가 무엇을 감사하는지요. 우리는 낙태에 관한 의견이 서로 다르다는 데 동의할 수 있었어요."

"내가 데이브 생각을 바꾸려고 할까 봐 두려웠군요?"

"그러지 않으셨죠. 그러니까, 제가 생각하게끔 하셨죠. 하지만 '이 멍청아, 네가 실수하고 있다는 걸 모르겠어?' 이런 식이 아니었어요. 박사님한테 상당히 중요한 이슈였다는 걸 알고 있었어요, 아니 그렇다고 상상했어요."

"어떤 상상을 했어요?"

"열성분자라고요."

"낙태 찬성에 대해서요?"

"네."

"더 말해 볼 수 있어요?"

"길거리에서 이리저리 뛰어다닐 분은 아니고요. 그런 일이 있으면 국회의원한테 편지를 쓰거나 신문에 기고를 하리라 생각했어요. 열성분자인 치료자들이 그러듯이요."

"치료자들은 자신의 정치적 견해를 밖으로 드러내지 않는다는 말로 들리네요."

"그럴 것 같아요. 제가 완전히 잘못 짚었나요? 박사님은 속내를 잘 드러내지 않는 사람이잖아요. 집회에 참가하신다는 상상을 할 수가 없어요. 그러세요?"

나는 직접적으로 대답을 해도, 하지 않아도 불편해질 것 같았다.

"사실 많은 치료자들이 시위에 참가해요. 저를 포함해서요."

"아, 그래요?" 그러고 나서 그는 마치 스핑크스의 수수께끼처럼 성가신 생각이 점점 커지는 듯 자기 코를 몇 번 쥐어뜯으며 나를 바라보았다. 그리고 말했다.

"필라델피아에 사시죠? 그렇죠?"

"네, 맞아요."

데이브가 치료를 시작한 이후, 그 병원 앞에서 그를 본 적은 없었다. 사실, 그 장소에서 병원 반대 활동이 잠잠해지기도 했다.

"한동안 시위에 참석하지 못했어요." 그가 먼저 말했다. "솔직히 말하면, 그런 일은 정말 나랑 맞지 않아요. 그런데 박사님, 우리가 같은 시위 현장에 있었나요?"

데이브는 자신이 시위에 참가한 날짜를 정확히 기억하고 있었다. 그 날짜들에 적어도 한 번은 내가 거기 있었음을 나는 알고 있었다. 그러니 우리는 최소한 한 번은 같은 시위에 참석한 적이 있다.

당연히 데이브는 내가 이미 다 알고 있었는지 알고 싶어 했다. 나는 내가 그럴 수도 있겠다고 생각하기 전에 이미 우리가 치료에서 잘 해나가고 있었다고 설명해 주었다. 수많은 군중 속에서 잠깐 스친 얼굴을 알아보려 한다 한들, 어떻게 확신할 수 있었겠나? 우리가 거리의 반대편에 서 있었건 아니건, 그건 우리가 함께 몰두했던 작업만큼 중요한 문제는 아니다.

"그렇지 않아요?" 내가 물었다. "내가 처음 알았을 때, 그 문제를 꺼냈기를 바라나요?"

"모르겠어요. 아니요. 그냥 이상해요. 만약 어느 날 거리 반대편에서 서로 마주치기라도 했으면 어땠을까요?"

"다음 치료시간에 얘기를 했겠죠."

치료자와 환자는 친구가 돼서는 안 된다. 하지만 치료자와 환자는 대개 지리적으로 같은 지역에 살고, 때로는 같은 동네에 살기도 한다. 빵집이나 영화관에서 어느 순간 치료자와 마주칠 수도 있다. 나의 동료 중 한 명은 인공수정병원의 대기실에서 남편과 앉아 있는데, 그녀에게 치료를 받고 있는 환자가 아내와 함께 걸어 들어오더란다. 그들 4명은 체액이 든 작은 유리병을 꼭 쥔 채, 서로 정중하게 인사를 나누었다.

심리치료자들은 환자들과 만날 가능성을 피하기 위해 인공수정병원, 영화관, 빵집, 정치적 시위를 피해야 할까? 환자가 자신이 가장 자주 가는 장소에 따라 치료자를 가려야 할까? ("몇 년이나 이 일을 하셨어요, 박사님? 그리고 대략 얼마나 하얀 개 카페에 머무시나요?")

그럴 수는 없다.

밖에서의 만남이 아무리 어색해질 수 있다 하더라도, 그것이 치료를 망치거나 잘못된 길로 들어서게 해서는 안 되며, 또한 호재가 될 수도 없다. 어떤 환자가 내가 어떤 남자와 식당에 들어가는 모습을 보았다고 하면, 나는 그녀가 어떤 상상을 했는지 묻는다. 그런 장면에 대해 내가 수년 동안 들었던 대답은 다음과 같다. 그때 그 남자는 같은 사람이었다.

- "박사님이 말씀하시는 모습을 보니, 그 사람은 박사님 남편 같았어요. 그런데 제가 상상했던 거랑 얼굴이 완전 다르던데요."
- "조금 당황했어요. 박사님이 말씀하시는 모습을 보고, 부부 사이는 아니라는 걸 알았거든요. 그래서 숨겨놓은 애인인가 생각했죠."
- "혼란스러웠어요. 저는 늘 박사님이 레즈비언이라고 생각했거든요. 그런데 토요일 밤에 그렇게 차려입고 남자랑 뭘 하고 계셨던 거예요? 그 사람도 게이고, 박사님은 회의나 뭐 그런 거에서 방금 돌아왔구나, 생각했어요."

이러한 환상은 탐색될 수 있다. 그리고 이러한 환상은 상상의 대상보다 상상하는 사람에 대해 더 많은 것을 말해 주게끔 되어 있다. 치료자가 '외도'하고 있다고, 게이라고, 결혼했다고 생각하게 만드는 환자의 특성은 무엇일까? 어떤 소망, 두려움, 동일시가 다루어지고 있으며, 왜 치료의 이 시점일까? 금기시할 주제를 두는 것만이 오로지 피해야 할 일이다. 치료자 혹은 환자가 "우리 사이에 뭔가 어색한 일이 벌어졌어요, 그런데 그 일을 어떻게 끄집어내야 할지 모르겠어요."라고 느낄 때, 그때만이 낭패를 보게 된다.

데이브가 말을 이었다. "박사님은 **저를** 돕고 있었어요. 반대편에 있는 사람을요. 제가 그 말을 했을 때, 두들겨 패서 내쫓고 싶진 않으셨어요?"

"아니요."

사실이다. 25년 동안 딱 한 번, 정치적인 입장 차이 때문에 환자를 되돌려 보내야 했던 적이 있었다. 그 경우는 입장 차가 너무 커서 내가 도움이 될 수 없음을 알고 있었다.

"이 문제를 **언제** 얘기하리라고 미리 생각하고 계셨나요?"

"언젠가는 다루게 될 줄 알았어요." 내가 말했다. "그리고 원하시면 나중에 계속 이야기할 수 있고요."

그리고 사실 우리는 그렇게 했다.

* * *

영국의 심리치료자 앤드류 사무엘스는 전 세계 치료자들을 대상으로 설문조사를 한 결과를 『The Political Psyche』에 공개했다.

분석가들은 상담실에서 다양한 정치주제들을 논의하며, 주제는 나라에 따라 달랐다. 미국에서는 성역할에 관한 논의가, 이스라엘에서는 중동사태가, 독일에서는 환경문제가 가장 자주 거론되는 경향을 보였다.

정신분석과 심리치료는 세상과 정치 위의 어딘가에 존재하는 가치중립적인 활동이라고 주장하는 순진한 사람들만이 이런 결과를 충격적으로 받아들일 것이다. 사실, 인간발달과 치료적 변화에 대한 이론 그 자체가 정치적이다. 우리의 행동을 '병리적' '미친' '미성숙' 등으로 분류하는 그 순간부터, 우리는 세계관의 일단을 드러낸다. 프로이트와 랭크가 어머니, 아버지, 아이의 관점에서 논의한 오이디푸스 콤플렉스를 정치적으로 문제가 있다고 보는 사람들도 있다. 기껏해야 미국 가족의 절반 정도만이 오이디푸스 모델과 부합한다는 사실을 감안할 때, 이 모델을 고집하는 것은 사회적 변화라는 현실을 부인하는 일일 수도 있다. 지난 50년 동안, 많은 치료자들이 정신분석에서 오이디푸스 신화를 유지하되 그 해석은 가능한 한 폭넓게 이루어져야 한다고 주장했다. 다른 이들은 오이디푸스 콤플렉스는 그것이 묘사하고자 하는 폭력적이고 경쟁적인 관계를 재현할 뿐이라고 주장하며, 완전히 폐기해야 한다고 권고했다.

분명, 돈 후안 유형을 덜 필연적으로 보이게 만들, 다른 종류의 남성성을 창조하기 위한 새로운 이론, 그리고 예전 이론에 대한 새로운 해석이 반드시 필요할 것이다.

* * *

마지막 회기가 있던 저녁에, 데이브는 꽃다발을 한아름 안고 들어왔다. 복숭아색, 노란색, 빨간색.

"기뻐요." 그가 말했다. "아주 기쁘기 때문에⋯."

나 역시 그랬다.

데이브는 몇 년간 명절 카드를 보내 왔다. 치료를 종결한 지 3년 후, 그는 실비와 결혼했고, 아들 하나를 두었다.

4

다윈의 핀치

4

다윈의 핀치¹⁾

얼마나 사소한 차이로 살아남을지 소멸될지가 결정되는지!
— 찰스 다윈, 아사 그레이에게 보낸 편지 중에서

　몇 달 동안 교수는 새벽 4시마다 잠에서 깼다. 늘 막막하고 비참
했다. 일어나기에는 너무 이르고 수면제를 먹기에는 너무 늦은 애
매한 시간대였다. 이런 어설픈 시간에는 아무것도 할 것이 없다.
울거나 아니면 이런저런 생각을 곱씹으며 눈물을 삼킬 뿐이었다.
그녀의 일, 인생, 한물간 고통의 단어들. 고대 영어에는 새벽이 오
기 전에 느끼는 슬픔이나 비통함을 가리키는 *uhtceara*라는 특별한
단어가 있다고 그녀가 내게 말했다.

　펄 퀸시 교수는 나와 약속을 하고 취소하기를 몇 차례 반복했다.
그때마다 우리는 얘기를 했고, 그녀는 치료를 받기에는 '너무 정신

---

1) [역주] 핀치(Finch). 참새목에 속하는 작은 조류

없이 바쁘다'거나 '너무 지독하게 독립적'이라고 말했다. 그때마다 나는 그녀의 사연을 조금씩 알아갔다.

그녀는 자메이카의 판자촌에서 태어났으며, 어릴 때 가족과 함께 미국으로 이민을 왔다. 열네 살에, 자메이카로 돌아가 학교 선생님이었던 이모와 함께 살았다. 우등생이었던 그녀는 언젠가 자메이카나 미국 남부에서 고등학교 선생님을 하며 살아가리라 상상했다. 주립대학에서 펄은 탁월한 실력으로 교수님들의 주목을 받게 되었고, 더 높은 목표를 세우라는 적극적인 권고를 받았다. 그녀는 학자가 돼서 대학에서 교편을 잡으며 다른 어린 친구들의 교감이 될 수 있는 잠재력을 갖고 있었다.

대학원에서 진 빠지는 12년을 보낸 후, 그녀는 일을 하며 동시에 고향의 가족을 부양하기 시작했다. 펄은 결코 명성이 떨어지지 않는 대학의 영어과에 자리를 잡았다. 교수직 제안은 그녀의 삶에서 가장 자랑스러운 순간이었고, 가족들에게도 마찬가지였다. 온수도 나오지 않는, 손으로 지은 집에서 태어난 작은 소녀가, 백인 교사들의 자녀들이 침을 뱉던 소녀가, 지금은 영문학 조교수가 되었다.

그러나 그녀의 1년간의 새로운 삶은 분명 뭔가 대단히 잘못되어가고 있었다. 모든 것을 줄 것처럼 보이는 근엄한 대학 분위기 속에서, 펄은 그 어느 때보다도 흥미를 잃고, 고립되고, 고갈된 느낌을 받았다. 간질을 앓던 여동생이 죽었을 때도 이처럼 텅 빈 느낌을 받지는 않았다. 고압적인 양아버지와 살며 느꼈던 중압감도, 감옥에 가는 남동생을 지켜보며 겪었던 고통도, 학계의 엘리트들 속에서 살아가는 지금의 고독감을 능가하지는 못했다.

학생들에게 헌신하며 지역사회에 참여하는 화기애애한 학자집단을 상상했던 곳에서, 펄은 사무실 공간을 두고 다투는 편협한 냉소주의자들을 보았다. 학생들은 교수들과 대화를 나눌 기회가 좀처럼 없다고 불평했다. 과의 유일한 유색인 여성이었던 그녀는 모든 사람들이 자신을 감시하듯 보는 느낌을 받았다. 비서들은 그녀를 샅샅이 훑어보았고, 서점에서는 경비원들이 따라다녔다.

이런 형편없는 곳에서 뭘 하고 있는 걸까? 대답은 하나였다. '평생 직업인 종신교수직을 위해 최선을 다한다.' 그녀는 모순을 모르지 않았다.

"명백히, 저는 임시가 아니라 영원히 비참해지는 기회를 잡으려고 하는 거죠."

펄은 종신교수직 심사 때까지 달관하기로 맹세했다. 첫 번째 심사에서 탈락한다 해도 상관없었다. 그녀는 몇 년간 온갖 노력을 다해왔고 계속 그런 노력을 이어갈 것이다.

그러나 실제로 과에서 그녀를 탈락시키던 날, 그녀는 망연자실했다. 다음 날 아침 출근길에, 그녀는 일방통행로로 길을 잘못 들어 바퀴가 18개 달린 대형트럭과 충돌 일보 직전에야 멈췄다. 트럭이 요란스럽게 경적을 울렸다. 다음 날, 그녀는 좌골신경통의 극심한 통증 때문에 잠에서 깼다. 통증이 너무 심해서 화장실도 간신히 갈 정도였다.

결국은, 자신의 몸을 강탈당한 느낌, 산산조각이 난 느낌, 이제 더는 못하겠다는 느낌이 들면서, 그로 인한 두려움이 도움을 구한다는 생각 때문에 느꼈던 두려움보다 더욱 커져 갔다. 펄은 다시 운전을 할 수 있게 되면, 곧 나를 보러 오리라 굳게 결심했다.

나는 마침내 그녀를 만나서 기뻤다.

펄 퀸시는 180cm 정도의 큰 키에, 단정한 옥색 원피스 차림으로 옷과 같은 색 천으로 머리를 감싼 헤어스타일을 하고 있었다. 피부는 토피 색이었고, 목소리는 서부 인디언과 미국 억양이 섞여 단단하게 들렸다.

"저는 난파됐어요." 두 번째 음절에 힘을 주며 그녀가 말했다. "결국 당신의 해안에 떠밀려 왔어요. 제 허위경보를 용서해 주세요."

나는 가능한 한 편안한 의자와 발걸이를 골라 앉으라고 권했다.

"사실, 숨을 참고 있는 한, 괜찮아요."

펄의 건너편에 앉은 나는 내 자신이 숨을 참는 느낌이었다. 이것이 역전이의 첫 번째 단서였다. 나는 그녀의 꽉 조인 자세를 따라하며 그녀와 동일시하고 있었다. 겉모습만으로는, 보통 체격에 중서부 출신인 나와 펄이 닮은 사람일 수 없었다. 그럼에도 나는 동질감을 느꼈다. 종신교수직을 따내고자 전쟁을 치른 적은 없지만, 기관의 벽에 막혀 고군분투했던 적이 많기 때문에, 녹초가 된 그녀의 상태를 짐작할 수 있었다. 나의 부모님은 인종차별과 이민자로서의 수모를 겪지는 않았지만, 일생 동안 고된 육체노동을 하셨고, 나도 펄과 마찬가지로 집안에서 처음으로 정규교육을 받은 사람이었다. 마지막으로, 나도 한때는 펄처럼 자립심을 과대평가했고, 낯선 사람에게 속내 털어놓기를 꺼려했다. 내가 그녀에게 호흡을 맞추고 있음을 의식하면서, 이러한 생각의 흐름을 자각할 수 있었다. 심리치료에 공감은 있어야 하지만 과도한 동일시는 문제를 야기한다. 각각의 환자는 그 자신의 관점에서 이해받아야 하기 때문이다.

퀸시 교수는 손바닥을 내려다보며 지금 가장 좌절감을 주는 일은 내 방 서가에 꽂혀 있는 책들의 제목을 읽을 수 없는 현실이라고 했다. 미소를 띠며 그 말을 하자마자, 그녀는 온몸으로 흐느끼기 시작했다. 펄은 기분이 안 좋다는 사실에 대해 엄청나게 창피해했다. 나는 이유를 물었다.

"저는 강한 여자에 속해요. 한 번도 무너진 적이 없어요. 지금 보신 것 같은 나약한 모습은 제가 아니에요. 그런 작은 일에 허물어지다니요. 굴욕적이에요. **종신교수직** 때문에 **이렇게** 망가진 사람을 본 적이 있으세요?

머릿속으로 나는 짧은 리스트를 작성했다.

'정년을 보장받으려면 논문을 발표하라.'는 학계의 압력, 그리고 파벌주의는 종신교수직을 희망하는 많은 사람들을 힘들게 한다. 유력한 백인이었던 헨리 키신저마저 '정치를 참을 수 없어서' 학계를 떠났노라고 주장했다.

영어과에서는 펄의 강의와 논문이 우수함을 인정했다. 그러나 강의에 덜 신경을 쓰고 논문을 더 많이 쓰기를 원했다. 논문을 위해 학생들을 소홀히 하라는 발상에 펄은 화가 났다. 하지만 대학을 떠난다는 건, 그래서 가족과 도움을 주었던 분들과 학생들을 실망시킨다는 건, 생각할 수 없었다.

나는 나를 만나러 오면서 어떤 희망을 품었고 어떤 걱정을 했는지 살펴보자고 제안했다. 펄은 다음과 같이 말했다.

"어머니는 속을 털어놓을 수 있는 가장 가까운 친구예요. 치료에서는 가족을 조목조목 캐잖아요. 저한테는 도움이 되지 않을 거예요. 과거가 아니라 현재를 다루고 싶어요."

나는 고개를 끄덕였다. 펄이 고립감과 외로움을 언급했기 때문에, 나는 지금 그녀가 지지를 받고 의지할 수 있는 사람들이 있는지 물었다. "배우자나 애인이 있나?" **"아니요."** "아이는요?" **"없어요."** 펄은 내가 무슨 질문을 하려고 하는지 알겠다며 도와주겠다고 했다. 그녀는 결혼한 적도 연애를 한 적도 없으며, 조만간 연애를 하리라고 생각하지도 않는다고 말했다.

"저는 데이트를 안 해요." 펄이 말했다. "저는 데이트를 할 만한 사람이 아니에요."

"데이트를 할 만하지 않다니요?"

"저는 다윈의 핀치예요." 그녀가 긴 다리를 반대편 발걸이에 올리며 말했다. "혹시 『종의 기원』에 나오는 핀치에 대해 읽은 기억이 있으세요?"

"다윈이 자연선택을 착안하게 된 새요?"

"맞아요. 그러니까, 저는 새로운 보금자리를 찾아 날아간 핀치 같아요. 한편으로는 적응을 했지만, 그럼에도 다른 새들과는 약간 달라요. 그래서 지금 누구도 나를 자신의 짝이 될 수 있다고 보지 못해요."

나는 이 사랑스럽고 성공한 서른네 살의 여성이 한 번도 진지한 관계를 가져본 적 없다는 사실에 놀랐다.

다윈의 핀치는 대학 때 읽어 보았다. 누군들 그러지 않았겠나? 그러나 핀치의 짝짓기 패턴에 관한 자세한 내용은 기억이 잘 나지 않았다. 펄은 핀치의 문제를 새로운 보금자리를 찾아 자신의 사회적 보금자리를 떠난 인간 문제의 은유로 사용하고 있었다. 그녀는 현재의 환경에서 자신은 다르며 아무도 자신을 알아보지 못한다고 느꼈다. 나는 그녀의 이주에 대해, 또한 원래의 보금자리에 대해 더 알고 싶었지만, "그건 도움이 되지 않을 거예요….."라는 경고를 받았다.

전에, 치료를 받으러 오는 모든 사람은 "네"와 "아니요"를 마음속에 품고 있다고 말한 바 있다. 펄의 이야기를 들으며 나는 다음의 말을 들었다. "네, 당신에게 털어놓고 싶어요. 아니요, 끈끈히 뭉쳐 있는 우리 가족을 흔들게 될 거예요. 네, 도움을 받고 싶어요. 아니요, 그건 내가 도움이 필요하다는 증거잖아요. 네, 내 삶을 바꾸고 싶어요. 아니요, 바꾸지 않겠어요. 내가 여기까지 온 건 오로지 내 힘으로 내가 해낸 일들 덕분이에요."

"오해는 하지 마세요." 펄이 말했다. "제가 **사랑받을 만하지 않다**는 건 아니에요. 고향이나 자메이카에는 좋은 친구들이 있어요."

"당신은 누구나 도움이 필요할 때 의지하는 그런 사람인가요? 그렇게 생각해도 될까요?"

"그래요." 그녀가 말했다. 그녀의 어릴 때 별명은 '꼬마 엄마'였다. 그녀의 교수님들조차 그녀의 현명함에 기대는 듯 보였다. 그녀의 남동생들과 여동생은 수년간 바르게 살아왔지만, 최저임금을 받는 일을 하고 있었다. 조카의 가톨릭학교 청구서가 날아올 때, 어머니가 지붕을 수리해야 할 때, 펄에게 전화가 왔다. 이는 현재의 직업을 포기할 수 없는 또 다른 이유였다. 자신의 봉급으로 그들을 도울 수 있었다.

나는 펄에게 기분이 안 좋을 때 자신을 돌보기 위해 무엇을 하냐고 물었다. 대답은 이랬다. 컨퍼런스 준비를 하고, 주일학교에서 가르치고, 서예연습을 한다. 그녀의 연간 계획표 활동은 대부분 사람의 5년 치 분량보다 많았다. 내 머릿속에 영국의 정신분석학자

멜라니 클라인이 만든 '**조증 방어**'라는 용어가 떠올랐다. 이 용어는 어떤 사람들이 우울을 감추기 위해 소나기처럼 일을 하는 현상을 말한다. 우울이 심각할 때조차 말이다. 이런 상태는 수년간 지속될 수 있고, 병이 나거나, 지쳐서 나가떨어지거나, 사고가 나야만 중단된다. 펄이 최근 겪은 최악의 사건들은 차라리 그녀에게는 잘된 일일 수도 있겠다는 생각이 들었다. 어쩌면 과도하게 발달된 책임감이 이런 식으로 무너져야만 균형을 잡을 수 있으리라.

카우치에서 다시 자세를 고쳐 앉으며 펄은 양손으로 등허리를 꾹꾹 눌렀다. 그러면서, 심리치료를 그렇게 '응석부림'으로 생각하지 않을 수 있는 방법이 있냐고 물었다.

어쩌면 그녀가 자신을 핀치라고 묘사했기 때문이었는지, 비행에 관한 것이 생각났다. 나는 펄에게, 비행기를 탈 때 승무원들이 성인들에게 다른 사람을 돕기 전에 자신이 먼저 산소마스크를 쓰라고 조언한다는 것을 상기시켰다. 그 말을 하는 순간 진부한 비유에 후회가 됐지만, 펄은 개의치 않아 보였다.

"필요한 이기심, 가장 중요한 것을 먼저 해라, 그런 말씀이군요. 알겠어요. 그런데 이 작업의 목표가 뭐라고 생각하세요?"

그녀는 내가 늘 개인적인 행복을 우선시하며 다른 더 큰 목적은 고려치 않으리라 짐작했다. 그녀 자신도 똑같이 느낀 때가 있다고 말했다.

"어제, 그냥 종신교수를 포기하고 집으로 돌아가서 초등학생들을 가르치거나 닭과 돼지나 기르겠다고 학과장님께 말할까 생각했어요."

"지금 기분이 그렇다고요? 이 모든 상황을 놔두고 떠나고 싶다고요?"

순간, 펄은 주먹으로 입을 틀어막으며 흐느끼기 시작했다. 한참을 그렇게 울다가 대답했다.

"아니에요. 오늘 전 '종신교수가 되고 싶어요, 그렇게 할 수 있도록 도와주세요.'라고 말하고 싶어요."

펄은 내가 그녀를 어떤 특정한 방향으로 가도록 만들고 싶어 하리라 가정했다. 나는 그녀가 이런 생각을 분명히 말해 주어서 기뻤다. 모든 치료자는 환자가 가는 길을 조종하려는 유혹을 떨쳐 버려야 한다. 분명, 펄이 유리천장을 깰 수 있도록 돕는다면 기쁠 것이다. 하지만 그것이 우리 작업의 목표라고 누가 말할 수 있겠는가? 펄 자신조차도 남을까 떠날까 매일 마음이 오락가락했다. 나는 우리가 그녀의 욕구를 분명히 하고 실행하게 할 수 있는 작업을 할 거라고 대답했다. 그녀는 이 대답에 마음이 놓이는 듯 보였다.

그런데 그녀는 무슨 생각을 하고 있을까? 다른 치료자를 만나 보려나? 다음번에 다시 오려나? 그녀는 다시 오겠다고 말했다. 방 안의 책들이나 느낌이 여기서 좋은 일이 있었다는 느낌을 준다고 말했다. 그녀는 다음 주 약속을 했다.

펄은, 적어도 얼마간은, 나를 자기 가족의 반대편에 두었다. 그녀 생각에는, 내가 자신의 가족을 '갈라놓으려고' 하며, 그녀는 그렇게 하지 않으려 한다. 그녀에 대한 나의 동일시는 어쩌면 우리의 차이를 간과하는 한 방편인지도 모른다. 그런데 사실, 우리의 사회적 출신을 비교할 수 있는 진정한 방법은 없지 않은가. 아마 우리의 경험을 융합하고자 하는 나의 태도는 펄과 그녀의 '가장 가까운 친구'인 어머니와의 관계를 반영하는지도 모른다. 그들의 관계에 대해 내가 알고 있는 전부는 그녀가 지나가면서 한 몇 마디가 다였다. 그들은 매일 전화통화를 하며, 둘 다 만성요통을 앓고 있었다.

내가 최우선으로 해야 할 과제는 펄의 의존욕구를 되살리는 일이었다. 지난 수십 년간 페미니스트들은 여성들, 특히 아이일 때 부모역할을 떠맡았던 여성들이 도움을 주기보다 도움을 받기를 얼마나 어려워하는지 지적했다. 구원자가 되고 싶은 열망은 수백 가지 방식으로 가면을 쓰고 있을 수 있다. 나는 언젠가는 펄이, 나부터 시작하여, 누군가에게 기댈 수 있기를 바랐다.

마지막으로, 나는 그녀가 자신을 '다윈의 핀치'라고 부른다는 점이 흥미로웠다. 그녀는 자기 이름을 펄(진주)이라는 귀중한 보석에서 외로운 새로, '꼬마 엄마'라는 별명에서 짝짓기를 못하는 새의 이름으로 바꾸었다. 나는 다음 환자가 오기 전에 서가에서 『종의 기원』을 찾아보았다. 다윈의 『인간의 유래』와 디킨스의 『황폐한 집』 사이가 텅 비어 있었다. 누군가 빌려가서 되돌려주지 않았다. 나는 누군지 기억할 수가 없었고, 범인을 찾으려고 애를 썼다.

* * *

펄은 다음 약속에 와서 이틀간 잠을 편히 잤다고 말했다. 기분이 나아졌고, 정말 얼굴이 좋아 보였다. 그녀는 고개를 마음대로 움직일 수 있고, 상담실과 책들이 더 잘 눈에 들어온다고 했다. 나는 눈에 띄는 것이 있냐고 물었다.

"역시 정신분석에 관한 책들이 많군요. 그리고 페미니즘 책들…. 아, 네, 취향이 고급이시네요."

"제가요?"

"『애니 존』이 있네요! 여자라면 자기 분석가의 서가에서 보고 싶은 책이죠."

우리는 은밀한 미소를 나누었다. 나 역시 그 책을 좋아했다. 『애니 존』은 자메이카 킨케이드가 안티구아에서 자란 한 소녀에 관해 쓴 소설이었다. 내가 그녀의 생각을 물을 때까지, 그녀의 시선은 오랫동안 빈약한 내 서가에 머물렀다.

"그 책은 그러니까…. 모녀관계에 관한 책이잖아요. 어떤 문장이 생각나는데, 별거 아니에요. 우습네요."

정신분석의 '기본규칙'을 소개할 좋은 기회였다. 마음에 떠오르는 것은 무엇이든 말하라, 그것이 얼마나 중요해 보이든 얼마나 상관없어 보이든, 얼마나 유쾌하든 얼마나 불쾌하든.

『애니 존』에서 그녀가 기억해 낸 구절은 아홉 살의 주인공에게 선생님이 책을 크게 읽으라고 한 부분이었다. 그 문장은 "내 자신의 목소리는 늘 내 마음을 편안하게 한다."였다.

나는 미소 지을 수밖에 없었다.

"맙소사, 상관이 있네요. 말하기에 관한 거네요. 다른 사람 앞에서 말을 할 때의 안도감, 누군가 내 말을 듣고 있다는 안도감이요. 지난번 만남 후 기분이 나아졌어요. 의외였죠."

자메이카 킨케이드는 정상적이고 사랑이 많은 가정에서 어머니와 아버지로부터 독립하려는 딸의 외상에 관해 썼다. 꼬마 애니는 일어서서 자신이 쓴 작문을 선생님 앞에서 읽었다. 그 글은 해변에서 어머니와 떨어진 아이의 하루를 묘사하고 있었다. 아이는 공포에 질렸고, 둘이 다시 만났을 때 어머니는 '다시는 너를 떠나지 않겠다.'고 말했다. 선생님은 작문을 칭찬했고 학교 도서관 소장목록에 추가하였다.

나는 펄이 이모와 살기 위해 한때 어머니를 떠난 적이 있음을 알고 있었다. 나는 그런 이동이 거기 관련된 모든 사람들에게 어떤 의미였는지 궁금했다. 자연스럽고, 비교적 갈등이 없고, 오로지 이모가 더 좋은 학교를 보낼 능력이 있었기 때문에 이루어진 일일까? 펄의 양아버지는 어떤 역할을 했을까? 어른들 간에 질투 어린 긴장은 없었을까? 아니면 형제들 간에 격렬한 경쟁은? 과연 이 가족은 자녀가 몇 명이었을까?

나는 또다시 펄에게 말을 하도록 청했다. 어떤 이야기든 시작할 수 있다.

"음, 영어과에서….."

펄이 자신의 일에 관해 다시 이야기를 시작했는데, 다른 교수 4명과 함께 출연한 라디오 프로그램에 관한 것이었다. 사회자가 참가자들을 소개하며, 콜린 박사님, 릴리 박사님, 로지 박사님, 레빈 박사님, 그리고 펄이라고 불렀다. 어처구니없게도, 그날 프로그램의 주제는 학계의 인종과 성 문제였다.

"저는 누군가가 내 이름을 성을 빼고 부를 때, 마치 내 귀에서 천둥소리가 들리는 것 같아요. 그때마다 화가 나요. 이런 일에 신경 쓰지 말자 하는 마음이 한편에 들었지만, 어느 순간 큰 소리로 이렇게 말하고 있더라고요. 다른 사람들은 직함을 붙여 부르시면서, 왜 저는 '펄'이라고 하시죠?"

"그래서 어떻게 됐어요?"

"어리둥절해진 사회자가 저를 '교수님'이라 부르겠다 했고, 다른

4명의 남자들은, **거의** 동시에 콧방귀를 뀌었죠. '개인적으로, 제게 꼭 직함을 붙이실 필요는 없습니다. 그냥 저를 존, 조지, 재채기쟁이, 심술쟁이라고 부르세요.' 이런 것에 신경을 쓰는 제가 미쳤다고 생각하세요? 세상에나, 지금은 1990년이에요."

"제가 **당신을** 미쳤다고 생각한다고요?"

펄은 내가 지지적인 말을 건넬 틈을 주지 않았다. 내게 해 줄 다른 이야기 2개가 더 있었다. 그녀의 이야기를 들으며, 나는 내가 그녀 대신 머리끝까지 화가 나고 그녀를 변호해 주고 싶은 마음이 드는 것을 의식했다. 마음 같아서는 거기에 직접 가서, 지위를 알아주길 바라지 않는 건 이미 그런 지위를 인정받은 사람의 특권임을 왜 그 동료들은 이해하지 못하는지 묻고 싶었다.

이때의 펄은 여느 피분석자 못지않게 말을 잘했다. 내 쪽에서 개입을 하려 해도 그때마다 슬쩍 피해 버렸다. 위니컷의 표현을 빌리면, 그녀는 나의 개입시도를 **침범**으로 경험하고 있었다. 이는 아이에게는 자신의 고유성을 빼앗는 일로 경험되는 부모의 관심을 말한다. 몇 년 후에 펄은 "살아오면서 내 얘기를 들어준 사람이 얼마나 있었을까 생각하고 있었어요."라고 내게 말하곤 했다. 펄은 내가 들어주기를 바랐다.

몇 주 후, 펄은 영어과의 자칭 페미니스트들에 대해 불만을 제기했다. 그녀는 그녀들이 젠 체하는 '에어 프라이어 판매자' 같다고 했다. 그녀들에게는 그것만큼 '획기적인' 물건이 없던 것이다.

"설령 그 물건이 자신들의 애로사항을 해결해 준다 해도, 그런 상황 자체가 의미하는 정치적 함의는 모르나 봐요."

그녀의 비판이 옳다 해도, 나는 전이의 관점에서 그 의미를 생각하지 않을 수 없었다. 그녀가 치료에 협조적이기는 했지만, 나는 그녀가 여전히 나를 경계하며 멀리 한다고 느꼈다. 방 안 건너편에 앉아 있는 백인 페미니스트를 비판하는 것보다 영어과의 백인 페미니스트들을 비판하는 것이 더 쉬웠을까?

펄은, 나는 그 여자들과 완전히 다르다고 주장했다.

"비교가 안 되죠." 그녀가 나를 안심시켰다. "사과와 오렌지처럼, 아주 딴판이죠."

그녀가 말하길, 나는 자기 가족의 여자들과 더 닮았다고 한다.

"정말이요?"

나는 펄에게 더 설명해 달라고 했고 그녀는 그러겠다고 했지만, 그 전에 먼저 꼭 하고 싶은 이야기가 있었다. 그녀가 기획한 흑인 역사의 달 프로그램이 지역신문에 기사로 실렸다. 기사가 난 그날 영어과 회의가 있었고 펄은 학과장님이 틀림없이 그 얘기를 하리라 예상했다. 그러나 아무도 그에 대해 말하지 않았다.

펄은 더 이상 회의시간에 화를 내지 않기로 했다. 동료들을 대할 때 차분하게 인내심을 갖자고 결심했다. 그러나 전혀 마음먹은 대로 되지 않았다.

어떤 방침을 취하건, 회의를 하고 나면 펄은 늘 이런 식으로 느꼈다. 동료들은 그녀를 없는 사람 취급하고 조롱한다고. 때로 그녀는 자기비난으로 며칠씩 넌더리를 내기도 했다. 나는 동료들로부터 칭찬을 받을 때도 있지 않느냐고 묻지 않을 수 없었다. 그녀는 그런 긍정의 말은 솔직하지 않다고 일축해 버렸다. 펄에게는 단지 두 가지 종류의 피드백만 있었다. 나쁜 피드백과 진실하지 않은 피드백. 그녀의 이야기를 듣다 보니, 그녀의 분노와 좌절 밑에 있는 갈망의 목소리가 들리기 시작했다. 나는 치료시간에 전략을 세우고 재고하고 또 화를 분출하는 건 좋다고 말했다. 인정에 대한 갈망을 다루는 것 역시 중요하다. 펄은 이 말에 별다른 감흥을 받지 못했다.

"박사님이 틀렸다는 게 아니라, 다른 사람들이 알아주기를 바라는 생각 자체를 제가 안 하기 때문이에요. 보세요, 저는 늘 퍼주는 사람이잖아요."

정확했다.

현대 정신분석이론은 다른 사람에게 인정받고자 하는 우리의 욕구를 설명하고자 막대한 노력을 기울여 왔다. 프로이트 이래로, 정신분석의 이론과 실제에 관한 토론의 장에서 이처럼 크게 주목을 받았던 주제는 없었다. 하인츠 코헛을 따르는 자기심리학자들은 '거울추구' 인격에 대해 썼다. 위니컷 학파들은 '그만하면 좋은 엄마'를 주로 유아를 **알아봐 주는** 어머니의 능력이라는 관점에서 정의한다. 이 말은 아이를 단순히 자신의 연장선으로 보지 않고 분리된 존재로 본다는 의미이다. 자크 라캉의 추종자들은 생후 18개월경에 시작되는 '거울단계'에서 자아가 발달한다고 믿었다. 이들은 우리 외부에 있는 어떤 곳(실제 거울 혹은 다른 사람들이 보내는 인정의 시선)에서 우리 자신을 찾으려는 평생의 노력이 초래하는 문제를 강조했다. 아무도 우리가 '진짜 누구인지' 말해 줄 수 없다. 우리가 거울이라고 부르는 물건조차 오른쪽과 왼쪽을 바꾸며 우리를 속인다.

페미니스트 분석가들은 버지니아 울프에 이어 거울의 정치학을 지적했다. 버지니아 울프는 여자들은 '남자를 실제 크기의 두 배로 보이게 만드는 달콤한 능력'을 갖고 있다는 유명한 말을 했다.

우리는 누구의 인정이 중요한가를 파악하는 데 에너지를 쏟는다. 즉, 어떤 거울을 참조하고 거기서 발견한 우리의 이미지를 어떻게 읽을 것인가. 속임수를 쓰는 거울에 끌리는 사람들도 있다. 이런 사람들은 자신을 깎아내리기만 하는 사람의 시선에서만 자기 이미지를 점검한다. 반면, 운이 좋은 소수의 영혼들은 단점은 확대하고 장점은 축소하는 거울 앞을 곧바로 떠나버린다.

직장에서 유일한 여성 혹은 유일한 소수인종이 되면 인정을 받기가, 또한 인정을 받더라도 그것을 믿기가 훨씬 더 어려워질 수 있다. 소수자라는 위치 때문에 심리적 인정욕구가 생기는 건 아니다. 더 복잡해진다.

다른 사람들을 알아보고 또 인정받는 우리의 능력은 결정적이지는 않더라도 초기 경험의 영향을 받는다. 부모의 인정을 받아본 적이 없는 사람은 인정이 무슨 의미인지 모르며 어떻게 인정받아야 하는지도 모른다. 그리고 자신에게 그것이 문제가 될 때 혼란스러워질 수 있다. 당연히 나는 가족 안에서의 펄의 경험에 관심이 갔다. 그녀는 양아버지의 인정은 '빵점'이었지만, 어머니의 사랑을 듬뿍 받았고, 이모의 깊은 이해를 받았다. 우리는 가족 이외의 사람들, 특히 남자동료들의 인정을 수용하는 방법을 배워야 한다는 데 동의했다. 더욱이, 펄은 사람들이 발견하고 인정해 줄 만한 특성들—일례로 그녀의 성적 매력 혹은 본받을 만한 점—을 갖고 있다고 나는 믿었다.

바로 이 회기에 나는 그녀가 나에게 인정받는 기분이 드는지 물었다.

"그럼요. 놀라울 만큼이요."

내가 그녀를 오해한다면 알려 주겠냐고 물었다.

그녀는 그건 어렵겠지만, 솔직해지려고 노력은 하겠다고 말했다.

한편으로, 펄은 다시 일에 전념해야 했다. 언제 종신교수가 된다는 보장은 없지만, 그녀는 논문을 더 쓰라는 조언을 받았다. 펄은 아이디어는 많았지만, 너무 불안해서 적당한 단어들을 떠올리지 못했다. 책상 앞에 앉아서 진저리나는 밤들을 보내며, 그녀는 우울의 수레바퀴 밑으로 떨어지지 않을까, 그 수레바퀴에 걸려 꼼짝 못하게 되지 않을까 여전히 두려웠다. 펄은 자신이 일주일에 한 번 있는 치료시간을 기다리며 날짜를 세고 있음을 깨닫게 되었다.

"조금 짜증이 나요." 그녀가 말했다. "이게 내가 두려워했던 일이에요, 치료는 의존하게 만들어요."

나는 그녀의 말이 맞지만 이는 특별한 의존이며 일시적이라고 말했다. 그녀가 필요로 하는 한 우리 관계에 얼마든지 기대도 된다. 하지만 우리의 목표는 어느 시점인가에 작별할 시간을 정하는 것이다. 나는 그녀에게 어떻게 생각하느냐고 물었다.

"작별 부분에 대해서는 모르겠어요. 하지만 나머지 말들은 위로가 돼요. 박사님은 저희 어머니처럼 위로가 돼요. 어머니에게 훌륭한 변호사가 될 수도 있는 분이라고 말씀드리곤 했는데, 이제는 치료자가 됐어야 하지 않나 그런 생각이 들어요. 과 파티에서 찍은 사진을 어머니에게 보내드렸는데, 학과장님을 '정장을 입은 뱀'같이 생겼다고 하시더라고요. 내가 학과장님이 최근에 내게 어떤 말을 했는지 말씀드렸더니, 한동안 말이 없으시다가 '펄 퀸시, 왜 그런 인정머리 없는 헛소리에 신경을 써?'라고 하셨어요. 이 덩치로 엄마 무릎으로 기어가 안기고 싶었다니까요."

나를 그녀의 어머니와 비교하는 건 분명 칭찬이었다. 비록 그 무릎과 경쟁할 수는 없지만 말이다!

"엄마는 쓸고 닦고 하느라 목과 어깨가 늘 뭉쳐 있었어요. 그래서 제가 등을 주물러 드리기도 하고 엄마 무릎에 앉아 손목을 문질러 드리기도 했죠."

모녀는 오랫동안 서로를 위로해 주며 살아왔다.

펄은 다시 한번 자메이카 킨케이드의 소설을 떠올렸다.

"애니 존은 엄마의 품을 좋아했어요. 그러면서 '**얼마나 근사한 낙원에 살고 있었는지.**'라고 말했죠. 그게 바로 저예요. 우리요."

나는 펄에게 좀 더 자세히 얘기하고 싶은지 물었고, 그녀는 그녀와 그녀 어머니 사이의 러브스토리를 묘사하기 시작했다. 치료를 시작한 지 3개월째 되던 때였다. 이런 관계는 그녀가 이모네로 간 뒤에도 계속되었다. 그녀 인생의 두 여성은 플로리다 북부와 자메이카의 수도 킹스턴 사이의 수천 마일을 넘나들며 든든한 손길을 내밀었다.

"저는 여행을 꽤 많이 해요. 어머니도 여행에 관심이 있다고 말씀은 하시는데, 여행에 모시고 갈 수는 없어요. 어머니는 늘 '네 눈을 통해 세상을 보는 게 낫다.'고 말씀하세요."

"어머니께 세상을 가져다 드렸군요."

"그렇게 말씀을 하시니, 제가 왜 이렇게 지쳤는지 이해가 되네요!"

그러나 펄은 그것이 자신이 할 수 있는 최소한이라고 느꼈다. 이 세상에 어머니보다 더 존경하는 사람은 없었다.

"어머니가 남동생 때문에 집으로 온 보안관에게 대거리를 할 때부터 어머니는 저의 영웅이었어요. 아니, 그 전부터요. 헤일리 백화점 때부터 저의 영웅이셨죠."

나는 그런 어릴 때 에피소드를 내게 들려 줄 수 있냐고 물었다.

"헤일리 백화점에서 그 유명한 부활절 모자 사건이 있었어요. 엄마는 우리 옷을 다 만들어 주셨는데, 양아버지가 실직을 한 이후에는 많이 만들어 주지 못하셨죠. 그러다 양아버지가 다시 일을 시작하셨고, 얘기를 좀 짧게 하면, 우리는 시내에 가서 부활절 모자를 살 수 있는 정도가 됐어요. 제가 5학년 때였어요. 백화점 안이 제게 어떻게 보였을 것 같으세요? 너무너무 황홀했어요. 울긋불긋한 시폰 꽃 장식을 바라보며, 이게 내 것이 될 거라고 생각했죠! 그런데 20분을 기다려도 점원이 우리를 응대하지 않았어요. 엄마는 점잖게 점원에게 다가가려 했지만, 우리가 기다리는 동안 그 점원은 백인 여자들과 여자애들을 일일이 응대하고 있었어요. 마침내, 전등갓처럼 뻣뻣해 보이는 머리를 한 점원이 우리를 향해 돌아섰어요. 엄마가 핑크색 모자 두 개를 가리키자, 기름 낀 헌 휴지를 돌돌 말아 모자 안쪽 테두리에 두르는 거예요. 왜겠어요? 우리 머리카락이 백인들 물건에 닿으면 안 됐던 거죠! 자, 그런 상황에서 어떻게 해야 할까요? 엄마는 모자를 써보셨는데, 천천히 써서 모든 사람들을 기다리게 하셨어요. 그러자 점원이 '꾸물대지 말고 결정을 하세요. 아니면 그냥 가든지!'라고 말했죠. 엄마는 거울을 찬찬이 바라보다가 말씀하셨어요. '부인, 제 결정이 안 보이세요? 여기 있는 다른 사람들과 똑같은 대우를 받기로 결정했다고요.' 엄마가 정말 자랑스러웠어요!"

나는 꼬마 펄이 마음을 졸이다가 **'이게 우리 엄마지!'** 했을 때의 감격을 알 수 있었다.

"오, 데보라, 우리가 그 점원을 두고 얼마나 웃었는지! 그 여자 얼굴을 봤어야 했다니까요! 중요한 건 리타 퀸시 여사는 그런 일로 억울해할 분이 아니라는 거죠. 지금도, '우리가 그런 **시대**에 살았다.'고 말씀하세요. 제가 지금 대학에서 벌어지는 일들을 말씀드리면, 이해를 하지 못하세요. '배운 사람들이 그렇게 예의가 없다고?' 좀처럼 이해를 못하세요."

펄은 어머니를 최고로 여겼다. 누군들 그런 어머니를 최고로 여기지 않을 수 있겠는가? 그들이 밤에 나지막한 목소리로 통화를 하며 영어과 괴짜를 흉내 내다가 낄낄거리는 소리가 들리는 듯했다.

"제가 스물한 살 때 양아버지가 돌아가셨어요. 엄마가 좀 생기가 돌아보였죠. 실은 우리 모두 그랬어요. 하지만 엄마는 여전히 집안 청소나 하셨고 여행은 가려 하지 않으셨어요."

펄은 띄엄띄엄 이어가던 이야기를 멈추고, 내가 만약 가족 스캔들이나 학대를 기대하고 있다면, 실망하게 되리라고 말했다.

나는 스캔들을 기대하고 있지 않으며, 단지 그녀의 어린 시절에 대해 더 알고 싶을 뿐이라고 말했다. 이제 그녀는 내게 자신에 관한 이야기를 조금 해 주었다. 어떻게 느끼고 있을까?

펄은 자신의 가족이 '병리화'되기를 원치 않았다. 그녀는 사회복지사들이 흑인 가족의 강점에 대한 섬세한 고려 없이 흑인 가족을 폄하하는 이야기를 들은 적이 있다. 이모와 살았던 것은 전혀 이상하지 않았고 비정상적이지도 않았다. 두 분 모두를 '엄마'라고 부를 때가 있긴 했지만, 누가 어머니인지를 헷갈린다는 의미는 아니었다.

펄은 내게 왜 그녀가 자신의 어머니를 최고의 친구로 여기는지 이해할 수 있겠냐고 단도직입적으로 물었다. 이해할 수 있었다. 그녀의 어머니는 그럴 수밖에 없는 분처럼 보였다.

펄은 긴 호박 목걸이를 내 쪽으로 장난스럽게 흔들었다. 내가 상황을 이해해서 기쁘다. 그녀는 내가 자신과 어머니를 떼어놓으려 할까 봐 두려웠다고 했다.

* * *

2주 후 펄은, 나는 그녀에 관해 많이 알지만 자신은 나에 관해 아무것도 모른다고 말했다. 내가 무엇이 알고 싶은지 묻자, 그녀는 재빨리 대답했다. 차라리 다행이라고, 나의 삶에 관해 몰라서. 만약 알게 된다면, 나를 걱정하고 돌보고 싶어질 거다. 하지만 그래도 여전히 궁금하다….

펄의 말은 심리치료를 받는 환자들의 전형적인 생각이다. 우리는 치료자의 삶에 관해 호기심을 느끼지만, 실제로는 답을 듣고 싶어 하지 않는다. 나는 펄에게, 그녀가 으레 나에 관한 질문을 하지만 그녀 자신도 대답을 들을 필요가 없음을 알고 있지 않느냐고 물었다. 늘 사실보다는 환자의 환상이 시사해 주는 바가 더 많다.

펄은 나를 과거에 큰 역경을 겪었던 사람으로 보았다. 그리고 내가 사별을 했거나 이혼을 했으리라 추측했다.

전이에서, 나는 그녀에게 약간은 이상화된 좋은 엄마가 되어 있었다. 그녀의 어머니처럼, 나는 독신이고, 열심히 일하며(펄은 내가 오래 일한다고 걱정했다), 자기희생적이다(그녀는 내가 저녁식사를 거르며 일한다고 생각했다).

어느 날 저녁 우연히 그녀를 생각하고 있을 때, 펄이 전화를 했다. 그녀는 매우 미안해하며 내게 일 문제를 해결해 달라고 부탁했다. 10분 만에, 그녀는 어떤 일인지를 설명하고 스스로 해결책을 찾았다. 나는 그저 듣고 있을 뿐이었고, 그녀가 전화를 거는 '응석'을 스스로에게 허용했다는 사실에 놀라움을 금치 못했다. 그녀는 전화벨이 한 번 울렸을 때 내가 전화를 받지 않았다면, 풀이 죽었을 거라고 말했다. "오늘밤 제가 박사님이 필요하다는 걸 박사님이 아셨기 때문에, 전화를 받으신 거죠."

한동안의 이 치료기간 동안, 펄 퀸시는 내가 초자연적으로 감지하고 힘들이지 않고 치유한다는 느낌을 받게 만들었다. 그녀를 성가시게 할 만한 일을 내가 했을 때조차, 말하자면 늦는다거나 월요일이 아니라 "화요일에 봐요."라고 했을 때도, 나의 사소한 약점을 미덕으로 받아들였다. "박사님도 역시 인간임을 제게 보여 주시는 거죠."

우리는 그야말로 낙원에 살고 있었다.

* * *

몇 주 후 오후에 펄이 와서, 유익했던 수업에 관해 이야기했다. 한 남학생이 여성운동에 대해 열변을 토하며 자연에서 모성본능보다 더 강력한 것은 없다고 주장했고, 학생들은 목소리를 높이며 서로 토론에 뛰어들었다. 펄은 다음 수업시간에 간단하고 효과적인 개입을 했다. 즉, 모성보다 더 강력한 동물의 본능에 관한 다윈의 글을 읽어 주었다. 학생들은 놀라서 웅성거렸다. 펄은 기분이 나아지니까 강의가 다시 즐거워졌다고 말했다.

나는 그녀가 찰스 다윈을 또다시 언급하자 산만해졌다.

"펄! 또 다윈이네요!"

"또요? 아, 네, 핀치요!"

내가 핀치를 추적하는 데 최선을 다했나? 도서관에 있는 4권의 『종의 기원』이 모두 대출되었음을 알고, 나는 반납되면 다시 알려 달라고 했지만 소식이 없었다. 나는 펄에게 핀치에 관한 내 기억을 되살려 달라고 또 핀치가 그녀에게 어떤 의미인지 설명해 달라고 요청했다.

"물론이죠!" 그녀는 내게 참고서적을 가져다주겠다며 메모를 했다. 그러나 당장은 더 급한 얘깃거리가 있었다. 종신교수직을 위한 논문을 완성하기 위한 계획, 그리고 공작깃털색 잉크로 글을 쓰는 꿈.

펄과 나는 꿈에 대한 견해가 달랐다. 내가 프로이트식 전통에 따라 꿈은 소원 충족이라는 생각을 갖고 시작하는 데 비해, 펄은 꿈에는 예지능력이 있다고 믿었다. 그 꿈은 자신이 곧 일과 관련하여 '공작처럼 자랑스러워짐'을 의미하기 때문에, 그녀는 기분이 좋았다.

"그런데 왜 **공작**이죠?"

"안 될 건 뭐예요?" 그녀가 웃었다.

* * *

여름이 다가오고 있었고, 펄은 플로리다에 있는 가족과 시간을 보내기 위해 치료를 잠시 쉬겠다고 이미 말한 적이 있다. 그녀는 여름마다 그곳에서 시간을 보냈고, 그녀를 가장 사랑하는 사람들과 함께하며 진정한 소속감을 느꼈다.

펄은 내 예상보다 한걸음 더 나아갔다. 그녀는 많이 좋아졌고, 그래서 치료를 그만할 때가 된 것 같다고 말했다. 가을에 와서 치료를 마무리하겠지만, 감사한 마음이고 치료가 잘 돼서 기쁘다. "훨씬 더 안정적으로 느껴져요. 학생들에게 모두들 심리치료를 받아야 한다고 말하고 싶은 기분이에요."

이런 얘기를 들으며 나는 애써 미소를 잃지 않으려 했지만, 적잖이 당황했다. 그녀는 정말 '심리치료를 받았다.'고 느끼나? 나는 아직 그녀의 과거력에 대해 제대로 알지도 못한다. 펄이 4개월 동안 내게 제공했던 정보보다 더 많은 배경정보를 2회기 안에 제공하는 환자들도 있다. 자신이 독신으로 살 운명의 핀치라는 생각은 어쩔 것인가? 물론 펄은 의존에 대한 두려움을 솔직히 표현했고, 나도 그녀를 보내주겠다는 나의 생각을 분명히 한 바 있다. 지금 나는 그녀가 떼어내는 일회용 반창고가 된 기분이었다. 나는 그녀가 나를 가깝게 느끼고 있기 때문에, 바로 그 이유 때문에 멀어지려는 것은 아닌지 하는 생각이 들었다. 나는 여름 동안 나를 그리워하지 않기 위해 치료 중단을 얘기하는지도 모른다고 넌지시 말했다. 이말은 그녀에게 그다지 가닿지 않았다.

나는 그녀에게 우리가 치료에서 탐색해 볼 것들이 더 많지 않느냐고 물었다.

"몇 년 동안 친구들이 남자를 '탐색해 보라.'고 잔소리를 해댔어요. 애인 구인광고를 오려서 주기도 하고, 데이트 업체를 소개해 주기도 하고, 내게 자기 아이들을 봐 달라고 맡기기도 하고. 그에 비해 저희 어머니는 이 대도시 소녀들보다 생각이 더 진취적이세요."

리타 퀸시는 여자들이 더 이상 결혼할 필요가 없다고 오래전에 딸에게 말했다. 리타는 딜레이니 자매가 나온 TV 프로그램을 이야기해 주었다. 딜레이니 자매는 자신들이 백 살하고도 4년을 더 넘게 사는 이유는 결혼을 하지 않은 덕분이라고 했다. "우리는 우리를 괴롭히는 남편들이 없어요."라고 그들은 리포터에게 말했다.

나는 내가 펄의 개인생활을 탐색하려는 이유가 결국 그녀를 결혼시키기 위해서라고 생각하는지 물었다.

"글쎄요, 박사님 생각이 어떤지는 모르겠어요. 문제는, 건강하다는 걸 누가 결정하죠?"

프로이트는 치료의 목표를 lieben und arbeiten, 즉 사랑과 일이라고 간단히 말했다. 현명하게도 그는 이 용어들을 정의하지 않았다. 망설임 없이 이를 정의한 사람들이 있었고, 일부는 그 결과가 참담했다. 멜라니 클라인은 분석의 종결 요건에 관한 글을 썼다. 클라인은 자기 자신의 견해를 밝히기 전에, 그녀가 보기에 이미 수용되고 있는 '잘 알려진 규준'을 요약하였고, 그중에는 '잠재력의 확립과 이성애'가 있다. 동성애를 정상화하기 위해 프로이트가 했던 모든 노력을 감안할 때, 이는 프로이트가 수용할 만한 혹은 인정할 만한 규준이 아니다. 어떤 영미 치료자들의 사례들을 읽어보면, 이들의 치료목표가 사람들을 중산층의 사회관습에 적응하도록 돕는 것이라는 인상을 쉽게 받을 수 있다.

이렇듯 프로이트를 규범적으로 개정하려는 시도를 저지하는 데 나는 이미 내 커리어의 상당 부분을 바쳤다. 이런 내가 보수적 관점을 지닌 사람으로 보이다니! 기분이 묘했다.

나는 결혼을 하지 않거나 자녀 없이 살기로 한 여성들의 선택에서 의심스러운 점을 발견한 적이 없다. 그러나 펄은 아직 그런 선택을 하지 않은 것 같았다. 그녀는 연애나 성에 관한 갈등도 호기심도 표현한 적이 없다. 나는 다음과 같이 분명하게 말했다. 좋은 삶을 한마디로 정의할 수는 없다고. 그러나 그녀가 스스로 받기로 한 심리치료에서 그녀는 자신의 정체성에 관해 수수께끼 같은 말을 했다. 나는 치료를 끝내기 전에 펄의 '다윈의 핀치'에 관해 우리가 더 알아야 한다고 제안했다.

그녀는 동의했다.

나는 펄이 이 회기에 기꺼이 나에게 도전하고 그럼으로써 내가 그녀와 다른 생각을 갖고 있음을 밝힐 수 있어서 기뻤다. 이는 그녀가 모녀간의 목가적인 하모니에서 벗어나 보다 복잡한 관계로 나아갈 수 있는 능력이 있음을 보여 주었다. 어쩌면 바로 이런 복잡함, 이런 불협화음이 두려워서 이를 직면하느니 차라리 치료를 떠나려 했을지도 모른다.

이후의 몇 달간 내게는 다윈의 핀치에 관해 생각해 볼 수 있는 시간적 여유가 주어졌다. 펄은 그녀에게는 '약간 다른' 무언가가 있으며, 그래서 남자들이 자신을 바람직한 대상으로 알아보지 못한다고 말했다. 그녀의 큰 키가 학창시절에 남자아이들을 겁먹게 했을 수는 있다. 그러나 펄이 키처럼 어떤 드러난 특징을 말하는 것이 아님을 나는 알고 있었다. 그녀는 아주 미묘한, '거의 보이지 않는' 차이를 말하고 있었다. 그녀가 흘린 다른 유일한 단서는 학계의 남자들은 그녀가 학계의 다른 여성들과 상당히 다르다고 느끼며, 그녀의 고향 남자들은 그녀를 '도회적'이고 '낯설게' 느낀다는 사실이었다.

계층 이동에 얽혀 있는 복잡다단함을 감안하더라도, 펄의 상황이 보여 주는 극단적인 측면은 설명하기가 쉽지 않았다. 어째서 그녀는 바로 그런 차이 때문에 자신을 좋아하는 남자, 자신을 이상하게 보지 않고 특별하게 보는 독신남성을 그 어떤 쪽에서도 만나지 못한 걸까?

어린 시절 성적 외상을 겪은 소녀들의 수가 엄청나다는 점을 감안할 때, 혹시 그녀가 성적 학대를 당한 적은 없는지 궁금하지 않을 수 없었다. 학대를 당한 많은 소녀들이 이렇게 말한다. 그들은 자신이 근본적으로 '다르다'고 느낀다. 이는 모호하고 고통스러운 감정이다. 펄은 일찍이 놀랄 만한 일이나 비밀을 기대하지 말라고 경고했다. 그러나 알다시피 많은 사람들이 외상 사건을 억압하며 나중에야 기억해 낸다. 때로 가해자 혹은 병원기록에서 뒷받침되는 증거가 나오기도 한다.

나는 또한 문제의 그 '알아보지 못함'이 성적 지향과 관련이 있는지 궁금했다. 그녀는 여자에게 욕구를 느끼지만, 이를 받아들이기보다는 차라리 금욕을 택했을까?

회기 중의 내용이나 전이에서 나의 가설을 뒷받침해 줄 만한 증거는 없었다. 학대를 당한 적이 있는 사람들 중 일부는 희생자-가해자 역동에 너무 흠뻑 젖어 있어서 어디에서든 끊임없이 그런 관계를 무의식적으로 재현한다. 펄과 함께 있을 때, 나는 한 번도 '이 여자는 나에게 학대받기를 기대하고 있다.'고 느낀 적이 없다. 그 반대로, '이 사람은 자신의 정서적 학대에 내가 굴복하기를 기대하고 있다.'고 느낀 적도 없다(역시 흔하다).

휴가를 떠나기 전에, 드디어 나는 핀치에 관한 장을 읽기 위해 『종의 기원』을 손에 넣었다. 너무나 놀랍게도, 그런 장은 없었다! 그뿐만 아니라, 책의 색인에 핀치는 단 한 번도 수록되지 않았다. 나는 색인이 잘못되었다고 여기며, 책을 처음부터 읽기 시작했다. 세상을 변화시킨 그 책 속에 비둘기, 흉내지빠귀, 거북이는 있었지만, 핀치는 없었다. 아마 다윈이 자연선택을 깊이 파헤친 『인간의 유래』에서 언급하지 않았을까? 아니었다. 마침내 나는 『비글호 항해기』에서 갈라파고스 핀치에 대한 단 한 개의 단락을 찾았다. 이 책은 내가 읽어본 적이 없었다. 중요도가 덜한 이 책은 다윈이 1837년에 쓴 것이다. 그렇다면 1839년에 쓴 대작에서는 왜 핀치가 언급되지 않았을까? 어떻게 나와 펄은 존재하지도 않는 구절을 우리가 읽었다고 믿었을까? 나는 이것을 매우 특이한 **망상 공유** 현상이라고 생각했다. 그리고 나의 망상 파트너와 이 문제를 토론할 수도 없었다. 그녀가 집으로 떠나 버렸기 때문이다.

8월의 공기가 가을의 산들바람으로 선선해질 무렵, 예약자 명단에서 펄의 이름을 다시 보고 나는 기뻤다.

그녀는 구슬장식을 한 땋은 머리로 멋을 낸 느긋한 모습으로 『종의 기원』한 권을 들고 사무실에 들어왔다. 펄은 아주 근사한 여름을 보냈다고 말했다.

"그런데 박사님께 전해 줄 이상한 소식이 있어요. 누군가 이 책에서 그 장을 훔쳐가 버렸어요." 그녀가 말했다.

나는 그녀가 무슨 말을 하는지 알았다.

"도서관에서 내게 딱 맞는 자료들을 찾아봤어요." 그녀가 말했다.

"펄, 핀치에 대해 어떤 기억이 있는지 말해 주세요."

그녀는 깊은 숨을 내쉰 후, 이윽고 설명하기 시작했다. 찰스 다윈은 종의 불변을 믿으며 항해를 시작했다. 그러나 갈라파고스제도에서 그는 13종의 서로 다른 핀치들을 발견했다. 섬마다 하나씩이었다. 서로의 고립으로 인해 핀치들은 단지 같은 종의 변이가 아닌 각기 다른 종으로 진화했음을 그는 깨달았다.

"그런데 그 이야기가 펄에게 어떤 의미지요?"

"그 13종의 핀치들 중 일부는 서로 다르게 보이지만, 다른 일부는 인간의 눈으로는 구별을 할 수 없을 만큼 똑같아 보여요. 핀치들만이 구별할 수 있죠. 다른 지역으로 날아온 새는 아무리 똑같은 깃털을 뽐내며 똑같은 노래를 불러도, 다른 핀치들과 머리카락 한 올 차이로 부리 길이가 다르다는 이유로 배척당해요."

"그렇군요. 그래서 이 새들은, 우리에게는 불가사의하지만 자기 지역에 등장한 새로운 새가 아주 미세하게 다르다고 판단하고, 그 새가…."

"데이트에 적합하지 않다고 여기죠."

펄은 자신의 감정에 다가가기보다는 지적으로 문제에 접근하기를 더 편안해 했다. 그녀는 왜 이 특별한 이야기가 그녀의 마음속에 깊은 공명을 불러일으켰는지 생각하는 데는 그다지 시간을 할애하지 않았다. 반면, 그녀는 이 주제에 관해 그녀가 찾을 수 있는 모든 자료들을 찾아보기 시작했다. 도움이 될 만한 자료가 아주 많았고, 그녀는 형광펜으로 강조된 문장들이 있는 자료들을 내게 건네주었다.

이 어려운 수수께끼의 열쇠는 과학 사학자 프랭크 설로웨이가 쓴 논문에 있었다. 어느 날 오후, 펄이 급하게 와서 그 논문을 흔들어 보였다.

"이 논문의 제목은 「다윈과 그의 핀치들: 전설의 진화」예요. 준비되셨어요?"

그녀는 의자에 앉기가 바쁘게 나에게 읽어주기 시작했다.

우리는 핀치가 진화에 관한 논쟁에서 결정적인 역할을 했다는 전설을 믿어 왔지만, 『종의 기원』에서 핀치는 언급조차 되지 않는다. … 역사적 사실과 전설이 명백하게 모순을 빚고 있음에도 불구하고, 이 전설은 생물학과 조류학의 주요 교과서를 오늘날까지도 장악하고 있으며, 다윈에 관한 역사 문헌에도 자주 등장한다. 사실상, 이 이야기는 뉴턴의 유명한 사과 이야기와 어깨를 나란히 하며, 생명과학의 역사에서 가장 널리 회자되는 전설 중 하나가 되었다(p. 40).

펄이 나를 올려다보았다. 나는 여전히 서 있었고 너무 놀라서 꼼짝도 못했다. 내가 앉아서 눈을 마주치자마자, 우리 둘 다 웃음을 터뜨렸다.

"기다려 보세요…. 그게 다가 아니에요!" 그녀가 말했다.

다윈은 분명 핀치들을 주목하긴 했지만, 많이 수집하지는 않았다. 핀치들을 상자에 담으며 어떻게 표식을 붙여야 할지도 몰랐다. 핀치들을 관찰한 결과로 다윈이 진화론자가 된 것이 아니었다. 오히려, 다음 해에 그가 진화적 관점으로 자신의 견해를 바꾸게 되면서 핀치들을 다르게 보게 되었다. 역설적이게도, 핀치들이 실제로는 다른 종들임을 말해 줄 수밖에 없었던 사람은 진화를 믿지 않던 그의 동료였다.

"그러니까 이 전설은 얽히고설킨 일련의 사건들을 그럴듯하게 각색했네요." 내가 말했다. "다른 사상가들에게 그가 의지했다는 이야기는 쏙 빼고요."

"맞아요. 그리고 핀치에 관한 본격적인 연구는 데이비드 랙이라는 사람에 의해 1947년이 되어서야 이루어져요. 겉으로 똑같아 보이는 핀치들도 이종교배를 하지 않으려고 조심한다는 관찰은 이 사람이 했어요."

우리가 알게 된 바로, 일부 학자들은 이를 '랙의 핀치들'이라고 불러야 한다고 믿는다. 그러나 이 이야기는 여기서 끝나지 않는다. 우리가 지금 알고 있듯이, 진화는 오래전에 일어난 일이 아니라 계속해서 진행되고 있는 일이다. 이후의 연구자들은 일정한 조건하에서 서로 다른 종의 핀치들이 '데이트'와 짝짓기를 한다는 사실을 발견했다. 현재 갈라파고스제도 한 개 섬에 사는 핀치들의 족히 10%는 혼혈이다. 그리고 집단 밖의 새와 짝짓기를 한 새들이 무리 중 가장 튼튼하다!

펄은 이 주제에 매료되었다. 핀치 연구가 어떤 계시처럼 그녀에게 말을 거는 듯했고, 그녀의 흥분은 전염되었다. 인상적인 부리를 지닌 윤기 나는 검은 새들을 스케치한 그림들, 그리고 어두운 회색으로 점철된 복사자료들이 내 낡은 이케아 선반에서 높이 어지러운 둥지를 틀었다.

방대한 자료들을 읽고 펄이 내린 결론은, 다윈의 핀치이건 랙의 핀치이건 방치되거나 배척당할 운명은 결코 아니라는 것이다.

지금 펄을 곤혹스럽게 하는 문제는 자신이 스스로에게 다윈의 핀치라는 이름을 붙인 순간을 기억할 수 없다는 사실이었다. 고등학교 때 다윈에 관한 보고서를 썼고, 그때 다윈이 온정적인 성격의, 진정한 지적 영웅이라고 느꼈던 적이 있음을 기억할 뿐이었다.

세상을 뒤흔든 사고의 혁신을 가져온 이 남자는 처음에는 종의 불변을 믿었던 겸허한 성직자였다. 그는 관찰과 논쟁을 통해 자신의 생각을 바꿀 수 있는 사람이었다. 이것이 바로 훌륭한 과학자 혹은 훌륭한 학자가 갖추어야 할 덕목이라고 펄은 학생들에게 말했다.

다윈의 전기 작가들에 의하면, 다윈은 보통 정도의 지능을 지닌 평범한 사람으로, 철자를 자주 틀렸고, 자신이 수집한 표본들을 분류할 때 중대한 실수를 저지르는 어설픈 연구자였다고 한다. 내가 보기에 그는 지적으로 우아하고 일에 빈틈이 없으며 촌철살인의 재치를 지닌 펄에게 영웅이 될 만한 사람이 아니었다. 그러나 다시 생각해 보면, 그리 이상한 일도 아니었다. 그녀가 양아버지에 관해 했던 몇 안 되는 얘기를 들어보면, 양아버지는 자신이 항상 옳아야 하는 사람이었다. 자신의 생각을 바꾼 적이 한 번도 없었다. 나는 그녀의 젊은 시절 어느 순간, 다윈이 부족하지만 온화한, 그녀가 바라왔던 아버지로 비쳐지지는 않았을까 하는 생각이 들었다.

결국 펄은 자신이 핀치의 우화를 어디서 들었든—자세한 내용을 더 알긴 했지만—그것이 진실이라고 믿어야 했기 때문에 그 이야기에 자신이 매여 있었다고 결론 내렸다. 그녀에게 '짝짓기'는 범접할 수 없는 불가능의 영역이었고, 선택이기보다는 운명이라고 시적 상상력을 발휘하는 편이 더 편했다. 그렇다면 그 이야기 속에 갇혀 있는 여인, 아름다운 펄은 어떻게 되었을까? 그녀는 왜 자기 자신의 이름은 조사하지 않을까?

이름이라는 주제에 대해서, 펄은 내게 바로 해 줄 만한 이야기들이 있었다. 다른 내용들은 그녀가 어머니와 이야기를 나눈 후에야 알게 되었다.

펄은 늘 자기 이름을 좋아했고, 이모가 영롱한 흑백의 진주를 보여 주던 날을 선명하게 기억했다. 그리고 자기 이름을 외할머니를 따라 지었다고 알고는 있었지만, 이유는 몰랐다.

"어머니는 외할머니와 잘 지내지 못했다고 늘 제게 말씀하셨어요. 외할머니는 성격이 괴팍하고 엄마를 때렸대요. 하지만 이모는 때리지 않았죠. 어머니는 할머니를 이기고 싶은 마음에서 예쁜 아기에게 '펄'이라는 이름을 붙이셨어요."

펄은 '퀸시'라는 성은 좋아해 본 적이 없었다. 그가 경멸하는 양아버지의 성이기 때문이다. 아마 150년 전쯤 어떤 노예의 성이었지 싶다고 그녀가 말했다. 그녀는 양아버지와 양아버지의 가족에 대해서는 도통 알려고 해 본 적이 없었다.

나는 펄에게 내가 이름에 대한 질문을 의미 있게 생각한다고 말해 주었다. 그녀는 원칙적으로는 동의하지만 자신이 준비가 되려면 몇 년은 걸릴 거라고 단호히 말했다.

'펄 퀸시'라는 이름에는 여러 가지 의미가 담겨 있었다. '괴팍한'

어머니를 이겨 보려는 딸(리타)의 마음, 그 딸이 가장 좋아했던 자매와의 경쟁 이야기, 흑백의 아름다운 보석에 대한 연상, 이름과 주권을 야만적으로 파괴했던 노예제도와의 연관성.

어머니와 이름에 관한 이야기를 하면서, 펄은 치료를 언급하지 않으려고 조심했다. 퀸시 여사에게 펄은 천하무적이어야 했기 때문이다. 그 점이 무엇보다 중요했다. 그녀는 '온갖 소동과 소란'을 겪은 후에도 펄이 아직 종신교수가 되지 못했음을 알고 실망하고 계셨다.

"그래도 월급은 올려 주겠지, 그렇지?" 그녀의 엄마가 물었다.

펄은 어머니로부터 성공에 대한 압박을 느낀다고 처음으로 털어놓았다. 또한 문학을 전공한 데 대해 잘못했다는 느낌을 갖고 있다고 말했다. 그녀의 어머니는 펄이 유명한 과학자나 의사가 돼서 암 치료법을 발견하길 원하셨기 때문이다. 누가 이 어머니를 탓할 수 있겠는가? 참담한 고초를 겪으며 살아오신 어머니가 자식을 통해 자기 삶을 살겠다는데. 당연히 가족은 펄이 이름을 날리는 사람이 되기를 원했다. 펄 역시 마찬가지였다.

핀치 신화에 얽힌 비밀을 발견하면서, 우리의 치료는 전환점을 맞게 되었다. 펄은 이렇게 말했다. "사람들은 이렇게 말할 거예요. '이것 말고 진실이 아닌데 진실이라고 믿을 수 있는 이야기가 또 어디 있겠나?' 아무도 들어가길 바라지 않는데 열려 있는 문이라고나 할까요."

나는 나 역시 다윈의 핀치 신화를 믿었다는 사실에 대해 그녀가 어떻게 느끼는지 궁금했다.

"그러기도 하고, 아니기도 하셨죠." 그녀가 말했다. "박사님은 계속 제게 그 얘기를 해달라고 하셨어요. 그러지 않았다면 제가 조사를 해 보지도 않았을 거예요."

내가 그녀의 이름에 관해 질문을 했던 이유는 내가 자크 라캉의 연구에 관심이 있었기 때문이다. 프로이트 이후로 라캉만큼 상징계의 등록소인 언어에 인간이 얼마나 빚을 지고 있는지 예리하게 평가한 분석가는 없었다. 라캉이 말하길, 우리는 말을 하기 전부터 말의 대상이 된다. 엄마 혹은 다른 사람에 안겨 사랑을 받기 전부터, 태어나기 전부터, 때로는 수정이 되기 수년 전부터, 우리는 이미 사람들의 대화 주제였다. 아들 혹은 딸을 오랫동안 기다리는 가족도 있고, 혹은 둘 중 하나를 원치 않는 가족도 있다. 죽은 아기 혹은 친척을 대신해서 아이를 임신하는 가족도 있다. 부자이거나 가난하거나, 아프거나 건강하거나, 모든 부모들은 자기 자녀들에 대해 온갖 종류의 상상을 한다. 이런 기대들은—아이들에 대한 가치관, 아들인가 딸인가, 적자인가 사생아인가, 부모가 젊은가 나이 들었나, 이성애자인가 동성애자인가 등등에 관해 우리 문화에서 나누는 대화와 더불어—아이들의 주관성, 그들이 '나는'이라고 말하는 방식에 영향을 미치지 않을 수 없다. 때로는 자신에 관해 어떤 이야기가 오갔는지 하는 이러한 복잡한 내력에 관해 알고 있는 전부가 자신의 이름과 성뿐일 때도 있다. 이름은 아무렇지 않은 척 우리에게 주어지지만, 희망, 기억, 두려움으로 가득 채워져 있다.

우리의 이름이 '무엇으로 채워져 있는지', 그리고 우리가 어디에서 왔는지 탐구하는 일은 불안을 야기할 수 있다. 그러나 그런 작업을 하지 않으면 더 험난한 여정이 도사리고 있을 수 있다. 그런 예를 들기 위해 멀리 갈 필요도 없다. 바로 소포클레스의 오이디푸스 신화 혹은 희곡이 있기 때문이다. '오이디푸스'라는 이름은 '부은 발'이라는 뜻이며, 그의 생부가 숲속에 그를 버리기 전 아기인 그를 불구로 만들었음을 말해 준다. 오이디푸스는 목동에 의해 구조가 되어 양부모님 밑에서 자란다. 성인이 되어 자신이 아버지를 죽이고 어머니와 결혼한다는 신탁을 알게 되자, 신탁에서 말한 부모가 양부모라 생각하고, 그는 양부모를 떠난다. 운명에서 도망치고자 헛된 노력을 했지만, 대신 그는 생부를 죽이고 생모와 결혼함으로써 운명을 실현시키고야 말았다.

오이디푸스는 스핑크스의 수수께끼를 풀 때는 상당히 영리했다. 그러나 자기 자신의 수수께끼, 자기 이름에 얽힌 수수께끼를 풀 만큼 영리하지도 호기심이 있지도 않았다. 라캉에게 오이디푸스 이야기는 악명 높은 가족 삼각관계라기보다는 자신의 정체성에 대한 오해를 보여 주는 사례이다. 오이디푸스는 맹인이 되어 떠돌며 늙어가면서, 마침내 일종의 자기탐색에 착수한다. 그가 상처받은 자기를 인정하고 받아들이면서 소위 말하는 전환 혹은 구원이 찾아온다. 한때는 당당했던 오이디푸스는 콜로너스에서 테세우스 왕에게 가슴 시린 한마디를 한다.

나는 당신에게 드릴 것이 있어서 왔어요. 그 선물은
패배한 나 자신입니다. 눈으로 볼 때는 화려하지 않죠.
그러나 내 안에는 아름다움보다 더 영원한 은총이 있어요.

자크 라캉은 실제 남녀들의 삶 속에서 오이디푸스 콤플렉스를 비유적으로 이해하였다. 우리는, 우리 각자는, 정체성의 오해와 관련된 임무를 부여받고 있다. 다른 사람들과 관계를 맺기 위해—"나는 누구인가?"라는 우리 자신의 물음에 답하기 위해—우리는 이름, 학위, 의학적 진단, 가족의 예언, 사회적 신화를 사용한다. 나는 '가엾은 부자 꼬마' '알코올 중독자의 딸' '기대 이상의 성취를 이룬 사람' '잊혀진 둘째 아이' '다윈의 핀치'이다. 우리 대부분은 우리가 어떤 식으로든 비틀거리고 허물어지지 않는 한, 이런 말들에 결코 의문을 제기하지 않는다—당연시하기를 멈추지 않는다.

펄은 자신을 '퀸시 교수'이기보다는 '다윈의 핀치'라는 확고한 믿음을 갖고 치료를 시작했다. 물론 '퀸시 교수' 역시 옳은 정체성은 아니라고 주장할 수 있다. 그것만으로 펄에 관한 진실을 다 담을 수는 없다. 라캉에 의하면, 모든 정체성은 그것이 피상적이고 부분적이라는 점에서 오해를 수반한다. 세상 속에서 제대로 살아가기 위해 우리는 그런 정체성을 사용하지만 늘 대가가 따른다는 점을 기억해야 한다. 요점은, 이름 없이, '내가 누구인가?'라는 질문을 거부한 채 살아가자가 아니라, 정체성에 관한 대화를 계속 이어가자는 것이다. 하나의 정체성을 취하면서 동시에 그것에 의문을 제기하는 방법을 배우는 것, 이것이 심리치료가 하는 일이다. 이는 대화치료가 도움이 되는 주요한 방법 중의 하나이다.

* * *

펄이 나머지 가족들에 관해, 그리고 자신에 관해 더 이야기하기 시작한 시점이 치료 2년 차인 이때쯤이었다.

"어머니는 열다섯 살 때 첫 경험을 통해 저를 임신했어요. 상대는 오웬 플랏이라는 열네 살 남자아이였죠. 이모는 백인 남성과 결혼했는데, 이모부가 재력이 좀 돼서 우리를 미국으로 보낼 수 있었어요. 플로리다에서 어머니는 어깨가 넓은 흑인 남자 데릭 퀸시와 결혼했어요. 그 남자는 엄마의 외모에 반했죠. 처음에는 엄마도 그 남자한테 반했던 것 같아요. 엄마보다 나이가 많았고, 우리를 먹여 살리는 데 관심이 있어 보였대요. 그 남자의 아버지가 카드게임에서 50센트를 잃은 일로 싸우다가 목숨을 잃었어요. 그때부터 술을 통제하지 못했죠."

퀸시 씨는 아들들을 때렸고, 펄은 그의 막무가내 주먹질을 두려워하며 심한 공포 속에 살았다.

펄에게 이모와 살 기회가 왔을 때, 데릭은 '자메이카 사생아'가 천방지축으로 날뛰다가 아기들을 싸지를 거라고 말하며 반대했다. 그녀의 어머니는 그녀가 공부를 열심히 하는 아이라는 점을 강조하며 그녀를 보내줘야 한다고 말했다. 펄은 엄마를 남겨두고 떠난다는 생각에 숨이 막혔지만, 양아버지에게서 탈출하고 싶었다. 그녀의 남동생이 팔이 부러졌을 때, 술에 취한 퀸시 씨는 아들의 가슴 위에 무릎을 꿇고 앉아, 자신이 뼈를 맞출 수 있다고 고집을 부리며 욕설을 퍼부었다. 그는 백인 의사가 자기 어머니의 치료를 거부한 이후로 의사들을 증오했다. 남자의 악행 앞에 무력한 어머니를 보며, 펄은 어머니에 대해서도 증오를 느꼈다. 펄은 남자 때문에 희생당하지는 않으리라 굳게 맹세했다.

의사에게 가지 않는다는 데릭의 원칙에는 예외가 있었다. 발작 장애를 갖고 태어난 여동생 엘리였다. 데릭에게는 아프고 약한 이 아이가 가장 예쁜 자식이었던 것이다! 펄은 꼬마 엘리의 피부색이 자신보다 더 검었기 때문에 자신이 엘리보다 더 낫다고 느꼈음을 기억했다. 펄은 누구에게도 이 아이로 인한 분노와 쓰라림을 말한 적이 없었다. 한마디도 하지 않았다.

이런 회기들을 거치며 나는 가족에 관해 이야기하는 것이 어떠냐는 질문을 빠뜨리지 않았다.

"마음이 저릿저릿해요. 처음 이야기를 시작할 때는, 눈치채셨어요? 마치 그들이 옆방에서 듣고 있기라도 한 듯 작은 소리로 속삭였어요. 하지만 그렇지 않잖아요. 이건 내 인생이고, 이 이야기들은 내 이야기예요. 그들에게 말하고 싶어요."

펄은 그날 끝나기 전에 조금 더 하고 싶은 이야기가 있다고 했다.

그녀가 계속 말하길, 십대 때 그녀에게 접근하는 남학생들이 없었고, 그래서 안심이 됐다. 그녀는 양아버지가 옳았다는 것이 증명돼서 집으로 보내질까 봐 최선을 다했다. 바른 품행이라면 어른들을 능가하는 편이 더 나았다.

물론 고등학교 때 많은 여학생들이 불안하게 느끼거나 사람들이 자신을 알아보지 못하고 지나쳐 버린다고 느낀다. 펄에게 이런 어색한 단계는 대학교 시절까지 지속되었다. 그녀는 자신이 남자들의 눈에 띄지 않았다고 주장했다. 키가 크든 작든, 남부 출신이든 북부 출신이든 서인도제도 출신이든 해외유학생이든 말이다. 그녀는 자신이 못생기지는 않았고, 다만 다르다고 느꼈다. "마치 제가 '나는 성관계, 결혼, 임신을 하지 않는다.'라는 간판을 입고 다니는 것 같았어요."

나는 간판을 입는다는 표현이 좋았다. 이는 자신이 본질적으로 알아볼 수 없는 사람이라는 주장과는 거리가 멀고, 그것이 자신의 선택이었음을 인식하고 있다는 의미였다. '간판'은 매우 유용했다. 유색인 여성으로서 그녀는 자신이 다른 학생들 못지않게 우수함을 입증하기 위해 늘 과 수석을 해야 했다. 재정적 지원을 받을 곳이 없고 부양할 가족이 있는 입장에서, 그녀는 항상 두세 가지 일을 동시에 했다. 펄은 일과 하나가 되었다. 남자는 성가신 존재였을 것이다.

나는 지금은 다르게 느끼는지, 관계가 삶을 더 좋게 만들 수 있다고 느낀 적이 있는지 물었다.

펄은 시선을 돌리며 고개를 저었다. 나는 곧 야단을 맞을 것 같은 느낌이었다. 그녀는 그녀 나이의 교육을 받은 흑인 여성이 적당한 남자 파트너를 찾을 통계적 확률이 얼마나 되는지 아냐고 물었다. 나는 인구통계학적 자료로는 그다지 높지 않음을 알고 있다고 말해 주었다.

"그럼에도 불구하고, 펄, 제가 묻겠는데요, 만약 좋아하는 사람을 만나면 어떻겠어요? 관계에 관심을 가지게 될까요?"

"만약 '남자들이 비처럼 쏟아진다.'면요? 그래요, 하지만 나를 참아 줄 사람이 있을까요? 저는 어린애가 아니에요. 제 나름의 방식이 있다고요."

"더 말해 보세요."

"누가 나를 가지려 하겠어요? 저는 요리에 젬병이에요. 더 이상 애들을 돌보고 싶지도 않아요…. 사람들의 고정관념을 다 깬다고요, 모르시겠어요? 키 크고, 직설적이고, 하루에 한 권씩 책을 읽고, 냉장고에 아이스캔디밖에 없는 흑인 여자를 어떤 남자가 찾겠어요?"

그녀의 질문들이 변하기 시작하고 있었다. 사실 이 시기에 그녀가 어떤 질문을 가져올지 전혀 알 수가 없었다.

펄은 다음 약속시간에, "어떻게 하세요, 박사님?"이라고 물으며 들어왔다.

"뭘 어떻게 해요?"

그녀는 내가 어떻게 일과 사회생활, 결혼, 아이들, 로맨스, 개인 시간의 균형을 맞추는지 궁금해했다. 그녀는 내가 어떤 비법을 갖고 있다고 믿었다. 그녀만의 신화를 깨줄 열쇠 그리고 삶의 열쇠가 될 비법들. 내가 그것들을 나눌까 아니면 혼자 간직할까? 만약 그녀가 누군가를 만난다면, 내게 조언을 구할 수 있을까? 만약 그녀가 내가 좋아하지 않는 사람과 사랑에 빠지면 어쩌나? 구애와 교제 과정의 시시콜콜한 이야기를 내가 들어줄까?

펄은 자신이 성에 적극적이 되어도 내가 견딜 수 있다는 확인을 받고 싶어 했다. 그녀의 부모님은 그녀의 호기심과 실험을 사전에 차단하려고 애썼다. 펄은 그녀의 새로운 모험에 대해 내가 화내지 않고, 놀라지 않고, 검열하지 않고, 질투하지 않는다는 확신을 갖고 싶어 했다.

이런 주제들을 석 달째 다루고 있던 어느 날, 펄은 심리학 교수와 커피를 마셨다. 이는 몇 주간의 데이트로 이어졌고 성적인 기운이 감돌았다. 그녀는 스킨십을 무척 즐겼고, 그녀의 표현에 의하면 대부분 '애정 표현'(살짝 가벼운 말투로) 정도였다.

펄이 내게 이런 내용들을 밝힐 때, 나는 오른쪽에 있던 작은 장미수반을 거의 엎을 뻔했다. 커피를 마시고 세 번 만에 애정표현의 스킨십까지 갔다고? 그렇게 아무렇지 않게?

그제서야 펄은 해명을 했다. 대학 다닐 때, 정식으로 데이트를 해 본 적은 없지만, 자신이 반했던 남자들이 있었고, 자신에게 추파를 던지는 남자들도 있었고, 춤도 많이 췄다. 대학원 때는, 약간의 성경험도 해 봤다. 그녀가 말하길, 그냥 더 이상 쌓이지 않았다. 사랑도, 기대도 아니었다.

새로운 심리학자 친구와의 관계에서는, 데이트가 없는 동안 그의 전화를 기다리게 되면서 시련이 찾아왔다. 자신이 애정결핍 같고 한심한 느낌이 들곤 했다. 자신을 완벽하게 통제하던 시절이 얼마나 그리운지!

나는 그녀가 전혀 한심해 보이지 않는다고 말해 주었다. 완벽한, 철저한 통제에 대한 욕구가 주제가 되었고, 나는 그에 대해 더 말해 보라고 했다. 그것은 어머니의 사랑과 연결된 욕구였다. 그녀는 어머니의 완벽한 딸이 됨으로써 리타의 희생적인 삶을 정당화해 주는 삶을 살아왔다. 이 지점에서 펄은 실수를 감지하기 시작했다. 즉 ,완벽한 딸이란 존재하지 않으며, 약함을 보이고 욕구를 따른다 해서, 어머니에게 반하는 결정은 아니다.

심리학 교수가 전 여자 친구에게 돌아갔을 때, 펄은 실망하기는 했지만 그런 경험을 후회하지 않았다. 주술이 풀린 느낌이었다. 내가 보기에 펄은 더 여유 있고 자신감 있는 모습이었고, 자기 자신에 대한 엄격한 근로감독관에서 조금 벗어난 듯 보였다. 심지어 외출을 하고 중고 피아노를 사기도 했다. 사촌과 조카들을 위해서가 아니라 자기 자신을 위해서 말이다!

그래서 긴 주말을 보내고 집에 돌아와 펄의 응급 메시지를 확인하고, 나는 너무 놀랐다. 그녀의 좌골신경통이 재발되었고 욱신거리는 통증이 시작되었다. 이는 우편으로 어떤 소식을 접한 뒤 몇 시간 만의 일이었다. 유력한 학술 출판사에서 4장 구성에 힘입어 그녀의 책을 출간하기로 결정했으며, 이로써 사실상 종신교수직이 보장되었다.

펄은 전화로 내게 이 소식을 알렸다. 그녀는 마땅히 축하해야 할 일임을 알지만, 끔찍한 기분이었다. 좋은 소식이 왜 증상을 일으켰을까? 성공은 왜 이다지도 고통과 짝을 이루어야 하는가? 내가 그녀의 생각을 묻자, 펄은 그날 아침에 꾼 악몽을 이야기해 주었다.

> 제가 나무 꼭대기에 앉아 경치를 감상하고 있어요. 그렇게 높이 올라갔다는 사실이 믿어지지 않아요. 밑을 내려다보니까, 어떤 동물이 물에 빠져 있어요. 그 동물은 반은 새끼고양이고, 반은 토끼 아니면 쥐예요. 무서웠지만, 저한테 일어난 일이 아니라 다행이에요. 땀에 흠뻑 젖어 잠에서 깼어요.

나는 펄에게 그 꿈에 관해 떠오르는 것은 무엇이든 말해 보라고 했다.

"나무 위에서 아래를 내려다보는 사람은 저예요. 그리고 그 동물은, 제 생각에는 엘리가 틀림없어요."

여기 내가 놓친 또 다른 배가 있었다. 바로 첫 시간에 펄은 죽은 여동생을 언급한 적이 있었다. 나는 그 동생이 간질 때문에 죽었으리라 짐작했다. 그런데 여동생은 집 옆 개울에서 익사했던 것이다.

남동생들이 개울 옆에 카누를 묶어 두었고, 카누 옆에 엘리를 오지 못하게 하라는 경고를 받았었다고 펄이 말했다. 어느 날, 여동생이 한참을 이리저리 돌아다니다가 장난감을 개울에 던졌고 물속에 그걸 집어넣으려고 했다. 물에 빠지기 전 발작이 있었을 수도 있다. 아무도 여동생이 우는 소리를 듣지 못했기 때문이다. 여동생은 물 위에 엎드린 채 발견되었다.

열다섯 살이었던 펄은 데릭이 엘리의 죽음을 자기 탓이라고 할까 봐 겁이 났다. 실제로도 그랬다. 펄이 집에 있었더라면 아이가 살아있을 거라고 그는 말했다. 펄은 집에 돌아가서 어머니를 위로해 주고 싶은 간절한 마음과 이모 집에 머물며 학교를 마치고 싶은 소망 사이에서 어쩔 줄 몰라 했다. 그녀의 어머니는 펄의 학업이 그 무엇보다도 중요하다며 펄을 위한 결정을 내렸다. 표면적으로 펄은 안도했고, 아무도 그녀의 죄책감을 눈치채지 못했다. 동생의 죽음을 애도하기 위해 친구들과 가족들이 퀸시가에 모였다. 반면, 펄은 대수와 불어를 공부하며 여학교에 앉아 있었다.

꿈은 갈등을 그지없이 선명하게 보여 준다. 펄은 그녀가 상상했던 것보다 더 높이 올라갔고, 경치를 즐겼다. 그러나 그녀는 동생의 죽음이라는 비싼 대가를 치르고서야 그 자리에 도달했다. 꿈에서 그녀가 사용하는 "내게 일어난 일이 아니다."라는 표현은 엘리에 대한 시기심 어린 경멸을 담고 있다.

펄은 가진 자로서의 당혹스러움을 자신이 알고 있는 방식으로 해소했다—할 수 있는 한 모든 것을 다 준다. 엘리의 죽음으로 인해, 그녀는 특혜를 누리는 자신의 위치를 정당화하려는 노력에 더욱 박차를 가했다. 누구도 그녀가 사치스럽게 산다고 비난하지 못할 것이다. 그녀는 더욱 열심히 일했고, 누구보다도 적은 보상을 받았다. 성공을 눈앞에 두고 기쁨을 누릴 수 없는 건 놀랄 만한 일이 아니었다.

펄 말고도 좋은 소식에 우울해지는 나의 다른 환자들이 있었다. 어떤 예리한 남자 환자는 무의식이 사건들에 '절대치'를 부여하는 것 같다는 의견을 내놓기도 했다. 따라서 우리는 긍정적 방향이든 부정적 방향이든, 큰 변화 앞에서 갈팡질팡한다. 사람들은 성공에 실패해도, 성공을 쟁취해도 자살을 한다.

치료 2년 차 내내, 펄은 가족이 그녀에게 보낸 메시지에 대해 많은 이야기를 했다. 머무는 것과 떠나는 것, 독립과 가족에 대한 충성, 감사와 방종에 관하여. 이러한 문제들은 어느 가족에게나 풀기 어려운 복잡한 매듭일 수 있지만, 자녀의 사회계층이 실질적으로 변한 집에서는 그 매듭이 특히 더 꼬여 보일 수 있다. 일반적으로 가난한 노동자 계층의 부모는 자식들이 자신들이 가져보지 못한 기회를 잡기 원한다. 자녀들은 성공하라는 사명을 부여받으며, 그렇게 함으로써 결국 부모들에게는 이질적인 세계에 도달하게 된다. 자녀들은 부모와는 다른 종류의 일을 할 뿐 아니라, 다른 음식을 먹고, 다른 여흥을 즐기고, 다른 정치적 견해를 갖는다. 이런 가족의 젊은이는 (성공을 통해) 충성심을 보이기 위해서는 어쩔 수 없이 가족의 전통을 거부해야 한다고 느낄 수 있다. 그리고 이런 젊은이들은 형제와 사촌들보다 경제적으로 더 윤택해지는 것에 대해 엄청난 죄책감을 느낄 수 있다. 어떤 가족에서는, 성공한 가족 구성원이 뒤처진 가족 구성원의 취향을 바꾸려고 애쓰기도 한다. 마치 가족 모두가 명품 잠옷을 입고 브리오슈를 먹으며 『뉴욕 타임즈』를 읽으면 시기심이 마법처럼 풀리기라도 할 듯 말이다.

펄은 집안의 일원으로 남아 있기 위해 최선을 다했다. 그녀는 일부 외국산 과일을 먹기도 했지만, 오직 집에 보내줄 때만 허용 가능한 일이었다. 그녀에게는 잘하는 것은 허용됐지만, 기분 좋음은 허용되지 않았다. 연애의 꿈을 포기하기로 한 그녀의 결정은 신과 맺은 일종의 계약이었다. 신은 그녀의 여동생을 데려갔다. 그녀는 씩씩하게 나아가 두 사람 몫의 삶과 일을 할 것이다. 외로움은 자신의 아찔한 행운에 대한 대가이리라.

프로이트는 그가 '성공해서 망한'이라고 표현한 사람들에 관한 새겨들을 만한 글을 썼다. 그는 당황스럽지만 사실임을 발견했다. "… 사람들은 때때로 오랫동안 깊숙이 품어 왔던 소망이 실현되었다는 바로 그 이유 때문에 병에 걸린다. 그래서 이들은 마치 은총을 견딜 수 없는 사람들처럼 보인다." 프로이트는 몇몇 예를 들었고, 그중 전임자의 사망으로 탐내던 학과장 자리에 임명된 교수가 있었다.

"그는 멜랑콜리 상태에 빠져 이후 몇 년간 모든 활동을 할 수 없게 되었다."

프로이트가 보기에, 이런 사례에서의 문제는 눈앞의 성공이 어린 시절부터 오랫동안 갈망해 왔지만 금기시돼 왔던 성공, 즉 한쪽 부모를 대체하고 다른 쪽 부모를 독차지하려는 오이디푸스 욕구를 상기시킨다는 점이다. 성인기에 들어 마침내 '해냈다'는 감정은 오랫동안 억압되어 왔던 소망과 그에 동반된 죄책감을 어른거리게 한다. 그럼으로써 그 손아귀에서 빠져나오지 못하게 될 수 있다.

최근에 펄이 이룬 성공은 그녀의 가족 콤플렉스 중 일부를 부활시켰다. 양아버지의 가장 예쁜 딸인 엘리에 대한 펄의 과소평가된 경쟁심은 그녀가 수년간 확고부동하게 독신을 유지하게 된 요인이었다고 우리는 결론 내렸다. 그녀가 선택한 '다윈의 핀치'라는 라벨에는 놀랄 만큼 다양한 그녀의 정체성이 응축되어 있었다. 이는 온화한 영혼의 소유자이며 영향력 있는 과학자인 찰스 다윈의 자랑스러운 이름을 그녀가 지니고 있음을 의미했다. 또한 그녀가 새, 즉 이주를 하고 집을 떠나야 할 운명의 존재라는 의미이기도 했다. 펄은 짝을 짓거나 아이를 낳지 않을 것이다. 그럼으로써 술주정뱅이 망나니와 같이 살며 아이들이 학대당하는 모습을 지켜보고 자신의 삶을 포기했던 그녀의 어머니가 겪었던 수모를 되풀이하지 않을 것이다.

또한 이 어려운 퍼즐 속에서는 이른바 '불완전한 애도' 혹은 '얼어붙은 슬픔'이라는 또 다른 문제가 상연되고 있었다. 때로 우리는 사랑하는 사람의 상실을 그 사람과 무의식적으로 동일시함으로써 다룬다. 펄은 핀치가 되기로 선택함으로써 자기 자신의 일부를 포기했을 뿐만 아니라 엘리가 되기도 했다. 엘리는 자라서 성인으로서의 삶을 제대로 누리지 못할 아이로 늘 여겨졌다. 어느 날 오후 엘리는, 지금은 우리가 알 수 없는 무언가를 꿈꾸며, 이리저리 헤매다가 오랫동안 타보고 싶었던 작은 카누를 밀고 당겨 보았다. 대신 아이는 난파됐다. 펄 역시 그랬다. 그녀가 처음 내 사무실에 들어오며 자신에 관해 했던 첫말은 이것이었다. "저는 난파됐어요…. 결국 당신의 해안에 떠밀려 왔어요."

* * *

치료 3년 차에, 펄은 카메룬 국적의 의사 조슈아를 만났다. 조슈아는 잘 들어주고, 자기 이야기도 잘 하는 사람이었다. 그는 자신의 일을 좋아했고, 펄의 열정을 높이 샀다. 그는 펄의 미모와 재능을 반겼고, 그녀를 이상화하지 않았다.

핀치가 처음으로 사랑에 빠졌다. 그녀는 날마다 오르락내리락하는 감정을 견뎌냈다. 나는 이런 어지러운 순간에 그녀를 도울 수 있어서 기뻤다. 그녀가 "나는… 자격이 없다."고 걱정할 때, 나는 그녀가 충분히 자격이 있음을 일깨워 주었다. 그녀가 사랑에 빠진 자신에게 어머니가 적응할 수 있을지 물었을 때, 나는 그 문제를 계속 다루자며 안심시켰다.

그들의 관계가 성적인 결합을 향해 나아가면서, 나는 내가 펄에 대해 매우 흐뭇해하고 있음을 깨달았고, 약간 조마조마하기도 했다. 휘말림과 삼켜 버림에 대한 그녀의 두려움, 삽입과 임신에 대한 두려움, 성적 쾌락을 받아들이는 문제 등에 대해 우리가 충분히 얘기를 했던가?

분명 그랬다. 펄은 조슈아와의 관계를 점점 좋아하게 되었다. 가장 어려운 부분은 잃어버린 시간에 대한 애도였다.

"이 새로운 세상은 온몸을 소환해요." 그녀가 우아하게 말했다. "이 모든 시간이 제 것이었을 수 있었죠."

펄은 땋은 머리를 어깨까지 길렀고, 구슬장식은 더 화려해졌다. 대담해졌고, 날개를 달았고, 더 이상 조심할 필요 없이, 그녀는 고조된 기분으로 자신이 하는 모든 일을 즐겼다.

몇 달간의 이런 날아갈 듯한 쾌락—그런데 인간이 이를 얼마나 오래 견딜 수 있을까? 펄은 혼자만의 시간이 좀 더 필요하다고 조슈아에게 어떻게 말할지 자신이 없었다. 마침내, 그들은 함께 보내는 시간과 홀로 보내는 시간에 관해 '이야기'를 했다. 그녀는 이로써 문제가 해결되리라고 생각했다. 그러나 모든 사랑의 쾌락을 혼자 글 쓰고 생각하는 한 달과 맞바꾸고 싶은 마음이 드는 날들이 있었다. 때로는 아예 관계가 없었으면 하고 바랄 때도 있었다.

"창피해요. 저는 교과서에 나오는 신경증 환자임이 분명해요. 저는 그냥 행복의 재능이 없는 사람 중 한 명일까요? 그렇게 생각하세요?"

나는 그렇게 생각하지 않았다. 그녀가 포큐파인 딜레마의 바로 한가운데에 있다고 생각했다. 조슈아가 주춤거릴 때마다 그녀가 돌진했고, 그가 시간이 있을 때는 그녀가 물러섰다. 내가 보기에 그녀는 선택되지 않고 선택받을 수 없는 이국적인 새가 아니라, 다른 모든 사람들과 마찬가지로 한 마리의 포큐파인이었다—번식이 가능한 사회적 동물이지만, 얽힘과 고립이라는 고통스러운 극단 사이에서 영원히 적정한 거리를 찾는.

펄은 어머니가 조슈아를 만나기를 간절히 원했지만, 리타는 왜 자신이 그럴 수 없는지 갖은 이유를 댔다. 나는 조슈아가 의사이기 때문이라 그런지 아니면 아프리카 사람이기 때문에 그런지 궁금했다. "제 생각에는 그가 남자이기 때문이에요." 펄이 말했다. "그녀가 아니라 그이기 때문이죠."

펄은 늘 자기 어머니가 결혼하라고 딸을 매일 닦달하는 어머니가 아니어서 좋았다. 그러나 그녀의 연애에 대한 어머니의 장기간의 무관심—심지어는 적개심—이 확인되자, 펄은 어머니의 이런 태도를 어떻게 받아들여야 할지 몰랐다. 자신의 성취를 늘 자랑스러워하던 어머니가 이런 발전을 이룬 자신의 기쁨에 동참하지 않다니, 그녀는 분노에 휩싸였다.

여기서 우리는 기나긴 작업을 했다. 어쩌면 이는 펄이 직면해야 하는 애도의 가장 깊숙한 부분이었다. 여동생에 대한 애도 혹은 '잃어버린 시간'에 대한 애도만큼 극적이지는 않지만, 쓰라림은 더 크고 기약이 없었다.

리타 퀸시는 결혼생활에 대한 실망으로부터 딸을 구해 주고 싶어 했다. 또한 미혼의 딸에게 보호받는 느낌을 받으며, 딸의 가장 친한 친구로 남아 있기를 좋아했음이 분명했다. 기나긴 삶의 여정에도 불구하고, 어머니에게 펄은 자신을 결코 떠나지 않을 유일한 아이인 듯 싶었다.

펄이 몇 년 전에 내가 했던 해석을 다시 생각한 시점이 바로 이때였다. 나는 그때 좌골신경통은 그녀가 어머니와의 연결을 유지하려는 또 다른 방법이라고 말했었다. 3년 전에는 그런 말이 그녀에게 의미가 없었다. 자신과 어머니가 모두 만성요통을 앓고 있는 건 그저 우연이라고 그녀는 말했다. 지금 그녀는 다르게 보고 있었다. 그들이 공유하고 있는 이 특정 신체 부위의 통증은 두 사람 모두 고된 육체노동을 하는 여성이라는 표시였다. 그들은 서로를 위로할 수 있고 공감할 수 있었다. 펄은 십대 시절의 통증은 자신이 매일매일이 공휴일인 응석받이라고 느낄 필요가 없게 해 주었음을 깨달았다. 어머니와 마찬가지로 그녀도 가족을 부양하기 위해 노동을 하는 부지런한 흑인 여성이었다. 어머니의 몸과 연결되어있다는 느낌을 주는 증상은 쉽게 포기할 수 있는 증상이 아님을 그녀는 깨달았다.

지난 수십 년간, 모녀관계에 관한 많은 저작들이 있었다. 이런 저작들 중 일부는 어머니와 딸의 유대를 다소 어두운 시각에서 바라보는 프로이트의 관점을 반박한다. 프로이트는 여성들이 자율성과 객관성의 '능력이 떨어지는' 이유는 오이디푸스 이전의 초기 단계에서 어머니가 딸과 과잉 동일시하는 경향이 있기 때문이라고 보았다. 1970년대와 1980년대의 정신분석적 페미니스트들은 모녀 동일시를 보다 복잡한 관점에서 바라보는 글을 썼다. 그들이 말하길, 실제로 어머니와 딸의 경계가 흐려지면 어머니는 자신이 딸보다 먼저 딸의 감정을 안다고 가정하게 된다. 그렇다. 이는 서로가 서로에게 매달리게 만들 수 있다. 그러나 자율성의 관점에서는 손실인 것이 공감과 신의라는 긍정적인 자질을 구성할 수도 있다.

정신분석가 낸시 초더러는 오이디푸스 전 단계의 남아와 여아 간의 차이에 관해 썼다. 남아가 생애 처음으로 친밀한 관계를 맺는 대상은 반대 성의 부모이며, 여아는 동성의 부모이다. 두 경우 모두 어머니이다. 남자아이들은 동일시의 대상을 바꿔서 집안의 남자들처럼 되라는 기대를 받는다. 여자아이들은 이러한 결렬을 경험하지 않으며, 원래의 동일시 대상을 유지하라는 기대를 받는다. 초더러는 바로 이러한 사실 때문에 여자아이들은 다른 사람들과의 지속성과 연결성이 더 커지는 경향을 보인다고 주장했다. 그러나 바로 그것 때문에 덫에 걸리게 될 수도 있다.

치료자들, 소설가들, 회고록 작가들은 이러한 일련의 문제들을 기술하는 데 주력해 왔다. 모녀라는 주제에 대해 가장 설득력 있는 글을 쓴 사람은 역시 자메이카 킨케이드이다. 청소년기에 애니 존은 다음과 같이 회상한다.

이름 지을 수 없는 무언가가 막 우리를 덮쳤고, 갑자기 내가 그렇게 사랑했던 사람도, 그렇게 미워했던 사람도 없었다. 그런데, 미움이라면 그건 내게 어떤 의미일까? 전에는, 누군가가 미우면 그냥 그 사람이 죽었으면 했다. 하지만 엄마가 죽기를 바랄 수는 없다. 만약 엄마가 죽는다면, 나는 어떻게 될까? 엄마 없는 내 인생은 상상할 수가 없다. 더 나쁜 것은, 만약 엄마가 죽는다면 나 역시 죽어야 할 것이고, 내가 죽었다고 상상한다면 엄마가 죽었다고 상상이나 할 수 있겠나?

펄은 일부 청소년기 소녀들이 그렇듯 자신의 욕구와 어머니의 욕구를 구별하기 시작했다. 그녀는 분노에 찬 절절한 편지를 써서 집에 보냈다. 그녀는 초안을 내게 읽어 주며 편지의 수위를 조절했다. 펄이 더 이상 어머니를 사랑하지 않는 건 아니지만, 사랑하고, 경탄하고, 욕망하는 그녀의 능력은 그 품이 더 넓어졌다. 그녀는 매일 몇 분씩 집에 전화하는 대신, 일요일마다 한 시간씩 전화하기 시작했다. 펄은 동생들을 설득해 어머니의 은행 일과 병원예약을 돌봐 드리도록 했다―전에는 멀리서 그녀가 해 왔던 일이었다.

펄은 나와의 거리두기도 연습했다. 마땅한 이유 없이 그리고 사전 연락 없이 약속을 취소하는 일이 좀처럼 없었던 그녀가 지금은 자주 약속을 취소했다. 내가 나의 원칙을 꼼꼼히 지켰더라면, 세 번은 치료비를 청구했어야 했다. 치료를 처음 시작할 때 나는 취소의 규칙을 그녀에게 설명해 주었다. 내가 그 규칙을 다시 한번 상기시켜 주자, 그녀는 최근에 '미칠 듯이 바쁘다고' 주장하며 내 말에 귀를 기울이지 않았다. 나는 그녀의 주장을 참작하며 그녀는 특별하다는 모호한 느낌으로 그 주장에 힘을 실어주었다. 이 부분은 —나중에 결국 깨달았지만—내 자신의 분석이 필요한 문제였다.

이런 말들이 내 머릿속을 스쳐 지나갔다. '펄이잖아. 그렇게 힘든 삶을 살았는데… 애초에 치료를 믿지도 않았는데… 그렇게 잘해왔는데… 다른 사람을 위해 자신을 희생하는 사람인데, 그리고 취소된 회기에 치료비를 청구해야 하는 내 입장을 이해하지 못할 텐데, 어떻게 이런 사람에게 오지 않은 회기에 대해 치료비를 내라고 할 수 있겠어?'

이는 가볍게 넘길 문제가 아니었다! 많은 사람들이 회의적인 마음으로 치료에 온다. 많은 사람들이 힘든 삶을 산다. 펄은 내가 치료했던 사람들 중 가장 불우한 사람이 결코 아니었다. 도대체 무슨 일이 벌어지고 있는 걸까?

나는 우리가 그녀와 그녀 어머니와의 관계를 재상연하고 있었다고 믿는다. 그들은 서로 가깝고 특별한 관계를 유지하기 위해 경계를 분명히 하지 않았고 갈등을 사전에 차단했다. 나는 혹시 문화적인 요인이 개입되어 있지는 않은지 자문하지 않을 수 없었다. 아니라면, '그녀가 내 방침을 이해하지 못할 거야.'라는 혼잣말을 어떻게 이해할 수 있겠는가? 이 특별한 자유연상에 대해 생각하면 할수록, 더 주제넘고 의심스럽게 들렸다. 관용이라는 외피를 입은 일종의 무의식적 인종차별일까? 나는 반신반의하며 이 문제가 사라지기를 바랐지만, 그러지 않았다. 마침 그녀가 기분이 좋지 않다며 약속을 취소하는 전화를 했다. 우리는 약속시간을 다시 잡았지만,

그녀는 나타나지 않았다. 그녀는 그날 밤 전화를 해서 까맣게 잊어버렸다고 말했다. 나는 오지 않은 회기에 대해 치료비를 청구해야겠다고 말했다.

전화통화를 할 때는 별다른 저항을 보이지 않았지만, 다음 회기에 수표를 쓰며 그녀가 애써 눈물을 참는 모습이 보였다. 나는 말을 해 보도록 했다.

애초부터 치료는 사치였다고 그녀가 말했다. 오지 않은 회기에 대해 이렇게 많은 돈을 내다니, 말이 되지 않는다. 치료자들이 이런 식으로 일하는 것이 관례임을 알고는 있지만, 이는 이 직업이 사람들의 삶과 얼마나 동떨어져 있는지를 보여 줄 뿐이다.

나는 그녀가 여전히 말하지 않는 부분이 있다고 느꼈고, 계속 말해 보라고 격려했다.

"생각이 정리되지 않았어요. 불쑥 내뱉고 싶지 않아요."

"진실은 불쑥 나올 때가 더 많죠."

"모르겠어요! 하지만 세상 사람 대부분이 110달러를 벌기 위해 얼마나 열심히 일하는지 생각하지 않을 수 없어요. 제 가족을 포함해서요. 그 돈을 벌려고 힘들게 일한다고요! 박사님 배경에, 그걸 정말 이해 못 하시겠어요? 박사님 같은 분과도 흑인과 백인 사이의 한계, 이해의 한계가 존재한다는 사실이 너무 속상해요."

자기 자신의 인종차별주의를 직접 목격하거나 인종 문제에 민감하지 못한 사람으로 취급받을 때만큼 맥 빠지는 일은 없을 것이다. 나는 당황스럽고 슬펐지만, 그녀가 자기 생각을 주저 없이 말한다는 사실에 고무됐다. 나는 그녀가 다른 치료시간에도 이런 한계를 느꼈었는지 궁금했다.

"작년에 대학 친구가 자기 치료자가 흑인이라고 하더군요. 그래서 어떤 차이가 있을지 궁금했어요. 하지만 결코 이제까지 우리 사이에 이런 한계가 있다고 느낀 적은 없었어요. '당신은 나를 이해 못 해요.'인 거죠."

우리는 치료자가 흑인이었다면 어땠을까 하는 그녀의 상상, 그리고 내가 '이해 못 한 것'이 정확히 무엇인지에 관해 잠시 얘기했다. 시간이 다 되고 있었고, 나는 이 문제를 한 회기에 다 다룰 필요는 없다고 말해 주었다. 인종 문제 그리고 우리 관계에서 그것이 의미하는 바에 대해 다시 이야기할 수 있다(그리고 우리는 그렇게 했다).

한계라는 펄의 말은 옳았다. 동정심과는 별개로, 심한 편견이나 가난을 공유해 봤건 아니건, 백인들은 유색인들의 경험을 안에서부터 알 도리가 없다. 인종은 중요하며, 차이를 인정하지 않을 때 우리는 중대한 실수를 범한다. 또한 인종과 사회계층이 같을지라도, 치료자가 환자를 다 이해할 수는 없다. 우리는 당연히 서로를 오해할 수 있으며, 이는 초라한 진실이긴 하지만 유익하다. 우리는 천리안의 사랑을 갈구하고, 다른 사람을 다른 사람으로 인정하는데 어려움을 겪는다. 정신분석적 치료가 하고자 하는 일이 바로 이런 사실을 보여 주는 것이다.

시간과 비용에 관한 규칙에 대해서는, 만약 내가 나의 방침을 적용하기로 끝까지 결정하지 않았더라면, 분명히 펄은 그렇게 솔직하게 자신을 드러내지 못했을 것이다. '내가 어떻게 이 가여운 흑인 여성에게 비용을 청구할 수 있겠어?'라는 속마음을 품은 채 치료를 진행했던 건, 그저 구조 환상이라는 역전이 문제였음을 나는 깨달았다. 설령 내가 비용을 지불하지 않는 특혜를 그녀에게 베풀 수 있다 한들, 그녀의 삶이 덜 궁핍해지고, 그녀의 경기장이 좀 더 공평해졌다고 느낄까?

다른 사례들에서 보았듯이, 무의식을 의식화하는 데 대한 '저항' 은 환자뿐 아니라 치료자에게도 해당된다. 둘 모두에게 늘 '네'와 '아니요'가 있다. 내가 펄에게 비용을 청구하지 않은 것은 치료 작업에 대한 일종의 저항이었다. 말하자면, 펄이 나타나지 않는 식으로 분노 혹은 억울함을 표현하고 있음을 눈치챘음에도, 나는 펄이 비판을 드러내게 하기보다는 그냥 지나치기로 결정했다. 이는 자기보호 행동이었다. 이를 깨닫자 나는 펄이 지난번에 해 줬던 이야기가 불현듯 떠올랐다. 백인 고객의 머리를 '보호하기' 위해 모자 테두리에 휴지를 둘렀던 백인 인종차별주의자 점원에 관한 이야기 말이다. 모든 치료자들은 환자의 머릿속에서 일어나는 일로부터 자신을 지키기 위해 어느 순간 일종의 보호막을 형성한다. 이는 모든 환자들에게 해당된다. 알고 싶지만, 알고 싶지 않기도 하다. 정신분석적 수련이 독특한 것은 치료자가 자기 자신의 저항을 부인하기보다는 직면하는 훈련을 강조한다는 점이다.

펄의 치료자가 흑인이었다면 어땠을까? 인종은 여전히 문제가 됐을 것이다. 다만 유색인 치료자가 자신의 경험을 통해 보여 줬듯이 방식은 다르다. 예를 들어, 정신분석가 킴벌린 리어리는 아프리카계 미국인 환자와의 치료 경험에 대한 글을 썼다. 그 환자는 치료자가 '너무 흑인다울까 봐'(혹은 '너무 흑인일까 봐') 걱정을 했다. 환자와 치료자 모두 백인일 때도 인종은 영향을 끼친다. 수년 전에, 내 방에 들어오면서 흑인 접수직원에 대한 인종차별주의적 비난을 수시로 내뱉은 백인 환자가 있었다. 이내 환자와 나는 인종에 대한 고정관념을 두고 아무짝에도 소용없는 열띤 토론에 휩싸이곤 했다. 어느 날 나는 하나의 패턴을 발견했다. 그녀는 늘 실제로는 나에게 화가 났을 때, 그러니까 내가 늦거나, 약속시간을 바꾸거나, 그저 말을 하라고 너무 밀어붙였을 때 그런 말을 했다. 이 여성에게는 자기가 좋아하는 누군가에게 화를 낸다는 자체가 거의 불가능했다. 쉬운 대상처럼 보이는 누군가에 대한 비난에 내가 참여한다고 생각하는 편이 그녀에게는 차라리 더 나았다. 그녀가 인종을 어떤 식으로 사용하는지 해석해 줌으로써 우리는 치료의 전환점을 맞게 되었다.

* * *

치료비에 대해 이야기를 한 다음 주, 펄은 전화를 해서 자신이 너무 심하게 말했다며 사과했다. 그녀는 내가 자신에게 짜증이 나지 않았고 다음 주에도 역시 자신을 흔쾌히 만나리라는 것을 알고 놀란 듯 보였다. 이로써, 그녀는 친한 친구들, 조슈아 그리고 어머니에게조차 화를 내는 것이 가능한 일임을 알게 되었다. 포큐파인 식 철수가 사랑 관계에서 거리를 타협하는 유일한 길이 아니다.

펄은 그녀의 새로운 관계, 친구들, 강의를 즐기고 있었다. 그러나 대학에 남을지에 대해서는 도무지 확신이 서지 않았다. 어떤 날은, 남아야 한다는 윤리적 의무감을 느꼈다. 현재 그녀의 지도를 받기 위해 이 학과를 선택한 3명의 대학원생이 있었고, 그들을 봐주느라 하루가 모자랐다. 어떤 날에는, 이런 기관에서는 결코 행복해질 수 없기 때문에 떠나야 한다고 느꼈다. 처음으로, 그녀의 행복이 중요해지는 것이 허용되었다.

펄은 책을 마무리하기 위해 무급휴가를 신청했고 신중하게 다른 직장을 알아보기로 했다. 휴가 기간의 대부분을 조슈아와 함께 아프리카에 가서 작업하며 그의 가족을 만나는 데 쓸 예정이었다. 그들은 서로에게 진지했지만, 걸림돌들이 있었고, 특히 아이 문제가 그랬다. 조슈아는 8명의 자녀를 원했다. "저는 사실 한 명도 낳을까 말까죠. 그래도 그 사람이 그렇게 완강하지는 않아요. 머지않아 그를 설득할 수 있을 거예요, 두고 보세요."

펄은 우리가 자신의 삶의 문제를 모두 해결하지는 않았으며 자녀 문제가 심각함을 알고 있었다. 그녀는 조슈아를 만나기 전까지 정말로 엄마가 된다는 생각을 전혀 해 본 적이 없다고 말했다. 만약 그들이 가족을 이루게 된다면, 조슈아는 좋은 부모가 될 것이며, 자신은 모든 것을 희생하지는 않으리라고 그녀는 확신했다.

그녀가 아프리카에 가기 전, 우리는 치료 횟수를 격주로, 그다음에는 3주에 한 번으로 줄였다. 작별인사를 하는 날, 펄은 어린 소녀처럼 울었다. 그녀는 내게 애정 어린 서명을 담은 그녀의 저작들을 한 꾸러미 주었다. 이후 1년간 그녀로부터 아무런 소식이 없었다. 그러던 어느 봄날 아침, 펄이 미국에 돌아왔다며 인사를 하고 싶다는 전화를 했다. 그녀를 사무실에서 만나게 되어 무척 기뻤다.

그녀는 아프리카에서 보낸 시간이 아주 좋았으며, 가나의 전통 직물로 만든 드레스를 입고 피부색이 아주 까만 잘생긴 남자 옆에 서 있는 사진을 내게 보여 주었다. 그녀는 책을 완성했고, 시도 몇

편 썼다.

그리고 커리어에 대해서는 어떤 결정을 내렸을까?

그녀는 조지아에 있는 대학의 교수직 제안을 받아들였다. 이전 대학보다 명성은 떨어졌지만, 더 많은 보수를 약속했고, 강의를 중요시했다.

아이문제는—몇 명이 될지? 입양을 할지 혹은 친자식을 낳을지? 그리고 언제가 될지?—아직 결정되지 않았다. 그리고 어머니 문제가 있었다. 퀸시 여사가 이 커플과 가깝게 살고 싶어 했고, 조슈아는 찬성했지만, 펄은 마음을 정하지 못했다.

나는 펄을 바라보았다. 그녀는 4년여 전 내 사무실에 들어왔던 그 여성과는 전혀 다른 사람이 되어 있었다. 그때 그녀는 염증성 좌골신경통으로 만신창이였고, 외로웠고, 불면증에 시달렸고, 구닥다리 슬픔의 단어들을 곱씹고 있었다—사실상 스스로가 이름붙인 구닥다리 모습으로 살아가고 있었다. 지금 그녀는 생기 있고, 느긋하고, 희망차 보였다.

나는 그녀에게 내가 쓰려고 하는 심리치료에 관한 책에 그녀를 포함시켜도 되겠냐고 물었다. 그녀는 "그럼요!"라며 단번에 허락해 주었다. 마치 한 짐 덜어낸 듯했다.

"우리의 작업으로 너무나 많은 것들이 가능해졌어요. 책을 썼고, 조슈아를 만났고, 시련을 이겨냈어요. 무언가 되돌려 드리고 싶어요."

그리고 그녀는 그렇게 했다.

5

죄를 먹는 사람

5

죄를 먹는 사람

한 시간에 8달러 10센트. 이것이 1980년대 초 세계적 명성의 아동병원과 지역정신건강센터에서 최상급 팀의 심리학자와 사회복지사가 받던 보수였다.

팀장님이 특별회의를 소집할 때까지 나는 이런 사실에 대해 조용히 속을 끓이고 있을 뿐 완전히 폭발할 정도까지는 아니었다. 클로드 브래들리 박사는 우리가 맡을 사례가 20%씩 늘어날 것이며 곧장 시행된다고 발표했다. "질문 있습니까?"

나는 손을 들었다.

"저희들은 하루에 12시간씩 일하고 있어요, 팀장님. 아직 분석을 받고 있는 사람도 있고, 배우자와 자녀가 있는 사람도 많아요. 간밤에 시간당 보수를 계산해 보았는데, 이런 말씀을 드리고 싶네요. 지금 시간당 8달러를 받으면서 제가 이만한 양의 일을 하고 있다는 사실이 믿기지 않았어요. 일이 늘어서 죽을 지경이 되고 싶지는 않습니다.”

아무도 입을 떼지 않았다.

"**팀장님**은 언제 급여가 인상됐죠?" 내 뒤에서 누군가 말했다.

아마 팀에서 가장 웃기는 제프일 게다.

클로드는 공감적인 사람이었다. 그는 품위 있고 늘 과로하는 사람으로 다른 곳에서 일을 했더라면 떼돈을 벌 수도 있었을 것이다. 그는, 마치 우리가 모르기라도 하는 양, 우리가 보수보다는 지역봉사를 더 우선시했기 때문에 이 일을 선택했음을 상기시켰다. 우리가 이곳에서 일하는 또 다른 이유가 있다면 혁신적인 프로그램과 임상 세미나가 유일했다. 이런 상황은 바뀌지 않을 것이다. 정신건강은 더 이상 국가의 우선과제가 아니었다. 예산은 이미 삭감됐고, 찬바람이 불고 있었다….

1년 안에 최후의 날이 다가오리라는 소문이 돌고 있었지만, 클로드 말고는 아무도 그 소문을 믿지 않았다. 돌이켜보면, 그조차도 앞으로 어떤 일이 닥칠지 상상할 수 없었을 것이다. 공공 정신건강 서비스의 대대적인 개편. 직원들이 대량 해고될 것이고, 환자들에게는 예방과 보호라는 오래된 윤리를 무시하는 신세계의 위기관리 체계가 들어설 것이다. 클로드는 좋은 사람이고, 능력 있는 임상가이며, 대체로 우리의 사정을 알아주는 사람이었다. 내 생각에, 그는 나를 각별하게 생각했다.

"이런 일이 있게 돼서, 모두에게 미안하다고 말하고 싶어요. 루에프니츠에게는 이 말을 덧붙이고 싶군요. 불평 좀 그만하라고."

이게 다가 아니었다.

병원은 우리 급여가 적다는 사실을 인정하고 개인치료를 허용할 것이며, 우리가 치료비를 얼마를 받든 70%를 가져갈 수 있도록 했다. 인근에 치료비를 감당할 만한 내담자들이 별로 없다면, 24km 떨어진 부유한 교외지역의 부속병원에서 야간과 주말에 일을 할 수 있었다. 차가 있는 사람들에게는 분명 솔깃한 제안이었다.

관리자들에게 개인치료는 마법의 탄환이었다. 우리 집단의 임상가들에게는 배신이었다. 우리 대부분은 대학 시절 급진적인 정치를 적극 지지했고, 이익보다는 사람이 우선이라는 1960년대의 기치에 영향을 받았다. 지금이라면 이상해 보이겠지만, 부유한 환자들을 찾아간다는 생각은 우리들 대부분에게는 볼썽사나운 일이었다.

"저는 지역사람들과 함께하기 위해 여기에 왔어요, 클로드." 나는 신랄하게 말했다. "부자들은 필요하면 언제든 도움을 받을 수 있어요."

"지금은 1980년대예요, 데보라." 그가 맞받아쳤다. "여성들은 아직 비즈니스 감각이 없나 봐요?"

브래들리 박사가 할 수 있는 말은 그게 다였다.

식당에 가려고 일어서는데, 수년 동안 나의 슈퍼바이저셨던 프랜 선생님이 따라왔다. "시대가 변하고 있어." 그녀가 말했다. "부자든 가난하든 똑같이 치료할 수 있어, 안 그래? 작업복만 입고 호빗족처럼 살면 사회를 변화시킬 수 있는 힘이 생기지 않아, 그렇지 않아? 시내 몇몇 정신과 의사들처럼 천문학적 비용을 받을 필요는 없어. 치료자들이 보통 받는 비용의 절반만 받아도 차이는 엄청날 거야, 한번 해봐." 그녀는 반 농담으로 설득했다. "나는 50달러를 받아."

나는 그녀가 팀장님과 똑같은 소리를 한다는 사실에 충격을 받았다. 브루클린 출신에, 소탈하고, 여피 반대파이고, 헐렁한 파란 스웨터만 입어서 우리가 태워버리겠다고 종종 놀렸던 바로 그 프랜이었다. 그리고 "부자들은 필요하면 언제든 도움을 받을 수 있다."라는 내가 가장 좋아하는 이 말을 애초에 내가 어디서 들었겠는가?

프랜 선생님과 나는 서로 의견이 다르다는 데 동의했다.

그해 늦은 봄에, 내가 살고 있던 서부 필라델피아의 아파트 건물이 팔렸다. 새 건물주는 로비에 페인트칠을 하고 임대료를 배로 올렸다. 나는 나의 예전 멘토가 해 주었던 말을 포함해서 다르게 생각하기 시작했다. '분명 일주일에 1시간 개인치료를 한다 해서 나쁠 건 없을 거야.' 나는 연습을 했다. "안녕하세요. 저는 루에프니츠 박사예요. 치료비는 50달러입니다."

어느 날 오후, 밤 9시에 개인치료를 하겠다는 말을 하러 나는 짐짓 당당한 척 접수사무실로 걸어갔다. 콘돔을 사는 십대도 나보다는 더 자신 있게 말했을 것이다.

"혹시 제가… 그러니까… **전문직**이거나, 아니면… 여유가 되는… 그런 사람이… 아시겠죠?"

2주 후, 접수사무실에서 25세의 '그린 씨'를 내게 배정해 주었다. 그린 씨는 약혼자를 따라 시카고에서 잘 다니던 직장을 그만두고 필라델피아로 왔지만 파혼을 당했다. 그녀는 우울했고 장기치료를 원하고 있었다. 접수직원 마리온은 신청서 하단에 다음과 같이 기록해 두었다. "여유가 있는 전문직, **아시겠죠**… "

결전의 날이 도래했다. 나는 첫 면접용 정장을 입고 예쁜 스카프를 목에 둘렀다. 필라델피아는 몇 주 내내 덥고 건조했지만, 7월의 그날 밤은 하늘에 구멍이 뚫린 듯 갑자기 폭우가 쏟아졌다. 9시경 건물에 들어오는 사람들은 모두 흠뻑 젖어 있었다.

"여기 온통 다 젖은 환자분이 오셨어요." 전화를 한 임시직원이 말했다.

나는 그린 씨를 맞으러 갔다. 아주 작은 몸집의 여성이 망가진 우산을 들고 있었다. 150cm밖에 안 되는 키에 청바지와 스웨트 셔츠를 입고 있어서 나이보다 더 어려 보였다. 어깨까지 오는 금발머리는 약간 튀어나온 귀 뒤에서 떡이 되어 있었다. 그녀의 짐 꾸러미는 바람에 누더기가 되어 있었고, 그래서 그녀는 도심의 전문직이라기보다는 노숙자에 더 가까워 보였다.

그녀는 말을 잘했고, 열심이었으며, 자신이 말을 너무 빨리 하지는 않는지 가끔 이야기를 멈추고 물어보았고, 내게 담배를 권하기도 했다. 그녀를 떠난 남자 엔리케에 대해 말하기 시작할 때는 입술이 떨렸다. 배신이 너무 갑작스러워서 그녀가 그의 이름을 부를 때 목소리에 묻어 있던 다정함이 채 빠져나가지도 못한 상태였다. 그녀는 가톨릭 신자들이 '예수님의 이름으로'라고 할 때처럼 고개를 숙였다. **엔리케.**

그러고 나서, 그녀는 딸 아이네즈 얘기를 했다. 그 이름은 접수 신청서에서 본 기억이 없었다.

나는 그녀가 고소득 전문직이 아닐 뿐 아니라 내가 보았던 사람 중 가장 빈털터리임을 깨달았지만, 계속 말을 해 보라고 했다. 말하자면, 그녀는 노숙자였다.

"주소는 있지만 제 집은 아니에요. 그냥 그렇다 쳐요."

신청서에 번지수는 적었지만 지금 그녀가 살고 있는 쉼터의 이름은 적지 않았다. 그곳에 있은 지 2주밖에 안 됐고 더 오래 머무를 생각은 없다며 그녀는 나를 안심시켰다. 그린 씨는 평생 동안 좋은 아파트에서 살아왔다. 집이 없었던 적은 딱 한 번밖에 없으며, 그때는 딸이 태어나기 오래전 더 젊었을 때 시카고에서였다고 말했다. (어떤 이유에서인지 모르겠지만, 그녀는 우체국에서 살았던 해는 노숙 기간에 포함시키지 않았다.)

"쉼터의 마지가 박사님을 소개해 줬어요."

마지는 쉼터에서 자원봉사를 하는 펜실베이니아대학 학생이었다. 분명 그녀는 저소득층을 비롯해서 필요한 사람은 누구나 통찰 지향의 장기 심리치료를 받을 수 있어야 한다고 역설한 내 말을 들었을 것이다. 내가 하고자 했던 말은 가난한 사람들은 무의식적 갈등이 없다거나 돈이 많은 사람들이 성찰을 더 잘한다는 치료자들의 믿음은 순전히 편견에 불과하다는 논지였다. 마지는 그린 씨에게 호감을 느꼈고, 병원 전화번호를 적어 주며, '데보라 혹은 프랜'을 찾으라고 조언해 주었다.

"마지는 여기가 굉장한 곳이래요. 박사님이 사람들과 늘 함께하면서 살아갈 수 있도록 도와주신다고 했어요. 문제를 해결하기 위해 가족 전체를 여기에 살게도 하신다던데요."

"그린 씨, 사무실에서 치료비를 말하던가요?"

"네. 비용을 지불할 수 없거나 의료비 지원을 받지 못하는 사람은 다른 과의 대기자 명단에 올라야 한다고 하더라고요. 하지만 저는 치료비를 낼 수 있기 때문에 '문제없어요.'라고 했어요."

"내실 수 있어요?"

"지난주에 일을 했어요. 놀라시는 것 같지 않아 다행이네요. 노숙자들도 풀타임으로 일하는 사람이 많아요. 모르셨어요?"

실제로 나는 몰랐다. 노숙자의 20%가 풀타임으로 일한다는 사실을 나중에야 알았다. 직장이 있다고 노숙자가 되지 않는 건 아니었다.

"오늘 임금을 받았어요. 오늘은 얼마를 내야 하나요?"

개인교습을 받은 효과가 있었다. 이때였다. 마치 외계인에게 납치라도 된 사람처럼, 나는 "50달러예요."라고 더듬거렸다.

"딱이네요!" 그녀가 말했다. "치료가 1년 이상 걸린다고 하던데요, 맞죠? 1주일에 1달러네요. 여기 있어요."

그녀는 우리 사이에 놓인 둥근 탁자 위에 축축한 1달러짜리 지폐를 꺼내 놓으며, 작은 손으로 구겨진 지폐를 몇 차례 문질렀다.

분명 이건 다른 사람에게 일어난 일이리라.

"환자들이 어떻게 부르세요?"

나는 '프랜'이라고 말하고 싶었다.

"제가 루에프니츠 박사님이라고 부른다면, 너무 길잖아요. 그렇다고 다르게 부르고 싶지는 않아요. 성 빼고 이름만 부르면 너무 친구 같겠죠? 'L 박사님'이라고 부르면 어떨까요? 그래도 될까요? 그리고 저를 '그린 씨'라고 하지 마세요. 그냥 편하게 이름을 부르세요."

나는 그녀가 우리 관계를 얼마나 진지하게 생각하고 있는지 알고 놀랐다. 그녀의 이름은 슬픔이라는 의미를 담고 있었다. 이제부터 그녀를 '에밀리'라고 부르겠다.

형식적인 절차는 다 끝났다. 에밀리는 최근 자신에게 무슨 일이 일어났는지 본격적으로 이야기를 해도 되겠냐고 물었다.

최근 일어난 일이란 그녀를 사랑했던 유일한 남자 때문에 그녀의 마음과 영혼이 갈가리 찢겼다는 이야기였다. 전에도 남자친구는 있었지만, 모두 그녀를 함부로 대했다. 한 명은 망치로 그녀를 때렸고, 다른 한 명은 그녀의 카메라를 훔쳤다―그녀의 어머니가 남겨주신 마지막 유품이었다.

이와 정반대로, 엔리케 마룬은 아주 좋은 사람이었다. 다른 남자들은 그녀를 '꼬맹이' '엄지공주'라고 불렀다. 엔리케는 그녀를 '중국미인'이라고 불렀다. 자동차 고치는 법을 가르쳐 주기도 했다. 또 우체국에서 일을 할 수 있도록 도와주었는데, 이는 그녀가 가져본 직업 중 가장 좋은 직업이었다. 엔리케는 우체국 본점은 24시간 개방되어 있고 개인 사물함과 샤워 시설을 갖추고 있어서 어려운 시기에는 우체국에서 사는 것이 실질적인 해결책이 될 수 있음을 이미 알고 있던 터였다. 그들은 연인이 되기 전에, 우체국에서 함께 사는 친구이자 룸메이트 같은 사이였다.

불행히도, 엔리케에게는 습관이 있었다. 사실은 두 가지였다. 술과 마약. 에밀리는 술과 마약을 하지 않았고, 그들이 살 작은 공간을 임차할 만한 돈을 갖고 있었다. 그의 아이를 갖게 되었을 때 그녀는 감격했고, 그의 의견을 따라 딸의 이름을 '아이네즈'라고 지었다. 일 때문에 장시간 집을 비우기는 했어도, 그는 시카고에 돌아오면 늘 자신과 딸을 반겼다.

에밀리가 열여섯 살이 됐을 때, 그녀에게는 남아 있는 가족이 단한 명도 없었다. 그녀는 굶주리고, 맞고, 방치됐었다. 엔리케는 아직은 희망이 있다는 증거였다. 그는 다음에 돌아오면 결혼을 하자고 했다. 머지않아, 행복한 가족, 특별한 은총이 그녀 앞에 펼쳐질 예정이었다.

간간이 목이 메어 흐느끼면서, 그녀는 결말을 이야기해 주었다. 엔리케가 떠나 있는 기간이 너무 길어지고 있었다. 어느 날 밤, 그가 전화를 해서 문제가 생겼다고 말했다. 해결이 되면 다시 그녀를 보러 올 것이다. 그녀는 엔리케가 걱정이 됐고, 전 재산의 반을 털어 필라델피아행 버스표를 끊었다. 그녀가 찾아갔을 때, 문 앞에서 그녀를 맞은 사람은 그의 아내와 네 명의 자녀였다. 그의 아내는 에밀리를 보자마자 스페인어로 비명을 지르며 안으로 뛰어들어가 장전된 리볼버를 들고 나타났다. 엔리케가 권총을 낚아채며 에밀리를 밀쳤다. 엔리케는 자신에게 자식은 그녀가 방금 본 네 아이일 뿐이라고 말했다. 아이들은 추방명령을 받아서 엔리케가 그들을 도미니카공화국으로 데려다줄 참이었다.

에밀리는 한 시간 동안 숨을 쉴 수 없었다. 그녀의 팔에 매달려 떨고 있는 아이네즈가 없었다면, 바로 앞을 지나가는 트럭에 뛰어들었을 것이다. 갈수록 지옥이었고, 이런 식으로 펼쳐질 앞으로의 삶에 그녀는 아무런 의욕도 느끼지 않았다. 연인은 떠났고, 아이는 아빠 없는 아이가 되었다. 이들은 결코 그를 다시 볼 일이 없을 것이다.

엄마와 딸은 11번가와 휠버트가의 모퉁이에 있는 버스 터미널에서 밤을 보냈다. 자동판매기의 크래커로 배를 채우고, 서로를 부둥켜안은 채 플라스틱 의자에서 새우잠을 잤다. 잠에서 깼을 때는 지갑이 사라진 뒤였다.

"도둑을 맞다니요! 이 빌어먹을 형제애의 도시(필라델피아의 별칭)에서요!" 절망적인 이야기였고, 내가 들은 이야기는 단지 대강의 줄거리에 불과함을 깨달았다. 아이네즈는 밝은 아이였지만 쉼터에서 살면서 뚱하고 낯을 가리는 아이가 되었다. 그렇게 더럽고 시끄러운 장소에서라면 어떤 아이든 겁을 먹지 않을 수 없다고 그녀가 말했다. 밤새도록 여자들이 화장실을 들락거리며 떠들고 싸웠다. 월마트가 자신의 생각을 읽는다고 소리를 지르는 여자도 있었다.

"좋은 엄마가 되기 위해서는 도움이 필요해요. 저는 도움 받을 일이 아주 많아요. 그런데 무엇보다도 엔리케를 잊어야 해요. 아빠는 제가 일곱 살 때 집을 나갔어요. 엄마는 천사였지만 제가 열 살 때 돌아가셨죠. 이런 말을 하기 정말 싫어요. 창피해요. 그 여자, 그 사람 부인이요, 제가 그 여자 팔을 왜 밀쳤겠어요. 총이 발사되기를 바랐기 때문이에요. 그 여자 손에 죽었으면 했어요. 한순간이라도, 아이를 버릴 생각을 한 제가 나쁜 여자라고 생각하세요? 제가 그렇게 저질은 아니에요. 뭐라고 말씀 좀 해 주세요. 저에 대해 어떻게 생각하시는지 듣고 싶어요."

나는 내 생각을 말해 주었다. 그녀는 다른 많은 사람들이 평생에 걸쳐 겪는 고통보다 더한 고통을 불과 몇 년 만에 겪으며 살아남았다고. 나는 그녀의 강인함을 언급하지 않을 수 없었다.

"살아오면서 사람들이 저한테 온갖 말들을 했어요. 하지만 강하다는 말은 처음 들어요. 감사해요…. 그렇게 봐 주셔서. 한 가지 약속드리고 싶어요. 그래도 되죠? 저를 도와주세요. 그럼 저는 **아이를 돌볼게요.**" 그녀 옆의 빈 의자를 가리키며 그녀가 말했다. "그래 주실래요?"

생각할 겨를도 없이, 나는 그러겠다고 했다. 물론이고 말고.

나는 다음 약속에 아이네즈를 데려오라고 했고, 그녀는 안심하는 듯 보였다. 그녀는 "다음 약속시간을 적어 주세요. 더 이상 이촌스러운 도시를 참을 수 없다고 결심하지 않는 한 여기 올 거예요. 다음번에 제가 오지 않으면, 우리가 떠났다고 생각해 주세요."

그녀가 일어섰다.

나는 에밀리가 약속시간을 적은 카드를 반으로 접어 재떨이로 사용하는 모습을 보면서, 다시 그녀를 볼 수 있을까 싶었다. 차라리 그녀가 시카고행 버스를 타기를 원했더라면, 삶이 더 쉬워졌을지 모르겠다. 하지만 그와 반대로, 나는 이미 그녀에게 관심이 갔고, 아이가 걱정됐고, 둘 모두에게 어떤 끈을 느꼈다.

그리하여 결과적으로 나는 그녀, 에밀리를 위해 최선을 다하기로 했다. 에밀리라는 이름은 바로 그날 밤 생각이 났는데, 그럴 만한 이유가 있었다. 에밀리는 내가 바로 직전에 읽은 도리스 레싱(Doris Lessing)의 『생존자의 회고록』에서 어떤 여성의 문 앞에 버려진 소녀의 이름이다. 소설은 핵시대 이후의 어느 겨울이 배경으로, 여기서 사람들의 일상은 식량과 오염되지 않은 물을 찾아다니는 일로 채워진다. 청소년 갱단의 소년들은 생존자들을 노리며 거리를 배회한다. 어떤 정체불명의 남자가 여자아이를 데리고 화자의 집 앞에 나타나, "이 애는 당신 아이예요. 당신이 이 아이를 돌봐야 합니다."라고 말한 후 사라진다.

내가 그날 밤 어떻게 병원에서 퇴근했는지, 거리에 있는 중국식당에 어떻게 들어갔는지 기억이 나지 않는다. 또한 커다란 요리 한 접시를 시켜서 남김없이 먹은 것도 기억나지 않는다. 다만, 너무 배가 불러서 포춘 쿠키에 손도 대지 못하고 빈 접시를 바라보던 장면이 떠오르기 때문에 그랬다는 걸 알 뿐이다. 나는 처음으로 시도한 개인 사업이 실패로 돌아갔다는 상념에 잠겨 있었다.

에밀리는 내가 본 환자 중 가장 병들고 가장 무기력한 환자가 결코 아니었다. 입원 환자들을 치료하며 나는 구타당하고, 화상을 입고, 시설 계단에 버려진 아이들, 또한 자신도 어렸을 때 똑같은 경험 아니면 더 심한 경험을 한 부모로부터 야만적인 행위를 당한 아이들을 늘 보아왔다. 내가 멍해졌던 이유는 마음속에서 다른 종류의 환자를 생각하고 있었기 때문이었다. 이런 기막힌 반전을 어떻게 설명할 수 있을까? 도리스 레싱의 주인공은 선택권이 없었기 때문에 어린 에밀리를 받아들였다. 나는 선택권이 있었다. 혼선이 있었음을 설명하고 반대편 건물로 그녀를 안내하고 다시는 그녀를 보지 않을 수 있었다. 분명 나는 1980년대의 여성 사업가가 될 준비가 되어 있지 않았다. 언젠가는 그렇게 될 수도 있을 것이다. 지금 이 순간 나의 가장 중요한 관심사는 딴 데 있었다. 나는 에밀리가 나를 선택했듯 나도 그녀를 거의 의도적으로 선택하지는 않았을까 곰곰이 생각해 보았다. 내가 어떤 사람인지를 스스로 상기하기 위해서 말이다. 이런 생각이 도움은 됐지만, 그렇다고 나의 실망감과 극도의 피로감, 번 아웃에 대한 매우 현실적인 공포가 덜어지지는 않았다―덜어질 수가 없었다.

에밀리는 다음 약속에 나타났다. 그리고 그다음에도. 이후 14년간, 우리는 적을 때는 일주일에 한 번, 많을 때는 일주일에 아홉 번 만났다.

* * *

　다음 회기에 에밀리와 네 살 된 아이네즈가 시간에 맞춰 왔다. 아이는 나이보다 컸고 에밀리는 너무 작았기 때문에, 둘의 체격이 비슷하다는 인상을 주었다. 에밀리는 검은색 레깅스와 검은색 배기셔츠를 입고 있었는데, 헐렁한 상의에도 불구하고 체구에 비해 풍만한 가슴이 도드라졌다. 눈은 푸른 토파즈색으로 탈지유처럼 푸른빛이 감도는 창백한 안색과 어우러져 야한 느낌마저 주었다.

　아이네즈는 자기 엄마의 네거티브 필름 같았다. 검은 피부에 커다란 검은색 눈을 갖고 있었고 눈빛은 놀라 보이기도 하고 멍해 보이기도 했다. 아이는 타미힐피거 스웨트 셔츠에 앙증맞은 리복 운동화를 신고 있었고, 구겨진 흰색 리본으로 묶은 한 갈래 머리가 힘없이 늘어져 있었다. 아이는 엄지손가락을 빨고, 배를 문지르고, 엄마가 이야기를 하는 동안에는 정면을 빤히 바라봤다. 에밀리가 울 때마다 아이네즈도 울었다. 아이네즈는 감기가 심하게 걸렸고 결막염도 있는 듯 보였다. 에밀리는 아이를 의사에게 보이고 싶은 마음이 간절했지만, 신분증이 없어서 의료비 지원을 신청할 수 없었고, 일정한 주소가 없어서 아이의 출생 증명서를 요청할 수도 없었다.

　내가 처음 했던 개입은 첫 2년 동안 내가 했던 다른 어떤 개입만큼이나 도움이 됐던 것으로 판명됐다. 나는 에밀리만 계속 보기로 결정했고, 그럼으로써 에밀리는 나를 아이네즈와 공유하지 않아도 됐다. 나는 모녀를 선임 치료자와 두 명의 레지던트가 운영하는 집단에 의뢰했다. 이 집단에서는 2시간 동안 엄마들과 아이들이 함께 활동을 하고 이야기를 했다. 집단의 기본 전제는 곤란한 상황에 처한 엄마들은 아이와 함께 놀고 아이를 예뻐할 수 있는 능력 자체를 상실한다는 점이었다. 또한 각 집단은 어머니들만 따로 모아 서로 얘기하는 시간을 두었고, 그 시간 동안 옆방에서 레지던트들이 아이들과 함께 시간을 보냈다. 어머니들은 자신이 혼자만은 아니라는 사실을 알게 되었다. 이들은 사회복지사업을 어떻게 이용해야 할지 서로 도왔고 많은 사람들이 평생의 친구를 사귀었다.

한편, 에밀리는 개인치료에 진지하게 임하겠다는 자신의 의도를 분명히 했다. 때로는 너무 진지했다. 나는 환자들이 위기상황에 처했을 때 집으로 전화해도 상관하지 않는다. 에밀리는 늘 위기상황이었다.

> **월요일**: 적어도 한 번은 엔리케를 더 보려고 해요. 아이네즈를 데려가야 할까요?
> **화요일**: 어떤 사람과 담배 한 개비를 리브륨(신경안정제) 두 알과 바꿨어요. 처음 한 알은 긴장이 풀렸는데, 지금은 속이 울렁거려요.
> **수요일**: 아이네즈를 위탁가정에 보내는 게 나을까요? 어떻게 생각하세요?
> **목요일**: 더 이상 아이를 데리고 하루 종일 돌아다니지 못하겠어요. 너무 지쳐요. 그냥 죽고 싶어요.

치료의 첫 한 달 동안, 나는 에밀리와 작업하려면 나 자신을 잘 돌보아야 한다는 사실을 깨달았다. 나는 1주일에 한 번씩 별도의 추가 슈퍼비전을 받기로 했다. 몇 년 전에 내가 학생 신분으로 함께 일한 적이 있던 다른 과의 그레이스 슈트라우스 선생님께 전화를 드렸다. 에밀리는 내가 자신의 치료를 예전 선생님과 상의한다는 데 동의하는 문서에 서명했다.

그레이스는 50대의 여성으로 풍요로운 대지의 여신 중에 까칠하고 타협을 모르는 유형에 속했다. 30대로 보이는 핑크빛의 투명한 안색을 숱이 적은 은발머리가 감싸고 있었다. 키가 180cm가 넘었고 보통사람들보다 20kg 정도 몸무게가 더 나갔다. 패션 감각은 제로였다. 모든 옷에 술이나 리본이나 방울이 달려 있었다. 그녀는 영리하고 마음씨가 넉넉하고 뛰어난 유머감각을 갖고 있었다. 다른 치료자들에게 도움을 받지 못했던 사람들도 그레이스로부터는 도움을 받았다.

그레이스는 내가 어떻게 우연찮게 환자를 만나게 되었는지 이야기를 듣고 숨이 넘어가도록 웃었다.

"자, 그러니까 에밀리는 지금 노숙자이고, 열두 살에 고아가 됐고, 힘들어하는 네 살 된 딸이 있고, 최근에 사랑하는 남자한테 버림받았다는 거네요. 돈과 신분증은 도둑맞았고, 이 세상에 친척 한 명 없고, 이 도시에 아는 사람도 없고, 치료자는 고등학교 이후로 휴가다운 휴가를 가져본 적이 없고, 슈퍼바이저는 암에서 회복 중이고. 이건 뭐 엉망진창이네요, 데보라."

그레이스는 병원에 누워서도 치료와 슈퍼비전을 했다. 틀림없이 우리보다 더 오래 사실 게다.

"해 주세요, 선생님."

그녀는 그러겠다고 했다. 평소 슈퍼비전 비용은 50달러였다. 그녀는 25달러를 받겠다고 했다.

"시간당이에요. 1년 치가 아니라, 데보라."

"웃을 일이 **아니에요**, 선생님."

그녀는 조금 더 들어보더니 이렇게 말했다. "이런 환자는 1년이 아니라 10년 단위로 생각해야 해요."

놀랍게도 이런 엄청난 말은 안도감을 가져다주었다. 그레이스는 어릴 때부터 삶이 신산했던 환자들을 끝까지 치료해 본 경험이 많았다. 내가 시간을 들일 의향만 있다면, 이 경험을 딛고 살아남는 것 그 이상을 우리가 성취할 수 있을 것이다.

* * *

에밀리는 해줘야 할 것도 많지만, 바라는 것도 많아서 가끔은 너무 버거웠다. 하지만 그녀는 거부할 수 없는 사람이었다. 어느 날 밤, 그녀는 하던 이야기를 멈추고 다음과 같이 말했다.

"제가 규칙을 제대로 이해했다면, 치료는 대단한 일이에요. 제 말은, 저는 계속 제 얘기를 하고 박사님은 계속 들어주시잖아요, 그렇죠?"

"맞아요."

"박사님이 아무리 힘든 하루를 보내셨어도, 또 제가 딱히 특별한 이야기를 하지 않아도, 그래도 계속 듣고 계시잖아요."

"물론이죠."

"박사님은 자신의 문제는 얘기하지 않고, 제 얘기에만 귀를 기울여요."

"그… 렇죠."

"그게 좋아요."

"뭐가요?"

"**남자랑 데이트**하는 것 같아요."

이런 에밀리 얘기를 누군들 듣고 싶지 않겠나?

엔리케는 결국 미국을 떠났다. 그러나 그녀는 여전히 밤낮으로 그를 생각하고 있었다. 그녀는 비행기를 타고 도미니카공화국에 가서 딸의 존재를 인정하라고 그에게 애원하는 상상을 했다. 가끔은 그 사람 아내의 얼굴에 염산을 뿌릴까 생각도 했다.

엔리케를 만나기 전, 상실과 불운의 시절이 오기 전, 그녀는 행복한 아이였다고 그녀가 말했다. 그녀의 부모님은 화가 지망생으로 그녀를 낳기로 결정했을 때 둘 다 열여덟 살이었다. 철부지였던 그들은 자신의 부모들에게 반항했고, 특히 해병대였던 친할아버지에게 더 그랬다. 그들은 엘리베이터가 없는 5층에 살았고, 순번을 정해 식사를 준비하고, 그림을 그리고, 약물을 사고, 에밀리를 돌봤다. 그들은 대마초를 다량 피웠고, 그녀의 아버지는 20대 들어서는 필로폰을, 그다음에는 헤로인에 손을 댔다. 어머니는 발랄하고 애정이 많은 사람이었다. 에밀리는 엄마와 함께 몇 시간이건 인형놀이를 했던 기억이 있다. 그녀는 엄마가 그림 그리는 모습을 지켜봤고, 자신도 작은 캔버스를 받았다.

그녀가 다섯 살 때부터 문제가 시작됐다. 엄마가 우울해지기 시작했고 며칠이고 침대에서 일어나지 않았다. 에밀리는 1학년 수업 시간에 집에 있는 엄마를 걱정하며 울었던 기억이 있다. 부모님이 서로 치고받는 모습도 보았다. 그러다가 그녀가 일곱 살 때 아버지가 집을 나갔다. 중증 단핵증을 2년간 앓고 있던 그녀의 어머니가 어느 날 검사를 받으러 며칠간 병원에 입원했다. 에밀리는 친할머니 집에 1주일간 보내졌다. 그리고 다시는 엄마를 보지 못했다.

"정확히 어떻게 돌아가셨어요?"

"심장마비요. 아빠처럼 중독자는 아니었지만 그때쯤 이미 엄청난 양의 마약을 했고 체력도 형편없었어요."

에밀리의 할머니는 엄마가 사망했으니 아들이 돌아와 에밀리를 기르리라고 기대했다. 그러나 그런 일은 일어나지 않았다. 그녀의 아버지는 그녀가 열두 살 때 오토바이 사고로 사망했다.

다행히도 할머니가 계속 그녀를 돌봐 주었고, 또 다행히도 둘은 썩 잘 지냈다.

"박사님을 보면 할머니 생각이 나요." 에밀리가 말했다. "박사님처럼 가무잡잡하고, 잘 웃으셨어요. 이탈리아 분이세요. 박사님도 그렇죠? 어쨌든, 할머니는 엄마와 달리 조용하고 안정된 분이셨어요. 열네 살까지는 문제가 없었어요. 그러다 할머니가 저를 정신과 의사에게 보냈는데, 그 의사가 제가 경계선 성격장애라고 할머니에게 말했어요."

열네 살 때 에밀리는 면도날로 팔과 다리에 글자를 새기기 시작했다. 관심을 끌기 위해서였다고 말했다.

"그해에 정말 뚱뚱해졌고 그냥 제 자신이 비참했어요. 제가 10kg을 찌면 다른 사람 20kg처럼 찐 것처럼 보여요. 뚱뚱한 아이인 게 죽도록 싫었기 때문에 자해를 했다고 생각해요."

에밀리는 치료에서 잘하고 있었고, 어머니 집단에서도 역시 잘하고 있었다. 아이네즈는 쉼터에 자원봉사를 나온 내과 의사의 진찰을 받았다. 다시 먹기 시작했고, 다른 아이들과도 잘 놀았다. 에밀리는 전보다는 집에 전화를 덜했지만, 여전히 하루에 한 번은 나를 찾았다.

> **월요일**: 몸에 이가 생긴 것 같아요. 오늘 오전에 카우치에 앉았고 쿠션을 안고 있었으니 점검해 보시는 게 좋겠어요.
> **화요일**: 우리 옆에 있던 여자가 아이네즈를 칼로 찌르는 악몽을 꿨어요. 꿈 이야기를 해도 될까요?
> **수요일**: 어머니 집단의 어떤 여자가 자기 집에 와서 살래요. 괜찮을까요?

어머니 집단에서 에밀리는 네스타를 만났다. 그녀는 이란 출신으로 아이네즈 또래의 딸이 있었다. 네스타는 의사인 학대 남편을 피해 딸과 함께 쉼터를 찾았고 변호사의 도움을 받아 은행계좌가 풀리면 집에 곧 돌아갈 참이었다. 그녀는 아파트를 임차할 만한 여유가 있었지만 혼자 살기가 두려웠다. 네스타는 에밀리를 좋아했고 집단에서 에밀리가 '아름다운 영혼'의 소유자라고 말했다. 집단의 어머니들은 그들이 서로 돕는다는 생각에 찬성했다. 네스타가 가르치는 일을 하며 충분히 돈을 벌 수 있다면, 에밀리가 집에서 아이들을 돌볼 수 있고, 그러면 육아문제가 해결된다.

에밀리는 네스타의 종교적 신념이 마음에 걸렸다. 술, 마약, 동성애에 대한 네스타의 관점도 마음에 들지 않았다. 그러나 둘 모두와 딸들을 위해 아파트를 함께 빌리는 것이 최선임을 깨닫게 되었다. 며칠 지나지 않아 그들은 아파트를 구했다.

나는 더 안전한 환경이 되면, 그녀가 내게 전화를 덜 하리라 예상했다. 그러나 아니었다. 사실은, 연락도 없이, 두 번이나, 위기상태로 나타났다. 두 번의 깜짝 방문 모두 내가 데이트를 하려고 막 병원을 나가려던 밤 시간이었다. 나는 그녀를 잠시 만나줄 수밖에 없다고 느꼈다. 그녀는 충동적이었고 자기 자신이나 아이네즈를 해칠 위험이 있었다. 그녀는 아직 "다른 사람들처럼 박사님도 저를 버릴까 봐 두려워요. 제가 그럴 만한 가치가 있는 사람인지도요."라고 말할 수 없었다. 대신 그녀는 자신의 절망감을 행동으로 보여 주었고, 내가 진짜로 그녀를 포기하고 싶은 마음이 들 때까지 나를 밀어붙였다. 에밀리로 인해 덫에 걸렸다고 느끼지 않은 날이 하루도 없이 지나갔다.

> **금요일**: 아이네즈가 초콜릿 말고 다른 건 먹지 않으려 해요. 그냥 둬야 할까요, 아님 억지로 먹여야 할까요? 진짜 도움이 필요해요.
> **토요일**: 지난밤 제 전화에 답을 주지 않으셔서 조금 걱정이 돼요. 주말이라 외출하셨나 보죠? 돌아오시면 연락 좀 주세요.
> **토요일**: 점점 더 걱정이 돼요. 누군가 박사님을 대신할 사람 없이 시내를 벗어나지는 않으셨을 거잖아요. 이 메시지 들으시면 꼭 전화해 주세요.
> **토요일**: 으음, 아주 미칠 지경이에요. 박사님 전화가 계속 통화 중이네요. 저한테 질려서 더 이상 저를 보기 싫으시면, 그냥 말씀하세요. 꺼져 드릴게요.

그레이스의 권고는 이랬다.

"데보라, 눈코 뜰 새 없이 바쁘다는 걸 알아서 이런 말 하기는 싫지만, 에밀리는 일주일에 한 번 이상 치료를 해야 해요. 그녀는 자신이 아는 유일한 방법으로 요구를 하고 있어요. 이 사람은 '나는 여전히 여기 있어요. 당신을 잊어 버리지 않았어요.'라고 말로 해서는 안 되는 사람이에요. 그걸 직접 보여 줘야 해요. 지금 에밀리가 데보라를 믿는다면 바보죠. 에밀리는 그렇게 멍청하지 않아요. 어떻게 생각해요?"

"집에서 도망가고 싶다는 생각이요."

"나도 그런 경험이… "

"에밀리는 아마도 매일 이렇게 느끼겠죠. 무의식적으로 그러는 거고, 그러니 그녀가 어떻게 삶을 헤쳐나가고 있는지 제가 진짜 실마리를 찾아야죠." 내가 말했다.

"그녀를 맡다니, 데보라, 정말 대단해요. 우리 둘 다 진단명을 싫어하지만 열네 살짜리한테 왜 '경계선'이라고 했겠어요. 그런 농담도 있잖아요. 알죠? '경계선을 어떻게 치료해? 의뢰해 버려!'"

내가 싫어하는 온갖 진단명 중에서도 '경계선 성격장애'라는 용어는 유독 심란하다. '경계선'이라는 단어는 초점을 흐리고 완곡하게 표현한다는 느낌을 준다. 경계선 진단을 받은 많은 젊은 여성들이 차라리 자신들을 그냥 '또라이' 아니면 '미치광이'라고 부르라고 말한다. 나중에 에밀리가 말하길, 자신은 진짜 그 명칭이 싫었다며 내게 그 이유를 설명해 달라고 했다.

이 진단을 주제로 많은 글들이 쓰였다. 이것은 실제로 존재하는 병인가? 그렇다면 치료는 가능한가? 병인과 예후에 관해서는 어떤 말을 할 수 있는가?

'경계선'은, 심리적 측면에서, 정상/신경증과 정신병 사이 어딘가에 있는 사람들을 기술하기 위해 임상가들이 사용하는 용어이다. 신경증적인 사람들은—우리들 대부분이 그럴진대—갈등과 증상을 갖고 있지만 대부분의 시간 동안 좋았다 나빴다 하며 일하고 사랑할 수 있는 기능을 유지한다. 정신병적인 사람들은 일하고 사랑할 수 있는 기능을 대개 상실한다. 정신병적인 상태가 되면, 주로 자신의 일부하고만 관계를 맺는다—혹은 자신의 연장선으로서의 세상과만 관계를 맺는다.

'경계선'이라는 명칭이 붙는 사람들은 세상에서 기능은 하지만 세상 그리고 다른 사람들과의 관계가 심하게 손상되어 있다. 이들은 자기파괴적이고 충동적인 경향을 보인다. 에밀리는 자해의 과거력이 있고, 몇 달 전에는 자신을 피하려고 갖은 애를 쓰는 남자를 만나려고 편도행 버스표에 가진 돈을 다 써 버리는 결정을 했다. 이런 행동들은 전형적인 '경계선적' 행동이라 할 수 있다. 경계선의 병인은 초기 부모-자녀관계의 심각한 손상이라고 알려져 있다. '신경증'의 핵심단어가 '갈등'이라면, '경계선'의 핵심단어는 '결핍'이다. 말하자면, 신경증적인 사람들이 자기와 타인의 요구 사이에서 타협점을 찾는 데 어려움을 겪는다면, '경계선적인' 사람들은 자기를 갖는 일 혹은 자기 자신이 되는 일 자체가 곤란한 사람들이다. 말할 나위도 없이, 이 진단을 받은 사람들은 성인으로서 관계를 맺는 데 어마어마한 문제를 보인다. 이런 이유로 일부 전문가들이 심리치료는 신경증적인 사람들에게만 효과가 있다고 믿는 것이다. '경계선'들은 치료자를 신뢰하지 못하며 따라서 조력자를 고용했다가 해고하기를 반복하리라고 사람들은 말한다. 이런 환자들은 치료자가 제공하는 일관성과 보살핌이라는 '새로운 계약'을 받아들이지 못한다. 늘 내면에 자리 잡은 거절하는 부모에 반응하기 때문이다.

내 생각은 이랬다. 에밀리는 충동적이고, 단단한 자기감각을 형성시켜 줄 만한 환경을 박탈당했다. 그녀는 치료적 동맹을 맺을 수 있는 능력이 남아 있음을 보여 주었다. 그녀는 거부당했고 버림받았다. 맞다. 그러나 어머니 그리고 특히 친할머니와 이만하면 좋은 경험을 어느 정도 갖기도 했다. 이를 토대로 우리가 쌓아나갈 수 있을까? 어떤 일이 벌어지더라도 내가 기꺼이 감당하고자 한다면, 그녀가 계속 치료에 머무를 수 있을까?

대부분의 경우 나는 에밀리에 대한 나의 감정을 다스릴 수 있다고 느꼈지만, 그녀의 공격을 냉소로 되돌려 준 적도 있었다. 한번은 에밀리가 내가 자신에게 해 주는 것이 얼마나 없는지 말하고자 했다. 그러면서 체육관이나 다이어트센터에서 시간을 보냈더라면 더 나았을 거라고 우겼다. 나는 그녀의 말을, 내가 얼마나 자신을 신경 쓰고 있는지 묻는 질문으로 해석하는 대신 이렇게 내뱉었다. "아이네즈를 다치게 할까 봐 겁이 나면, 체중 감량 회사에 연락해 보는 게 어때요?" 나는 창피했다.

그레이스는 자신은 환자에게 더 멍청한 말도 했다며 나를 안심시켰다. 그러면서 위니컷의 명논문인 「역전이에서의 증오」를 다시 읽자고 제안했다.

위니컷이 이만하면 좋은 엄마를 '유아와 애증의 관계를 솔직하게 맺을 수 있는 엄마'라고 정의했다는 사실은 유명하다. 그는 상당히 유사한 방식으로 이만하면 좋은 치료자라는 말을 썼다.

'솔직함'은 분명 정의상 조작적 용어이다. 이는 감정을 모른 척하거나 부인하지 않고 인정하는 것이 얼마나 중요한지를 말해 준다. 아이를 미워하는 엄마 혹은 엄마가 된 자신을 미워하지만 이런 감정을 참을 수밖에 없는 엄마는 그런 감정을 숨기기 위해 무수히 많은 파괴적인 일들을 할 수 있다. 예를 들어, 자신을 벌주기 위해 아이를 더 낳거나, 주변사람들에게 어떤 감정도 표현하지 못하게 하거나, 혹은 자살을 시도하기도 한다. 특정한 환자에게 경험하는 사랑과 증오의 결합을 견디지 못하는 치료자는 여러 가지 해로운 행동을 할 수 있다. 예컨대, 약속을 잊어버리거나 지각을 해서 결국 환자가 그만두게 만든다거나, 증오를 덮어버리기 위해 환자의 요구를 일일이 다 들어준다거나, 화내는 말을 하며 행동화한다. 위니컷은 양가감정이 불가피함을 받아들일 수 있는 엄마들(그리고 유사하게 치료자들)은 이를 부인하는 사람들보다 해를 끼칠 가능성이 훨씬 적다고 주장했다.

그레이스는 열네 살의 에밀리를 만났던 치료자가 뾰로통하고 화가 난, 아마도 경계선적인 십대였을 에밀리에 대한 미움을 제대로 다루지 못해 3회기 만에 그녀를 잃었으리라 추측했다.

이 지점에서 그레이스(그리고 간접적으로 위니컷)가 나에게 제공해 주었던 버텨 주는 환경으로 인해, 나 역시 나의 환자에게 같은 환경을 제공해 줄 수 있었다. 나는 다시금 에밀리에게 따뜻한 마음과 호기심을 느낄 수 있었고, 에밀리는 (1회기에 1달러라는 현재의 비용으로) 약속을 더 잡자는 제안을 덥석 물었다. 이로써 느닷없는 방문이 없어졌을 뿐 아니라 위기전화의 횟수도 줄어들었다.

에밀리가 자신의 가장 비통한 이야기를 자세히 말해 주던 때가 일주일에 두 번씩 만나기 시작하던 이즈음이었다. 소녀시절 그녀는 대학에 가서 교사가 되려는 꿈을 갖고 있었다. 그러나 할머니가 돌아가시자 모든 것이 산산조각 났다. 에밀리가 고등학교 1학년 때였다. 에밀리와 할머니는 함께 TV를 보는 습관이 있었고 그러다가 종종 할머니의 큰 침대에서 잠들어 버리곤 했다. 어느 토요일 아침, 잠에서 깬 에밀리는 자기 옆에 미동도 없이 차갑게 누워 있는 할머니를 발견했다. 자신이 알아야만 하는 사실이 사실임을 받아들일 수 없었던 에밀리는 다시 침대에 몸을 누이고 생각에 잠겼다. 실은 다시 잠이 들었고 꿈을 꾸었다. 꿈에서 그녀와 할머니는 스키를 타고 있었다. 하얀 눈밭에 태양이 작렬하고 있었고 할머니는 "에밀리, 안에 들어갈 시간이다. 너무 춥구나."라고 말했다. 그녀는 두 번째로 깼고, 가능한 한 바짝 할머니 옆에 붙어 누웠다.

마침내―10분이 지났을까, 2시간이 지났을까―그녀는 몸을 구부려 기계적으로 파란 수화기를 들고 911 다이얼을 돌렸다.

"할머니는 동맥류 파열로 평화롭게 돌아가셨어요. 적어도 고통은 겪지 않으셨죠. 죽을 수 있는 완벽한 방법이었어요, 할머니 입장에서는요. 하지만 제 기분이 얼마나 처참했는지 박사님은 상상도 못 하실 거예요. 얼마나 무서웠는지. 이 세상에 철저히 저 혼자였어요. 저한테 신경 쓸 사람이 단 한 명도 없었어요. 눈을 감고 아무 생각 없이 숨을 쉬지 않으려고 노력했어요. 하느님이 저도 데려갈 수 있게요. 그때가 마지막 기도였어요. 루에프니츠 박사님, 신은 없어요. 만약 신이 있다면, 그때 거기서 제가 죽었을 거예요."

장례식이 끝난 후, 학교 친구의 부모님이 에밀리를 집에 데려가겠다고 나섰다. 그녀는 가족의 일원으로 환영받았고 학교를 계속 다닐 수 있었다. 그러나 그녀는 가족의 일원이 아니었고, 이를 너무나도 예리하게 느꼈다. 그들은 에밀리를 위한답시고 잘해 주었지만, 그녀는 다른 아이들이 하듯 한계를 시험하고 자신이 여전히 사랑받을 수 있음을 배울 수 없었다. 그녀는 사랑받지 못했다. 에밀리는 자선의 대상이었다.

"집 안의 물건을 훔치기 시작했고, 그들이 실은 나를 원치 않는다는 사실을 증명하기 위해 밤새도록 집에 안 들어갔어요. 그들은 저를 내쫓을 수밖에 없었죠."

가족은 지역 목사님께 에밀리에 관해 얘기했고, 목사님은 그녀를 만나 집에 가자고 했다. 목사님은 젊은 사람이었는데 사람들에게 자신을 '그렉'이라고 부르라고 했다.

"그는 제 숙제를 도와주었지만, 저를 점점 더 친구처럼 대했어요. '우리 잠옷 입고 TV 교육프로그램 보자.'라고 말하곤 했죠."

이런 장면은 곧 TV 앞에서 뒹구는 의례적인 일로 이어졌고, 결국 그는 자신의 자위행위에 에밀리를 끌어들였다.

"처음에는 좋았어요. 그 남자는 잘생겼고 냄새도 좋았어요. 제가 존스 가족에게 했던 일을 생각하면 저를 받아줄 수 있다는 사실 자체가 놀라웠죠. 나중에는 그냥 구역질이 났지만, 아무 말도 할 수 없었어요. 삼촌이 저한테 무슨 짓을 하려고 했던 적이 있는데, 그때는 제가 그냥 나와 버렸어요. 하지만 그렉은…. 제가 도망간다면 어디로 가겠어요?"

아무도 말할 사람이 없었다. 그녀는 경찰이 자기 말을 들어주지 않으리라 확신했다. 그녀는 몇 차례 도주를 시도했고, 목사님 그렉은 사회복지과에 연락을 할 수밖에 없었다. 에밀리는 고등학교의 마지막 해를 위탁가정에서 보냈다.

위탁양육은 종종 노숙으로 가는 마지막 단계이다. 보살펴 주는 유능한 위탁부모가 존재하지 않기 때문이 아니다. 많은 위탁가족이 과부하 상태에서 단지 돈 때문에 아이들을 받아들이기 때문이다. 어린 친구들 역시 위탁가정에 보내졌을 때는 자신이 맨 밑바닥까지 떨어졌음을 알며, 그에 맞게 행동하기 시작한다.

에밀리는 고등학교를 마치자고 결심했지만, 그녀를 맡는 위탁부모마다 진저리를 치게 만들며 여러 위탁가정을 전전했다. 위탁엄마가 그녀에게 '게으르다'고 했던 어느 날 저녁, 에밀리는 문이 열려 있는 어떤 자동차에서 밤새 머물며, 그녀가 말하는 '첫 번째 자유의 맛'을 봤다. 고등학교를 졸업한 그해 여름은 유난히 따뜻했고, 그녀는 공원에서 별들 아래 잠을 잤다. 더 이상 위탁엄마도, 젠척하는 사회복지사도, 징그러운 삼촌도, 자위를 하는 목사도 없었다. 에밀리뿐이었고, 새로운 거리의 친구들은 낮에는 잔돈을 구걸하고 밤에는 시카고 하이드파크에서 먹을 것을 나누었다. 그녀는 당시를 향수에 젖어 이야기했다.

"아이가 있을 때 노숙자로 살면 끔찍해요. 하지만 제 혼자 힘으로 살던 시카고 시절이 좋았어요. 낮에는 도서관이나 서점에서 시간을 보낼 수 있어요. 그 안에 딸린 식당에 가면 늘 누군가 남겨 놓은 프렌치 샌드위치 반쪽이나 당근 케이크 조각이 있었죠. 그곳이 문을 닫고 밖이 추워지면 쉼터에 들어가서 잠을 자요. 미친놈들이나 후원자들이 못살게 굴면 밖에 나가서 몸이 냉골이 될 때까지 자유를 즐겨요. 미친 소리처럼 들리겠지만, 거리에는 나름의 리듬이 있어요. 제 말을 이해하시겠어요?"

포큐파인의 생활. 실제 상황이다.

나는 어느 여자의 집 계단 앞에 버려진 소설 속 인물을 따라 그녀의 이름을 지었다. 그러나 지금 나의 환자는 다른 에밀리를 떠올리게 했다. 그 다른 에밀리는 "영혼은 스스로의 사회를 선택한다…."고 썼다.

'엠허스트의 미녀'에서 그 에밀리는 다음과 같이 썼다.

나는 살아있다—그 이유는
집이 없기 때문이다—
내 이름으로 된—딱 맞는—
오직 나한테만 맞는—

에밀리 그린의 자유에 대한 사랑을 알게 됨으로써, 나는 네스타와 그들의 딸들이 함께 시작한 그녀의 다음 단계의 생활을 이해할 수 있게 되었다. 안전한 동네에 있는 아파트는 따뜻하고 가구가 잘 비치되어 있었다. 네스타는 너그럽고 다정했다. 에밀리가 고마워하지 않은 건 아니었다.

"더 나아요." 그녀는 간결하게 말했다. "극락이라고 말할 수는 없어요."

에밀리는 네 살 된 아이 하나만으로도 벅찼다. 아이 둘은 두 배 그 이상이었다. 이제 그녀는 전화를 더 자주 했고, 이는 자기 소유의 전화가 생겼기 때문만은 아니었다.

월요일: 라지가 무슨 가루를 삼켰는데, 아마 세제이거나 독이거나 뭐 그런 것 같아요. 박스에는 페르시아어가 쓰여 있어요. 아이 엄

마한테 전화가 안 돼요. 어떻게 해야 하죠?

화요일: 맙소사, 오늘 아이네즈를 때렸어요. 때리는 게 너무 좋아서 멈추고 싶지 않았어요. 아이를 죽일까 봐 화장실에 저를 가둬 버렸어요. 지금 당장 얘기를 해야 해요.

수요일: 어제 제 얘기를 들어줘서 감사해요. 오늘은 차분해졌어요. 그런데 어제 박사님께서 제가 이해할 수 없는 말을 하셨는데, 그게 뭔지 기억이 나질 않아요. 오늘 전화 좀 해 주실래요?

수요일: 신경 쓰지 마세요. 전화 안 하셔도 돼요. 저 혼자 해결할게요.

목요일: 어제 전화 주셔서 감사해요. 소리 질러서 죄송하고요. 도망가고 싶어요. 약을 주실 수 없나요? 가능하다면, 오늘 이 문제를 얘기하고 싶어요.

사실을 말하자면, 당시에는 시중에 효과적인 항우울제가 없었다. 에밀리의 의사는 저용량의 바륨을 처방해 주었는데, 약을 먹으면 최악의 처참한 기분에서 조금 벗어나게 해 주는 듯 보였다.

이때 나는 그녀가 밉지는 않았지만 극도의 환멸을 느꼈다. 아파트를 함께 쓰면 상당히 도움이 되리라 생각했었는데, 그러기는커녕 그녀는 전보다 더 우울해졌고 초조해졌다. 하루 종일 집에 있는 삶은 거리의 생활과 극명한 대비를 이루었다. 한때는 너무 잦은 이동을 하며 살았다면, 지금은 참을 수 없을 만큼 너무 한곳에만 머물렀다. 아이 둘이 소리를 지르는 상황에서 독서나 전화통화는 불가능했다. 그저 TV를 보거나 군것질을 할 뿐이었다.

하루 중 가장 재미있는 시간은 로드 설링의 〈나이트 갤러리〉

재방송을 볼 때였다. '죄를 먹는 사람'이라는 제목의 꼭지를 방송할 때는 전화 메시지를 남기기도 했다. 그녀는 무서운 이야기를 좋아했지만, 이 이야기는 정말로 역겨웠고, 내가 그 방송을 본 적이 있는지 알고 싶어 했다. 나는 이 전화에 대해서는 연락을 하지 않기로 결정했다. 중요한 주제라면, 회기 중에 다시 얘기가 나올 것이다.

도망치고 싶은 마음이 때로 너무 컸기 때문에, 에밀리는 딸을 잃을까 봐 가장 두려워했다. 그레이스와 나는 이 문제를 처음부터 상의해 오고 있었다. 에밀리가 아이 둘 중 한 명을 멍들게 하는 일이 벌어진다 해도 놀랄 만한 상황이 아니었다. 그러나 에밀리는 자신이 그럴 수도 있음을 알고 이성을 잃기 전에 반드시 나한테 전화를 하겠다고 결심했다. 사태를 미연에 방지하기 위해 아이네즈를 위탁가정에 맡긴다면 더 폭력적인 선택이 될 것이다.

"상황이 바뀌었는데도 나아지지가 않아서 실망했죠." 그레이스가 위로해 주었다. "데보라, 가정주부가 돼본 적이 한 번도 없죠? 살림을 하다 보면 많은 여자들이 미쳐 버려요." 주부들은 집에 머물지 않는 여성에 비해 우울, 흡연, 비만의 비율이 더 높다고 그레이스가 알려주었다. 거리를 떠나기로 결심한 많은 노숙여성들이 거주지에 머무는 첫해 동안 9kg에서 11kg가량 체중이 증가한다는 사실을 나는 나중에야 알았다. 그레이스는 아이들이 학교에 가면 상황이 나아지리라 예측했다. 이는 사실이었다.

아이네즈가 1학년이 되자 아이가 아빠에 대해 물어보기 시작했다. 때문에 에밀리는 마음이 매우 아팠다. 엔리케를 더 이상 사랑하지는 않지만 아직 미운 마음이 없어지지는 않았다. 딸에게 뭐라고 얘기해야 할까?

　나는 딸과 함께 상담실에 와서 이야기를 하자고 했다.

　　아이네즈: 왜 그를 보거나 전화할 수 없어요?

　　에밀리: 그 사람 아내가 우리를 원치 않아서야. 아내에게 우리 이
　　　　　야기를 하지도 않았어. 둘은 오랫동안 떨어져 살았지만
　　　　　다시 합치기로 했어.

　　아이네즈: 마녀나 뭐 그런 거예요, 엄마?

　　에밀리: 마녀냐고? 사실은 그 여자를 잘 몰라. 엔리케가 자기 아
　　　　　이들을 돌보기 원했기 때문에 그날 밤 그렇게 난리를 쳤
　　　　　다고 생각해. 아이들을 위해 싸웠던 거지, 내가 너를 위해
　　　　　싸우듯이. 엄마들은 다 새끼를 지키려는 사자 같아.

　　아이네즈: 새아빠가 생기나요?

　　에밀리: 모르겠어. 중요한 사실은 우리가 가족이라는 거야. 나는
　　　　　늘 너를 사랑할 거야, 영원히. 네스타와 라지도 너를 사
　　　　　랑해.

　나는 에밀리에 대해 몹시 짜증이 난 상태에서 많은 시간을 보냈
다. 그러나 그녀의 일관성 있고 분명한 태도에 깜짝 놀랄 때도 있
었다. 나는 에밀리와 아이네즈가 서로 포옹하며 얘기하는 모습을
지켜봤고, 이 어머니와 딸을 위한 멋진 장면을 상상했다.

　"에밀리, 방금 든 생각인데, 아이네즈를 딸로 두다니 얼마나 운
이 좋은 엄마예요. 정말 똑똑하네요. 아주 사랑스럽게 질문을 하
네요. 아이가 원할 때 또 이렇게 질문을 해도 될까요?"

"아이네즈는 뭐든 아무 때나 물어볼 수 있어요. 아이도 제가 얘기하기 좋아한다는 걸 알아요. 얘기하고 또 얘기하고."

"아이네즈, 지금 기분이 어떠니?"

"좋아요."

"이런 엄마를 두다니 행운아구나."

"엄마와 제가 금메달감이에요?

"그럼! 자랑스럽구나."

사실 정말 그랬다.

* * *

두 아이가 모두 학교에 가자, 에밀리는 작은 식당에서 일을 하기 시작했다. 거기서 그녀는 잘생긴 베트남 참전용사 지미를 만났다. 그가 자신에게 추파를 던지자 그녀는 흥분했고, 그가 "아침에 소시지는 그만 먹는 게 좋겠어. 살찐 여자들은 싫거든."이라고 말하자 각성을 했다.

에밀리는 '가정주부'로 있으면서 체중이 5kg 넘게 불었고, 다이어트를 시작할 즈음에는 3kg가 더 쪄 있었다. 그녀는 고등학교 때부터 몸무게와 씨름을 해왔고, 거의 항상 자신은 매력 없고 비율이 맞지 않고 심지어 기형적이라고까지 느꼈다. 지미에게 한마디 들은 날, 그녀는 '고강도 다이어트'에 돌입했다. 네스타와 아이들을 위해서는 미트로프와 감자를 사갖고 갔고, 자신은 식탁에 앉아 오렌지 한 개를 먹었다. 살이 빠지는 자신의 모습을 바라보며 그녀는 행복감에 젖었다. 사람들이 그녀를 보고 '연약하고' '비쩍 마른 부랑아' 같다고 말하기 시작했다. 나는 도통 이해가 되지 않았다. 예전에 거리를 떠돌던 사람이 남자의 마음을 얻기 위해 떠돌이처럼 보이려고 기를 쓰다니.

"사람들은 다 비슷해. 다른 사람들보다 더 이상하다고 할 만한 그런 부류는 없어. 살아보니 그렇더라고." 그레이스가 말했다.

나는 이 말을 이해했고 에밀리의 결심이 무엇인지도 충분히 알았지만, 그럼에도 굶어가며 하는 그녀의 다이어트에 문제를 제기했다.

"이런 짓을 하다니 여자들이 미쳤죠, 알아요!" 에밀리가 동의했다. "하지만 지미에게 고마워요. 동기가 되어 주었으니까요."

지미는 내가 할 수 없을 무언가를 그녀에게 해 주었다. 다이어트를 시키고 채찍을 휘둘렀다. 이는 의심할 여지없이 자신을 돌봐 주는 아버지와 어머니로부터 훈육을 받고 싶은 그녀의 갈망을 보여준다. 어떤 치료자들은 환자들이 강박적인 섭식을 멈출 동기를 갖게 하려고 애쓴다(그리고 대개는 실패한다). 다른 치료자들은 여자들에게 마른 몸매를 지나치게 강조하는 문화적 분위기를 감안해서, 체중 문제를 아예 언급하지 않기도 한다. 심리치료에서 할 수 있고 또 해야만 하는 작업은 증상성 섭식에 관한 대화를 계속 이어가는 일이다. 그런 행동의 기원, 부침, 외현적인 만족감과 숨겨진 만족감.

에밀리는 섭식 문제를 이야기하는 데 동의했다. 그녀는 처음 다이어트를 시작했던 연도와 달을 기억하고 있었다. 여자 친구들끼리 주중 내내 굶다가 주말에 폭식을 하는 모험을 감행하기로 하면서 시작됐다. 어떤 아이들은 토하는 방법을 배우기도 했다.

우리는 수개월간 섭식과 신체상에 관한 작업을 했다. 그리고 이 기간 동안 에밀리는 반복되는 악몽을 보고하였다. 꿈에서 그녀는 어딘가를 가고 있었다. 학교일 때도 있고, 직장일 때도 있고, 나를 만나러 올 때도 있었다. 그리고 가는 길에 '어떤 역겨운 것'을 건너야 했다. 그것은 먼지더미일 수도, 배설물일 수도, 토사물일 수도 있고, 셋을 합친 것일 수도 있었다. 하지만 늘 정사각 혹은 직사각 형태의 '매트' 같았다. 처음에 그녀는 어떤 연상도 하지 못했다. 나에게는 그녀의 노숙자 시절, 그리고 그녀가 잠을 잤던 지저분한 장소가 연이어 떠올랐다. '매트'라는 단어가 너무 자주 나와서 나는 결국 '매트'에 대해 할 수 있는 이야기는 무엇이든 말해 보라고 했다. 특별한 의미는 없다고 했다. 그냥 평범한 물건이다. 다만 삼촌의 이름이 매트였다. 알코올 중독자에 한심한 백수였던 이 남자는 친할머니 집을 들락거리며 살았고, 그녀가 고등학생일 때 몇 차례 그녀의 몸을 더듬었다. 에밀리는 밀쳐 버렸고 이를 목사가 자신에게 한 행동과 비교했었다. 결국 매트는 두어 차례 그녀의 가슴을 움켜쥐었고 자기 손을 그녀의 바지 속에 집어넣었다. 그녀가 치우라고 하자 그는 그렇게 했다. 의식적으로는, 별일이 아니었다. 그가 그녀를 위협하지도, 쫓아다니지도 않았고, 그러는 와중에 사이가 나빠지지도 않았다.

그렇기는 했지만, 그는 삼촌이고 그녀는 아버지 없는 아이였다.

"그 사람이나 그 사람에 대한 감정에 대해서 더 말해 볼래요?" 내가 물었다.

그녀의 기억으로, 처음에는 삼촌이 궁금했다. 혹시 아버지에 관해 말해 주지 않을까 싶었고, 자신에게 관심을 가져주지 않을까 하는 기대도 있었다. 하지만 그는 그녀를 TV 앞을 가로막고 늘 먹기만 하는 성가신 존재로만 여기는 듯했다.

"그 사람은 나를 빵빵한 비행선, 뭐 그런 식으로 불렀어요. 내 몸에 손을 대고 싶어 했을 때 너무 놀랐죠."

그녀의 몸무게가 걷잡을 수 없이 불었던 시기가 바로 그해였다. 그녀는 식빵 한 봉지를 다 먹고 캔에 든 초콜릿 프로스팅을 계속 먹었다. 옷이 맞지 않아 미어터지는 모습을 보고 할머니가 기절초풍했다. 할머니가 폭식을 금지시키자 에밀리는 면도날로 팔과 다리를 긋기 시작했다.

에밀리는 자신이 살이 쪘기 때문에 우울해졌다고 늘 믿고 있었다. 거꾸로 생각해 본 적은 한 번도 없었다. 우울했기 때문에 살이 쪘던 거라고. 그리고 자신의 행동을 '역겨운 매트'와 연결시켜 본 적도 없었다. 의식적으로는 자신과 삼촌 사이에 벌어진 일이 별거 아니라고 생각했다. 그녀의 꿈은 다른 이야기를 들려주고 있었다. 그녀의 발밑은 여전히 엉망진창이고, 그녀가 원하는 많은 것들을 가로막고 있었다. 교육, 생계, 조력 등을.

나는 할머니에게 매트에 대해 얘기했냐고 물었다. 그 일은 1960년대에 일어났고 당시는 사람들이 그런 주제를 드러내 놓고 말하지 않던 시절이었음을 에밀리는 내게 상기시켰다. 그때는 〈오프라 윈프리 쇼〉가 없었다. 아이들에게 '좋은 손과 나쁜 손'을 구별하라고 가르치지도 않았다.

"그리고, 이상하게 들릴지도 모르지만, 할머니한테 말하고 싶었다 해도 어떻게 말해야 할지 몰랐어요. 그런 말을 할 수 있는 단어가 없었다고나 할까요, 믿지 않으시겠지만."

나는 믿는다! 7년에 걸쳐 임상심리학 박사학위를 따는 동안 나는 '성적 학대' 혹은 '근친상간'이라는 문구를 들어본 적이 없다. 이후의 연구에 따르면, 소녀들이 18세가 될 때까지 대략 6명에 1명 꼴로 성인과 원치 않는 성적 접촉을 갖는다. 이런 현상은—대개는 여아와 남성 가해자 간에—도처에서 일어나며, 여성운동이 무언의 규칙을 깨기 전까지는, 우리 사회가 알려고도 하지 않던 어떤 것이었다. 대중매체가 이를 다룬 지 2년도 채 안 되어, 사람들은 '그런 주제에 넌더리가 난다.'고 불평하며, 생존자들을 마녀사냥을 당한다고 징징거리는 사람으로 취급하기 시작했다.

치료에서 이런 주제를 다룬다고 해서 에밀리의 섭식장애가 단번에 고쳐지지는 않았다. 그녀는 이제 몸으로 말하는 데 익숙해져 있었다. '지미 덕'에 감량했던 9kg은 곧 다시 쪘다. 다시 살이 찌자, 지미와 멀어진 느낌이 들었고, 사랑의 감정도 약해졌으며, 쉽게 불안정해졌다. 그녀가 갑자기 살이 찐 또 다른 이유는 네스타한테 토하는 모습을 들켰고, 그때 네스타가 창피를 주었기 때문이었다. 에밀리는 들키지 않으려고 더 조심했지만, 폭식증이 시작되고 몇 달 뒤에 변기가 막혀 버렸다. 네스타는 만약 멈추지 않는다면 함께 사는 것을 다시 생각해 봐야 할지도 모르겠다고 말했다.

에밀리는 최후통첩이 통할 사람이 아니었다. 그녀는 네스타의 말을 듣자마자, 자기가 알고 있는 거리의 사람들이 집에 사는 대다수의 사람들보다 더 친절하고 지혜롭다고 되받아쳤다. 네스타가 원하기만 한다면 언제든 떠날 것이다.

이런 이야기를 듣자 나는 조만간 에밀리가 정말로 집을 나왔다는 전화를 하지 않을까 조마조마했다.

"그 성차별주의자가 나한테 역겹다고 말하게 내버려 두지 않겠어요." 에밀리가 말했다. "나도 네스타를 많이 좋아하고, 네스타의 아이도 내 아이만큼이나 아껴요. 하지만 역겹다는 말을 들을 수는 없어요…."

전이라는 개념은 치료자-환자 관계에만 국한되지 않는다. 에밀리는 네스타를 자신을 버렸던 다른 모든 사람들, 즉 위탁부모, 목사, 엔리케를 대신하는 사람으로 만들어 버리고 있었다. 많은 사람들이 에밀리에게 질렸었고, 마침내 에밀리는 되받아쳐 줄 기회를 잡고 있었다. 나는 네스타가 진심으로 에밀리를 걱정하고 있으며 에밀리 자체가 아니라 에밀리의 행동을 역겹게 느끼는 거라고 설명해 주었다. 그리고 만약 네스타의 말이 맞는 소리가 아니라면, 에밀리가 그런 식으로 반응하지도 않았을 것이다. 에밀리 스스로 자신이 역겹다고 믿고 있었다. 그리고 바로 이런 믿음을 우리가 바꾸어야 한다고 말해 주었다. 그녀는 착하고 사랑스러운 사람이며, 멋진 엄마이고, 많은 사람들이 호감을 느끼는 사람이다. 나는 그녀에게 어떻게 생각하냐고 물었다.

"박사님이 저한테 좋은 이야기를 해 주면, 첫 번째로 드는 생각은 '닥쳐요, 지금 나를 놀리고 있잖아요.'라는 말이에요."

"두 번째 생각은요?"

"두 번째 생각은 이거죠. 계속 말해 주세요. 저는 친절한 사람이 좋아요. 여기 온 첫날 박사님이 저를 '강한 여자'라고 했던 기억이 나요. 맙소사, 그 말을 듣고 살고 싶어졌다니까요. 박사님은 저를 대견해 하셨죠."

이런 작업을 몇 개월 하면서 체중 조절을 위한 에밀리의 구토가 중단되었다. 그녀는 마치 각별히 도움을 주던 친구를 잃은 양 구토 증상이 사라진 사실을 애석해했다. 구토는 별도의 노력 없이 살이 찌지 않게 해줌으로써 그녀에게 위안을 가져다주었었다. 그럼에도, 다른 생각이 결국 승리했다. 자신의 딸은 자신이 그랬듯 음식에 집착하게 만들고 싶지 않다. 그리고 그렇게 더러운 흔적을 남기게 해서, 가해자들이 이기게 놔두지는 않겠다고 그녀는 굳게 결심했다.

* * *

에밀리와의 관계가 편하고 협조적으로 느껴지던 몇 개월 정도의 시간이 지나갔다. 3년 혹은 4년 차에 접어들어서는, 그녀를 더이상 내 문 앞에 버려진 아이로 생각하지 않게 되었다. 2년 차에는 그녀가 자발적으로 치료비를 올리기도 했다. 시간당 10달러로, 그다음에는 20달러로.

그녀의 전 집주인이 마침내 보증금 200달러를 돌려줬을 때, 새로운 형태의 역전이 문제가 불거졌다. 에밀리는 자신이 빈털터리이며 크리스마스 선물은 고사하고 발바닥 통증에 필요한 아치 지지대도 사지 못한다고 불평했었다. 보증금을 돌려받자, 그녀는 아이네즈에게 유명 브랜드 드레스를 사주는 데 150달러, 바비인형 옷을 사는 데 40달러를 거침없이 썼다. 나머지 10달러는 소품들을 사는 데 썼다. 그러더니 값싼 아치 지지대 한 짝도 못 산다며 자기 신세를 한탄했다. 네스타와 라지에게 줄 크리스마스 선물을 사려면 돈을 빌려야만 했다.

나는 그녀의 대책 없는 소비에 화가 치밀었다. 거의 공짜로 그녀를 치료해 주고 있으면서, 정작 내 옷은 중고 할인매장에서 샀는데, 바비인형이라니! 처음에는, 꼭 필요한 물건부터 구입하는 게 낫지 않겠냐고 에밀리를 설득하려고 했다. 하지만 그녀는 내가 금전 문제에 대해 바라지도 않는 조언을 하자, 그런 문제에 대해서는 입을 다물어야 한다고 느끼기만 했다. 나는 곧 치료자로서의 내 역할은 절약을 가르치는 게 아니라 자신을 곤경에 빠트리는 선택에 대해 그녀가 문제의식을 갖게 하는 일임을 깨달았다. 그녀는 처음 몇 년 동안은 그런 문제들을 피해 갔고, 시간이 흐르면서 자신의 돈 사용법을 비판적으로 생각할 수 있게 되었다. 그녀는 자기 마음 한편에서 금전적 위기를 바라고 있음을 깨달았다.

"저한테는 그런 문제가 익숙해요." 그녀가 천진하게 말했다. "돈을 지불했는지 안 했는지 의식을 잘 하지 않아요. 말이 되는지 모르지만, 그런 건 **내 일**이 아닌 거죠."

당연히, 매우 일리가 있다. 아슬아슬하게 사는 것에 너무 익숙해져서, 그녀는 어떤 외부 위협이 없으면 도저히 편안하게 느낄 수가 없었다. "너는 게을러, 너는 골칫거리야, 너는 네가 가진 좋은 것을 가질 자격이 없어."라고 말하는 머릿속 목소리를 듣느니 차라리 전기회사와 싸우는 편이 더 쉬웠다.

우리는 이 문제를 수년 동안 집중적으로 다루어야 했다. 돈과 관련하여 내가 실질적으로 건드릴 수 있는 부분은 치료비가 유일했다. 그녀는 종종 몇 달씩 치료비를 밀렸지만, 결국은 늘 치료비를 냈다.

에밀리를 만나기 시작한 지 6년째, 나는 새로운 직장을 찾아 필라델피아를 떠날까 고민하고 있었다. 보스턴으로의 이직은 구미가 당기기도 하고 걱정이 되기도 해서, 나는 장단점의 목록을 만들기 시작했다. 에밀리는 늘 그런 목록을 만든다.

"장단점이라고?" 그레이스가 카푸치노를 마시다 말고 물었다. 에밀리가 점점 좋아지고 있었고, 나 역시 그랬다. 처음 2년 동안은 그레이스 선생님을 매주 만났지만, 점점 횟수를 줄였다. 그레이스를 몇 달째 만나고 있지 않았지만, 나는 보스턴 이직에 따른 딜레마를 그녀에게 말하고 싶었다. 이직은 친구들을 자주 보지 못한다는 의미였지만, 내 환자들과는 영원히 헤어진다는 의미였다. 환자들 모두 치료자를 바꾸는 어려움을 겪겠지만, 에밀리에게 우리 관계가 끝난다는 건 절망적인 일일 것이다. 나는 성인이 된 그녀를 지속적으로 돌봐준 유일한 사람이었다.

그레이스는 단호한 입장을 취했다. 물론 에밀리에게는 어려운 일일 것이다. 어쩌면 그녀가 위기를 맞을 수도 있다. 하지만 그런 경우에 대비해서 환자를 준비시킬 수 있는 방법들이 있다. 에밀리를 맡아줄 치료자 두세 명을 소개해 주고, 각각의 치료자와 몇 회기를 시험적으로 가져볼 수도 있다. 만약 에밀리를 위해 내가 남게 된다면, 분명 그녀를 미워하게 될 것이다.

"데보라, 없어서 안 되는 사람이란 없어요. 데보라도 그렇고 나도 그렇고!"

나는 보스턴으로 옮기지 않았지만, 에밀리 때문은 아니었다. 나에게 진짜 필요한 변화는 제대로 쉴 수 있는 긴 휴가였다. 나는 외국에 있는 친구를 방문할 계획을 세웠고, 환자들에게 휴가날짜를 알려주기 시작했다.

에밀리는 놀라울 만큼 침착했다. 그녀는 내가 어디로 가는지 알고 싶어 했고, 나는 말해 주었다.

그녀는 잘하고 있었다. 주중에는 통학차를 운전했고 주말에는 자동차를 수리했다. 아이네즈는 무럭무럭 자라고 있었다. 생기발랄한 열 살의 모범생으로 스페인어를 제법 잘했다.

"아이네즈는 전화로 수다를 떨고, 윗집여자의 허드렛일을 해 주고 용돈을 벌어요. 그리고 밤에는 앉아서 돈을 세죠. 두어 번 내게 장 볼 돈을 빌려주기도 했다니까요. 가끔 아이를 바라보며 이런 생각을 해요. '이런 아이가 어디서 나왔을까?' 하고요."

에밀리는 치료를 받지 않는 3주간이 기다려진다고 말했다. 그녀는 집안일을 마무리할 수 있는 시간이 필요했다. 그녀는 내가 없는 동안 나를 대신해 줄 치료자의 전화번호를 적었고 '의지할 수 있는 박사님의 무언가를' 가지고 있기 위해 나에게 책을 빌렸다. 내가 자리를 비울 때 늘 해 오던 일이었다.

다음 날 아침 바쁘게 짐을 싸고 있는데 에밀리가 전화를 했다. 그녀는 매우 미안해하고 창피해했다. 맥주 두어 잔을 이미 마셨고 자기 신세가 처량하다고 느끼고 있었다. 자기 삶이 너무 비참해서 내게 전화를 걸기 전에 아스피린 한 통을 삼켰다.

나는 에밀리를 응급실에 보내고 짐을 마저 쌌다. 나는 최대한 평정심을 유지하며 그녀를 미워했다. 그녀는 나의 환자이고, 나는 늘 그녀를 위해 옳은 일을 할 것이다. 하지만 그녀는 역시 에밀리였다. 상처 입고, 요구가 많고, 분리를 견뎌 낼 수 없는, 어쩌면 경계선인 에밀리. 그러나 나는 누구도 나의 휴가를 망치도록 놔두지 않을 것이다. 그레이스가 말하곤 했듯, 이것이 바로 신이 응급실을 만든 이유이다.

우리는 비행기가 떠나기 전 한 회기를 가질 수 있었다. 에밀리는 그날 아침까지도 내가 떠나는 것에 대해 평온한 마음이었다. 네스타는 주말을 밖에서 보냈고, 아이네즈는 친구들과 놀고 있었다. 온통 이런 생각뿐이었다. 비행기가 추락하면 어쩌나? 박사님이 다시는 나를 보지 않으면 어쩌나? 그곳에서 사랑에 빠져 거기서 살기로 하면 어쩌나? 어떻게 사실까?

내가 에밀리를 안 지난 6년 동안(그녀는 지금 서른한 살이다), 간혹 자살 충동을 느끼기는 했지만 10대 이후 실제로 그녀가 자살 제스처를 취한 건 이번이 처음이었다. 왜 지금일까? 과거 몇 년에 비해 내 휴가가 1주일 더 긴 건 사실이다. 그것만으로 설명이 될까? 아니면 지난 몇 달간 실제로 내가 그녀를 영원히 떠날 수도 있었음을 그녀가 본능적으로 감지했던 걸까?

보다 설득력 있는 다른 요인이 있었다. 그녀 삶의 중요한 기념일을 내가 간과했다. 아이네즈가 열 살이었던 것이다—에밀리의 어머니가 돌아가셨을 때 에밀리가 딱 그 나이였다. 그들은 어느 날 작별인사를 하고 다시는 서로 보지 못했다. 비행기가 매일 추락하는 건 아니다. 하지만 에밀리의 세계에서는 자신이 의지하던 사람들이 지구상에서 돌연 사라져 버렸다. 아버지는 외도를 하고 떠났고, 다음에는 어머니가 죽었고, 그다음에는 할머니가 그랬다.

에밀리가 어머니 죽음의 진실을 실토한 때가 바로 이 응급 회기에서였다. 에밀리가 할머니에게 보내졌던 그 주에 그녀의 어머니는 진통제를 과다복용하고 유서를 남겼다. 할머니가 열 살짜리 손녀에게 차마 진실을 얘기할 수 없어서, 대신 심장마비로 돌아가셨다고 말해 주었다. 이 노부인은 그것이 정말 하얀 거짓말이라고 생각했다. 모든 죽음에 심정지가 있지 않은가. 5년 후 에밀리에게 진실을 말해 주며, 할머니는 자신의 의견을 보탰다. 사람들은 자살을 경시한다. 그러니 아무에게도 얘기하지 마라. 어찌됐건, 다른 사람들이 상관할 일이 아니다.

에밀리는 고통스럽고 치욕스러운 다른 사실들은 드러냈다. 그런데 왜 이 이야기는 하지 않았을까? 단언컨대, 이것이 가장 깊은 상처를 준 진실이었기 때문이다. 이는 에밀리는 누구든, 심지어 어머니조차 치워 버릴 수 있는 그런 사람이라는 의미였다. 그녀의 어머니는 약물 과다복용 수년 전부터 우울증을 앓았을 뿐 아니라 자살하겠다고 지속적으로 위협했다.

"엄마는 '언젠가 오븐에 머리를 처박고 말 거야.'라고 말하곤 했어요. 엄마는 마치 내가 방 안에 없는 듯 그런 말을 했지만, 바로 그 자리에 내가 서 있었어요."

나는 아이로서 그런 말을 어떻게 이해했을까 궁금했다. "엄마가 뭔가 끔찍한 일을 할 수 있다고 생각했죠. 가스를 틀어놓고 질식사할 수 있다는 걸 몰랐어요. 엄마가 자기 머리를 오븐에 넣고 고기를 굽듯 한다는 말로 알아들었죠. 그런 말로 어린애를 겁주려 하다니 어이가 없어요! 그때는 어이가 없었던 게 아니라, 그냥 기겁을 했죠. 엄마가 오븐에 머리를 처박지 않게만 할 수 있다면, 무슨 짓이든, 무슨 말이든 했을 거예요. 누구보다 착한 아이가 돼서 엄마를 영원히 돌봐 주겠다고요."

나는 그녀의 외할머니가 어떻게 돌아가셨는지 물었다. 에밀리는 몇 분인가 입술을 쥐어뜯더니 이윽고 엄마가 여섯 살 때 돌아가셨다고 말했다. "심장마비로요."

에밀리는 이런 사실을 친할머니가 자신에게 말해 준 다른 이야기와 꿰어 맞추며 전에는 결코 인정할 수 없었던 무언가를 깨달았다. 그녀는 한 세대가 아니라 두 세대에 걸쳐 어머니가 자살한 집안의 딸이었다.

이제 자기 자신이 어린 자녀를 두고 있는 입장에서, 엄마라는 사람이 어떻게 그런 짓을 할 수 있는지 그녀는 상상이 안 갔다. 그녀는 아이가 듣는 앞에서 도망간다거나 자해를 하겠다고 위협한 적이 한 번도 없었다. 약물 과다복용이 당황스럽기는 하지만 그건 그냥 보여 주기 위한 것이었다. 약병에 12알밖에 없었고, 나한테 전화하기 전에 그마저도 스스로 토했다. 이 세상에 자신의 어머니가 자신에게 했던 일을 아이에게 하게 만들 수 있는 그런 일이란 결코 없음을 그녀는 깨달았다.

아스피린 12알은 치사량에 훨씬 못 미치는 용량이다. 우리 둘 다 잘 알고 있었다. 그럼에도 불구하고, 가볍게 넘길 일은 아니라고 내가 말했다. 어쩌면 바로 어떻게 자신의 어머니가 그렇게 할 수 있었는지 이해하기 위해서가 아니었을까? 에밀리는 도무지 믿을 수 없는 어머니의 선택을 헤아려 보기 위한 한 방법으로 그런 일을 벌였다. 이것이 그녀의 자살 제스처에 대한 나의 감이었다. 나는 그녀의 생각을 물었다.

그녀는 조각들이 맞춰지기 시작하고 있다며 일기에 적어보고 싶다고 말했다. 그리고 내가 없는 동안, 나를 대신해 줄 선생님에게 적어도 일주일에 두 번은 연락하겠다며, 혹시 내 뮈니지 전화번호를 알 수 있겠냐고 물었다.

나는 그건 안 된다고 말했다.

시간이 다 되었다. 나는 무슨 일이 있어도 반드시 돌아온다는 말로 그녀를 안심시켰고, 그녀는 내 손을 꼭 잡고 여행을 잘 갔다 오시라고 말했다.

나는 멋진 휴가를 보냈다.

* * *

에밀리는 돌아온 나를 보고 안도했다. 약속한 대로 그녀는 '그냥 끈을 유지하기 위해' 나를 대신했던 치료자에게 전화를 했다. 이후의 6개월 동안, 그녀는 어머니가 자초한 죽음을 왜 비밀로 했었는지에 대해 많은 성찰을 했다. 그것은 어머니를 보호하는 한 방법이었음을 그녀는 깨달았다.

그녀가 치료에서 어머니에 대해 한 첫마디는 "엄마는 천사예요."였다. 종종 이상화된 부모가 학대하는 부모 혹은 심하게 방치했던 부모임이 밝혀지기도 한다. 아이들은 (그리고 어른들은) 누군가가 자신을 사랑했다고 필사적으로 믿고 싶어 한다. 자신은 나쁜 종족의 후손이 아니다. 그래서 금박을 입힌 부모를 세상에 내보인다.

어머니가 어느 날 자살할지도 모른다고 믿으며 자라는 소녀에게는 어떤 일이 일어날까? 아이들은 온갖 일들에 대해 자기 자신을 탓한다. 부모의 싸움, 질병, 이혼을 하게 된다면 이혼까지도 말이다. 유서는 분실됐고, 에밀리에 대한 어머니의 마지막 생각이 무엇이었는지는 짐작할 수밖에 없다. 우리는 에밀리가 엄마가 속상할 때는 위로해 주고, 엄마가 어둠 속에서 눈물을 흘리며 누워 있을 때는 씩씩하게 행동하며 어린 시절을 보냈음을 잘 안다. 어쩌면 어머니의 실질적인 죽음만큼이나 해로웠던 것은—다른 환자가 '적색경보 상태'라고 표현했던—매일 반복되는 일상의 중압감이었을 것이다. 자살로 어머니를 잃는다는 건 이제 누구도 자기 곁에 붙어 있으리라고 믿을 수 없게 되었다는 의미였다. 게다가 누군가 옆에 있겠다고 약속하는 사람에게는 화가 났다. 왜냐하면 바로 희망을 불러일으키기 때문이다.

몇 달 후 에밀리는 자신이 나를 얼마나 경멸했는지 말할 수 있었다—자신을 버리지 않으리라 믿었던 단 한 사람이 자신이 정말 필요할 때 떠나 버렸다는 사실에 대해.

에밀리는 모든 사람들에게 관대한 태도를 취했던 할머니 때문에 자신의 머릿속이 '뒤죽박죽이었다고' 내게 말했다. 할머니는 에밀리의 어머니는 사랑하는 남자 때문에 죽은 비련의 여인이라고 주장했다. 마찬가지로, 에밀리의 아버지는 부인과 아들을 버린 가학적인 아버지를 둔 예민한 아이였다는 식으로 말하곤 했다. 친구들을 잘못 만났고, 약물이 그를 망쳤다. 만약 살아있었다면 틀림없이 에밀리를 돌보러 돌아왔을 거다.

내가 돌아온 이후 몇 주간, 에밀리는 어린 시절 자기 삶 속의 다양한 악역들에 대해 분노를 표출하기 시작했다. 맞다, 그녀의 부모, 삼촌, 그렉은 모두 그 나름의 어려움을 갖고 있었다. 그러나 그들은 어떤 식으로든 '면죄부'를 받고 떠나 버렸다. 그녀의 부모는 결코 자신들의 행동에 대해 책임을 진 적이 없으며, 삼촌 역시 마찬가지였다. 그리고 그렉 목사님? 그는 인도주의상을 받고 예쁜 여자와 결혼하여 4명의 딸을 낳고 호주로 이주했다!

"면죄부." 에밀리가 말했다. 그녀는 자신이 뒤에 남겨져 그들의 죗값을 치르며 살고 있다고 느꼈다.

"TV 시리즈 〈나이트 갤러리〉 같아요." 그녀가 말했다. "제가 죄식자(罪食者, 죄를 먹는 사람)에 대해 얘기한 적이 있는데, 기억하세요?"

그녀가 말했던 적이 있음을 기억한다. 나는 그날 내용에 대해 얘기해 달라고 했다.

에밀리가 기억하고 있는 〈나이트 갤러리〉의 스토리는 이러했다. 옛날 옛적 어떤 나라에는 각 마을마다 죄식자가 있었다. 마을에서 사람이 죽으면, 시체를 상여 위에 올려놓고 시체의 가슴 위에 빵, 고기, 사탕을 얹어 놓는다. 이 음식들이 죽은 사람의 죄를 빨아들이고 그래야 그의 영혼이 천국에 갈 수 있다. 죄식자(늘 변두리에 사는 가난한 사람이었다)는 시체 위에 놓인 음식을 먹어 죄를 흡수하는 일을 맡는다. 그날 이야기에서는, 나라에 기근이 들었다. 어떤 여자가 자기 아들을 죄식자로 장례식에 보냈다. 아들이 굶어죽게 하지 않기 위해서였다. 그럼으로써 아이는 마을 전체에서 따돌림을 받게 되었다. 결혼을 할 수도, 아이를 낳을 수도, 자신의 죄를 먹어 줄 사람도 없었다.

"모든 책임을 그 남자가 지는 거죠. 역겹지 않아요? 썩어가는 시체 위에 놓인 음식을 먹는다고 상상해 보세요. 그 프로그램을 보셨어야 한다니까요."

"정말 그 이야기가 와 닿았군요. 그러니까 자신이 그렇다고 느낀….”

“그들이 나눠준 쓰레기를 먹었죠. 엄마의 자살, 아버지의 약물중독과 바람기, 변태 삼촌의 아동 근친상간 죄. 제가 그렇게 빌어먹게 형편없다고 느낄 만도 하죠. 내가 아이네즈를 열 받게 하면, 걔는 나한테 얘기를 해요! 저는 아무도 모르는 지옥 속에서 살아왔어요. 그들 누구도 내 얘기를 들으려고 하지 않았죠. 나만 그들의 불행과 그들의 목소리를 평생 머릿속에 간직해야 해요. **제가** 죄식자예요.”

그녀는 자신을 위한, 깊은 울림을 주는, 은유를 발견하였다. 에밀리는 자신이 과거의 독에 오염되었다고 느꼈다. 물론 가족에게 좋은 것도 받았지만, 그들의 광기, 고통, 사악함도 물려받았다. 때로 그녀는 ‘가족과 관련된 모든 것’을 자기 자신에게서 싹 몰아내고 싶은 마음이 들었다. 폭식증이 여기에서 왔다고 그녀는 말했다. 토할 때, 에밀리는 아주 만족스러운 안도감을 느꼈다. 잠시 ‘악’이 배출된다. 때로는 완벽한 자유를 가져다줄 ‘거대한 구토’를 상상하기도 했다.

몇 년 후, 그녀는 어머니에 대한 보다 균형 잡힌 이미지를 엮어나갈 수 있게 되었다. 어머니는 천사도, 악마의 화신도 아니다. 그리고 외할머니는 엄마가 겨우 여섯 살 때 돌아가셨지만, 그래도 엄마는 그녀가 열 살 때까지는 버티셨다. 거의 두 배나 길다. 또한 어머니는 알코올 중독자 아버지와 홀로 남겨졌던 데 반해, 에밀리가 할머니의 사랑스러운 손에 맡겨지는 것을 확인했다. 에밀리는 어머니의 우울증이 자신이 초등학교 1학년을 다니기 시작하면서 악화되었다고 추측했다. 외할머니가 돌아가셨을 때 어머니가 바로 그 나이였기 때문이다.

에밀리가 프로작이라는 신약 얘기를 듣고 나에게 말한 때가 이즈음이었다. 십대 때 토프라닐을 복용한 적이 있지만, 소용이 없었다. 약을 먹으면 입이 말랐고 다른 부작용도 있었지만, 기분은 전혀 나아지지 않았다. 프로작은 기적의 약으로 통용되고 있었다—실제로 기분을 좋게 해 주며 부작용은 미미한 항우울제.

나는 피터 크레이머(Peter Kramer)의 『Listening to Prozac』을 읽어 보았고 깊은 인상을 받았다. 에밀리는 매일 우울증과 씨름하고 있었다. 그녀에게 약을 써 보지 말라고 할 이유가 없었기 때문에 정신과 의사를 소개해 주었다. 프로작과 그의 사촌들인 세로토닌 재흡수 억제제가 수백만 명의 미국인들을 도왔다는 보고가 있었지만, 에밀리는 그들 중 한 명이 아니었다. 적은 용량은 효과가 없었고, 용량을 늘리면 너무 각성이 돼서 잠을 잘 수가 없었다. 의사는 수면제를 추가해 주었지만 아침에 너무 졸려서 통학차를 운전할 수 없었다. 6개월쯤마다 새로운 약을 시도해 보고 처방받은 용량을 지켜 약을 복용했지만, 결과는 별 차이가 없었다. 약물로 경감되지 않는 우울증을 앓고 있는 미국인이 360만 명 정도 된다고 추산되는데, 에밀리는 이 집단에 속하는 듯했다.

에밀리를 크게 괴롭히는 부작용이 하나 있었는데, 그녀는 기회 있을 때마다 내게 그 이야기를 했다. 항우울제를 먹는 동안 성욕이 급격히 감소했다. 나는 그녀가 이 문제를 지나치게 크게 받아들인다는 사실에 놀랐다. 애인이 없다고 해서 '중성화'됐다고 느끼기를 바라는 건 아니라고 그녀는 말했다.

"성욕을 느끼지 못하는 문제가 '사소한' 부작용인가요? 미국인들을 그렇게 설득하는 사람들이 **잘못** 아니에요?"

7년 차에서 9년 차에 이르는 동안 성은 치료의 핵심이 되었다. 에밀리는 수많은 회기에서 네스타가 자신의 동성애자 친구들을 비난조로 이야기한다고 호소했다.

"동성애는 혐—오스럽기—그지없어!" 에밀리가 네스타를 흉내 내며 말하곤 했다. 나는 혹시 에밀리가 자신의 이성애에 의문을 품기 시작한 건 아닐까 궁금했다.

에밀리는 여자 선생님을 열렬히 흠모한 적이 있고, 다른 소녀들과 사춘기적인 실험을 감행해 본 적이 있었다. 그러나 성인이 되었을 때, 그녀의 성적 파트너는 남자들뿐이었다. 그녀는 성관계를 상당히 즐기는 듯 보였고, 아직도 엔리케와의 열정적인 밤을 신나게 얘기할 수 있었다. 가끔 엔리케가 농담으로 스리섬을 말했지만, 그녀는 비웃었다. 그러면서 마음속으로는, 근사할 것 같기도 했다고 말했다.

"그런 생각을 하는 제가 레즈비언인가요?"

에밀리는 여전히 남자에게 끌렸지만, 하도 많은 남자들이 그녀를 함부로 대했기 때문에 다시 시도해 본다는 생각을 좀처럼 할 수 없었다.

에밀리는 여자들을 좋아했다. 그녀는 자신이 자연스럽게 즐길 수 있는 사람과 잔다면 삶이 더 쉬워지리라 생각했다. 몇 년 전부터 다닌 어머니 집단에서 만난 레즈비언 친구와 점점 더 많은 시간을 보내기 시작했다. 이들은 필라델피아에서 가장 큰 게이-레즈비언 서점인 '조반니의 방'에서 더 많은 친구들을 알게 되었다. 에밀리가 레즈비언으로 커밍아웃 하려나?

한마디로, 그렇다.

그러나 다른 사람들의 동성애 관계는 한결같이 옹호하면서도 자기 자신의 욕구에 대해서는 엄청난 양가감정을 마음속에 품고 있었다. 그녀는 여자들에게 끌렸고, 거의 모든 성적 환상이 여자들에 관한 것이었다. 그런 환상 속에서 그녀는 두 여성이 사랑을 나누는 장면을 지켜보기도 했고, 때로는 그녀 자신이 그 장면 속의 일부가 되기도 했다.

에밀리는 레즈비언 연애를 망설이게 하는 딱 두 가지 장애물이 있다고 말했다.

"우선, 양쪽 다 된다는 생각을 이해할 수 없어요. 남자에게 끌리면서, 어떻게 여자에게도 끌릴 수 있죠?"

"어떻게 그럴 수 있냐니, 무슨 뜻이에요? 양쪽 모두에 끌리고 있잖아요."

"맞아요, 그런데 어떻게 그럴 수 있냐는 거죠."

"양성애자도 있잖아요?"

"음, 저는 아니에요. 저는 한쪽만 하고 싶어요."

"알겠어요. '한쪽'만 되고 싶다는 건⋯."

"더 낫기 때문이죠. 더 **쉬워요**. 그건 자신이 누구라는 걸 알고 사람들에게 어떻게 말해야 할지 안다는 뜻이죠."

이것은 복잡한 문제였다. 다양한 사람들이 그녀에게 들려준 정치적 논쟁으로 단순해질 수 있는 문제가 아니었다. 네스타는 남자들에게 끌리는 한 '정상'이라고 에밀리를 안심시켰다. 그녀의 레즈비언 친구들은 소위 양성애자들이란 '커밍아웃이 두려운' 동성애자일 뿐이라고 말했다.

"여자 애인을 사귀는 데 두 가지 문제가 있다고 했는데요. 두 번째 문제는 뭐예요?"

"두 번째 문제는 역겹다는 거예요. 진짜 여자랑 함께 한다는 생각이요. 제가 할 수 있다고 생각하지 않아요."

에밀리는 여자들의 몸을 떠올리면 성욕이 자극되기는 하지만 실제 여자와 신체접촉을 가진다는 상상을 할 수 없음을 깨달았다.

결론은 이랬다. 남자를 사랑해도 괜찮지만, 나는 싫다. 여자를 사랑하지만 그들을 성적으로 원하지는 않는다. 오직 환상 속에서만 가능하다. 게다가 모호함을 견딜 수 없다. **한쪽**이고 싶다.

서구 심리학에 지울 수 없는 흔적을 남긴 프로이트식 사고가 있다면, 그것은 인간의 성이 결코 '한쪽'이 아니라는 점이다—결코 '선천적'이 아니며, 단일한 남성성 혹은 단일한 여성성이란 없다. 프로이트는 누구나 양성애 성향을 갖고 태어난다는 빌헬름 플리스(Wilhelm Fliess)의 이론에 일찍이 영향을 받았다. 시간이 가면서 프로이트가 독자적으로 사용했던 용어는 더욱 과격해졌다. 그는 아동기의 성이 '다형 도착'이라고 주장했다. 예를 들어, '꼬마 한스'의 사례에서, 다섯 살의 한스는 어머니에게뿐만 아니라 아버지에게도 성적 욕구를 느꼈으며, 사실상 아버지에 의해 임신을 하고 항문으로 아이를 낳는 상상을 했음을 프로이트는 지적했다. 관음증, 노출증, 가학증, 피학증 등등 성적 충동의 모든 다양한 변종들이 소위 아동의 '과잉 포괄적' 성이라는 것에서 나타난다. 아동은 '한쪽'만을 원하며 출발하지 않는다. 말하자면, 모든 것과 모든 사람을 원한다. 가족이라는 문명화 과정을 통해서 어떤 충동은 표현하고 어떤 충동은 억압하거나 승화하도록 권장된다. 다형 성의 아동이 '정상적인' 이성애 혹은 동성애 성인이 되는 과정을 프로이트는 오이디푸스 콤플렉스라고 불렀다. 많은 일반인들 그리고 일부 치료자들조차 프로이트가 오이디푸스 콤플렉스의 두 가지 측면을 기술했음을 여전히 알지 못한다. 즉, 양성과 음성. 이 말은 좋고 나쁨을 함축하지 않으며, 마치 사진의 양화와 음화처럼, 한쪽과 그 반대쪽을 함축한다.

양성의 오이디푸스 콤플렉스에서 아동은 반대성의 부모를 독점적으로 소유하기를 원하며 나머지 부모를 자신이 대신하고자 갈망한다. 그러나 아동은 같은 성의 부모를 원하며 나머지 부모를 자신이 대신하고 싶어 하기도 한다. 프로이트는 정신분석이론을 전개해 나가는 과정에서 자신의 생각을 바꾸기도 했지만, 이 이론은 한 번도 수정한 적이 없다. 『성 이론에 관한 세 편의 에세이』에서 그는 다음과 같이 썼다.

> 모든 인간은 동성애적인 대상 선택을 할 수 있으며, 실제로 무의식에서는 그런 선택을 한다. … 따라서 정신분석적인 관점에서 남자들이 여자들에게만 성적 흥미를 느끼는 현상은 더 자세히 살펴볼 필요가 있는 문제이며, 자명한 사실이 아니다.

프로이트가 명시적으로 말한 적은 없지만, 이성애자들은 양성의 오이디푸스 콤플렉스가 우세한 사람들이고, 동성애자들은 음성의 오이디푸스 콤플렉스가 우세한 사람들이라 생각할 수도 있다.

1935년 아들의 성에 관해 묻는 어머니의 편지에 프로이트는 다음과 같이 답했다.

동성애는 분명 득이 될 일은 아니지만, 창피해할 일도 아니고, 악도 아니고, 비하할 일도 아닙니다. 질병으로 분류될 수 없습니다. … 고대와 현대에서 높이 존경받던 많은 인물들이 동성애자였습니다. 그들 중에는 몇몇 위인들도 있습니다(플라톤, 미켈란젤로, 레오나르도 다빈치 등). 동성애를 범죄로 박해하는 것은 매우 불공정한 일이며, 잔인한 행위입니다.

그러나 매우 불행스럽게도, 프로이트의 후계자들은 그의 오이디푸스 모델과 윤리를 해체하기로 결정했다. 미국정신의학회는 1973년까지 동성애를 병리적 상태로 분류했다.

전부는 아니지만 대다수의 미국 분석가들은 시간이 가면서 변하였고, '비전통적인' 성적 관계를 점점 더 수용하게 되었다. 자기 자신이 게이이거나 레즈비언인 정신분석가들이 쓴 성에 관한 저서들은 동성애를 탈병리화하는 데 지대한 영향을 미쳤다. 페미니스트 킴 체닌(Kim Chernin)처럼, 일부 치료자들은 환자의 '완전한 양성애' 복구가 정신분석적 치료의 궁극적인 목표일 수 있다고 제안할 만큼 앞서나갔다.

에밀리는 동성애를 혐오 대상으로 규정한 네스타의 비난이 자신의 아픈 곳을 건드렸음을 깨달았다. 에밀리 자신도 동성의 사랑이 '자연스럽지 않다.'고 걱정하고 있었으며, 자신이 여자들에게 끌리는 것은 (알려지지 않은) 자신의 어떤 범죄에 대해 복수심에 불타는 신(그녀가 믿지 않는 신)이 내리는 벌이라고 생각한 적이 있었다.

우리는 한데 엉켜 있던 의문들, 환상들, 신념들을 분리해 가며,

이런 문제들을 심혈을 기울여 다루었다. 첫째로, 자기 자신과 아이네즈의 안전과 관련된 실질적인 당면 문제가 있었다. 여자들과 데이트를 시작하면, 증오범죄의 희생자가 되지는 않을까? 아이네즈가 학교에서 놀림을 받지는 않을까? 아이네즈가 남자들에게 등을 돌리지는 않을까? 이런 의문들을 말로 하는 것만으로도 얼마간 안심이 되었으며, 자녀가 있는 동성애 친구들과의 대화도 도움이 많이 되었다. "아이네즈는 강한 아이예요." 에밀리가 결론을 내렸다. "아이네즈는 아이나 어른이나 우리 주변의 남자들과 다 잘 지내요. 안전에 관해서라면, 우리는 동성애 혐오보다 더한 일도 겪으며 살아왔다고 생각해요."

'가운데 선반'(에밀리의 표현)에 있는 문제는 할머니에 대한 기억과 할머니의 가치관이었다.

"할머니는 15년 동안 친구들과 같은 미용실을 다니셨어요. 단골 미용사 모리스는 어떻게 해야 할머니들의 마음을 얻을 수 있는지 잘 알았죠. 그런데 그는 게이였어요. 그러니까 과장된 몸짓으로 걷는 그런 게이 말이에요. 내가 모리스처럼 뽐내듯 걸어 다니면 할머니는 늘 웃음을 터트리셨죠. 그런데 고등학교 때 남자처럼 생긴 어떤 선생님을 내가 따라다니기 시작하자—그 선생님이 레즈비언이었는지는 지금도 몰라요—할머니가 기겁을 하셨어요. 할머니는 '성경에서 동성애자는 더럽고 병들었다.'고 했다며 호통을 치셨죠."

에밀리의 회상은 짧고 슬픈 이 한마디로 끝을 맺었다. "할머니가 살아 계셨더라면, 여자들과 데이트할 수 없을 거예요."

나는 그 반대도 적용이 되는지 의아했다. 여자와 데이트를 하지 않으면, 할머니가 어떤 식으로든 살아 계실까? 나는 에밀리에게 물었다.

"그래요. 할머니가 저를 지켜보고 계시고 제가 해도 되는 것과 해서는 안 되는 것을 결정해 주신다고 생각하면, 할머니가 살아 계신 것 같아요."

만약 할머니가 지금 살아 계시다면, 동성애를 어떻게 생각하실지는 아무도 모른다. 에밀리는 이를 깨달았다. 우리는 할머니의 판단을 두려워하지 않으면서 할머니의 사랑을 간직하며 살아갈 수 있는 방법을 이야기하였다.

여자를 사랑하는 것에 대한 두려움이 담긴 '세 번째 선반'이 있었고, 여기에는 어머니에 대한 생각과 감정이 담겨 있었다. 엄마가 잠자기 전 뽀뽀를 잊어버리거나 술이나 약에 취해 형식적으로 할 때가 있었다. 에밀리는 엄마가 에밀리의 애정을 원하는 날 엄마의 뽀뽀를 거부함으로써 '되갚아 주곤' 했다. 어머니가 돌아가신 후, 엄마의 뽀뽀를 거부했던 기억은 에밀리를 내내 괴롭혔다.

"엄마의 죽음에서 그 부분이 최악이에요. 제가 어떻게 엄마를 돌려세웠는지, 어떻게 일부로 감정을 상하게 했는지 생각하면, 속이 뒤틀려요. 제 인생에서 엄마를 돌려세운 그 일만큼 죄책감을 느끼게 하는 일은 없어요."

에밀리는 다른 여자에게 키스하는 생각을 하면 '역겹다'고 내게 여러 차례 얘기했다. 말하자면, 어머니를 거절했을 때와 똑같은 신체감각이 되살아났던 것이다. 다른 여자를 사랑하기는 불가능해 보였다. 어쩌면 그것은 영원한 대체—어머니에 대한 절대적 거부—를 무의식적으로 의미하기 때문이다.

이런 감정들에 대한 작업을 진행하는 동안, 에밀리는 자신의 욕구를 드러내는 데 금기를 느꼈다. 어느 날 그녀는 꿈을 갖고 와서는 나한테 도저히 얘기할 수 없다고 말했다. 상상할 수 없을 정도로 엄청 당황스럽다. 그녀는 나와 사랑을 나누는 꿈을 꾸었다.

"박사님을 질리게 하고 싶지는 않아요. 그러니까, 박사님은 분명 이성애자이고, '내가 누군지 모르겠어, 내가 누군지 모르겠어.'라고 말하는 바보처럼 헤매는 사람이 절대 아니에요."

나에 대한 에밀리의 전이에는 성애적인 측면이 있다고 그레이스가 일찍이 말했었다. 나와 있을 때 '남자와 데이트하는' 것 같다는 에밀리의 말은 짓궂은 농담 그 이상이었다. 하지만 그때는 그 말을 바로 해석할 필요가 없었다.

에밀리는 내가 그녀의 꿈을 아무렇지 않게 들을 수 있다고 하자 안심했다. 나는 치료자에 대한 성적인 감정은 행동화되지만 않으면 있을 수 있는 흥미로운 감정으로서, 치료 작업에 유용하다고 말해 주며 그녀를 안심시켰다.

나에 대한 그녀의 성적 감정을 내가 편안하게 받아들이자, 에밀리는 다른 여성에 대한 자신의 욕구를 수용하기 시작하는 듯 보였다. 그녀는 치료가 거의 종결될 즈음에야 나에 대한 자신의 환상으로 돌아왔다.

"저는 늘 박사님이 완벽한 애인감이라고 생각했어요. 잘 들어주고, 너그럽고, 예쁘고, 똑똑한, 박사님 같은 사람을 누구나 원해요. 그런데 어느 날—기분 나쁘게 듣지는 마세요—사실은 제가 박사님을 잘 모르기 때문에 그렇게 느낀다는 생각이 들었어요. 만약 제가 박사님을 잘 안다면, 박사님도 다른 사람들처럼 골칫거리가 될 수 있겠죠."

더 이상 적확한 표현은 없다.

그녀의 성적 감정을 더 유심히 들여다보니, 그녀가 구강성교 중에 물릴지도 모른다는 두려움을 갖고 있음이 드러났다. 이 특별한 이미지 때문에 그녀의 많은 성적 환상이 무참히 깨졌다. 그녀는 남자 애인들과 구강성교를 즐겼었고, 실제로 물리거나 문 기억은 없었다. 떠오르는 유일한 연상은 어머니와 관련된 또 다른 기억이었다. 그녀의 어머니는 에밀리에게 모유수유를 하려고 하다가 갑자기 젖을 뗐다. 그래서 그녀가 깨무는 아기였기 때문에 그랬다는 얘기가 집안에서 전해지고 있었다. 아이일 때 어머니를 거부했던 기억, 또한 그에 더하여 유아 시절의 이야기에 대해 느끼는 죄책감으로 인해, 에밀리는 성인으로서의 미래 성생활에 방해를 받고 있었다. 물릴지도 모른다는 두려움 역시 자신이 어머니의 몸을 '공격'한 데 대한 보복의 두려움이었다.

이런 주제들을 수개월간 다루고 난 후, 그리고 커밍아웃에 관한 많은 책들을 읽은 후, 에밀리는 여자와 성관계를 가졌다. 그녀가 에이미와 진지한 관계를 시작한 때가 치료 8년 차였다. 에이미는 에밀리보다 여섯 살 어렸고, 진보적인 부모님 밑에서 성장한 대학 졸업생으로 에밀리에게 매혹되었다. 에이미는 에밀리가 세상물정에 밝은 여성으로 정치적 감각을 타고났다고 보았다. 에이미는 에밀리를 설득하여 커뮤니티 칼리지에 다니도록 했다. 에이미는 에밀리 덕에 느슨해졌고 죄송하다는 말을 덜 했다.

"제 생각에, 우리는 서로 잘 맞아요. 그런데 제가 하고 싶은 진짜 이야기는 섹스예요. 최고예요. 엔리케는 '오늘밤은 아니야, 너무 피곤해.'라고 말하곤 했죠. 에이미는 늘 뜨거워요. 대단해요. 어느 날 둘 다 일이 늦게 끝났어요. 제가 그걸 신경 썼을까요?"

에밀리는 '기술적으로' 자신이 양성애자일 수는 있지만, 이 세상 누구보다도, 어떤 이유와 명분을 내세우더라도, 자신은 레즈비언이라고 단언했다. 그리고 진심으로 자랑스러워했다.

에미이가 등장했을 때 아이네즈는 열한 살이었다. 그리고 예측할 수 있는 대로, 몇 번의 분노발작을 일으켰다. 열세 살이 되었을 때, 아이네즈는 엄마에게 자신의 견해를 분명히 밝혔다. 에밀리는 아이네즈의 말을 그대로 전했다.

"**맙소사**, 엄마, 에이미가 너무 **하얘요**. 감자튀김을 포크로 먹는 것 보셨어요? 엄마가 레즈비언인 건 멋지다고 생각해요. 에이미는 좋은 여자예요. 그냥 좀 **괴짜**고, 제가 할 말은 이게 다예요."

"아이네즈는 괜찮아 보여요. 그냥 보통 아이 같아요. 그렇죠, 박사님?"

"정말 그러네요." 내가 말했다.

아이네즈와 에이미의 사이는 곧 반전되었다. 셋이 아파트에 함께 살기 시작하면서는 실제로 친한 사이가 되었다. 어느 날 밤, 에밀리는 자신과 에이미, 아이네즈가 가족 상담을 할 수 있느냐고 물었다. 그들은 대판 싸웠고, 에밀리는 무시당하는 느낌을 받았다. 에이미와 아이네즈는 둘 다 지적이고, 단정한 옷차림을 좋아하고, 돈 관계에 철저한 사람들이었으며, 둘은 한편이 되어 사사건건 에밀리에게 반기를 들었다.

에이미와 아이네즈는 잘못을 인정했고 회기가 가볍게 마무리되었다. 에밀리는 다음 주에 와서 내가 자신의 애인을 만나보기를 바라는 마음이 가장 컸고, 다 자란 아이네즈를 보여 주고 싶었다고 말했다.

그러고 나서 그녀는 울음을 터트렸다. 마치 기차역에서 친구와 작별이라도 하는 사람처럼, 영원히 이별을 고하는 사람처럼. 그녀는 "가끔 박사님께 얼마나 감사한 마음이 드는지 몰라요. 저한테 너무 좋은 사람인 에이미를 바라보며, 또 건강하게 자란 아이네즈를 바라보며 이런 생각을 해요. '이럴 리가 없어! 사실 나는 죽을 수도 있었고, 에이즈에 걸릴 수도 있었고, 내 딸이 죽을 수도 있었어. 그 쉼터를 발견하지 못했다면 어땠을까? 그날 마지가 아프기라도 했으면 어쩔 뻔했나?' 저도 열심히 했지만, 박사님도 열심히 해 주셨어요. L 박사님, 늘 감사드릴 거예요. 제가 살아 있는 한 매일 박사님을 생각할 거예요."

에밀리는 아직 치료를 종결할 준비가 되어 있지 않았다. 그런 제안을 한 적조차 없었다. 하지만 그녀는 이런 식으로 우리의 작업에 구두점을 찍을 필요가 있음을 분명 느끼고 있었다. 마침표가 아니라 쉼표였다. 어떤 질문들에 대해서는 답을 찾았다. 그렇다. 딸을 실력 있고 자존감 있는 사람으로 키웠다. 또 이 세상에 자신만의 보금자리도 꾸렸다.

에밀리와 에이미는 5년을 함께 살았다. 그들이 헤어진 이유는 자녀를 더 갖는 문제였고, 이는 예측할 수 있는 일이었다. 에밀리는 건강한 아이 한 명을 키우는 데 자신의 운을 다 써 버렸다고 느꼈기에, 운명을 또 시험해 보고 싶지 않았다. 그러나 에이미 편에서는 자기 핏줄의 아이들 없이 산다는 상상을 할 수가 없었다. 그들은 에이미가 다른 애인을 만난 뒤에도 가까운 친구로 남았다.

에밀리가 이 중요한 관계의 결렬을 애도하는 동안 흥미로운 일이 발생했다. 즉, 에이미와 자신 사이에 거리를 두기 위해 폭식으로 되돌아가지 않았다는 것이다. 내 견해로, 그동안 에밀리의 폭식은 포큐파인 증상의 정수였다. 그녀는 자신의 몸무게를 가시로 사용했다. 사람들을 가까이 오지 못하게 할 때는 가시를 세우고, 가까워질 때는 가시를 눕혔다. 어쩌면, 이제 서른여섯 살로, 자신의 몸을 그런 식으로 사용하기가 피곤했는지도 모른다. 그녀는 더 나은 새로운 대처 전략들을 개발했다. 그중에는 우리가 또 다른 뾰족한 가시라고 했던 방법이 있었다. 에밀리가 글을 쓰기 시작했다.

그녀는 일기를 썼고, 학교 수업시간에 낼 보고서를 쓰고 다시 썼으며, 지역 잡지에 글을 기고하기도 했다.

그녀는 노숙자들이 만들고 배포하는 뉴욕시 신문인 『Street News』를 우연히 접했다. 에밀리는 그 신문을 읽고 흥분했다. 그녀는 그 신문에서 앤 랜더스식의 칼럼 "지킴이에게 물어보세요."를 발견하고 내게 보여 주었다. 그 칼럼은 노숙생활에 관해 자주 묻는 질문에 답을 해 주고 있었다.

"제가 할 수 있어요! 필라델피아에는 왜 이런 신문이 없을까요? 여기도 수천 명의 노숙자들이 살고 있어요."

그런 신문이 실제로 만들어지지는 않았지만, 에밀리는 자신의 글솜씨를 갈고닦았다.

그녀는 데이트도 계속 했지만, 누구와도 깊은 관계에 들어가지는 않았다. 공부에 몰두했고, 교수님들에게 열광했다. 그녀는 자동차 정비공으로 적정한 수입을 올리고 있었다. 에밀리는 나날이 발전하는 여성이었다. 때가 되면 연애를 하겠지만 아닐 수도 있다고 생각했다. 다시 사랑에 빠지는 상상을 하지만 사랑이 없다고 산산조각나지는 않을 것이다. 독신생활이 비극은 아니라고 그녀는 말했다. 인생의 유일한 비극은 사랑하지도 않는 사람에게 매여 있는 것이다. 지금은 해야 할 일이 충분히 많으며, 아직은 손길이 필요한 딸도 있다.

에밀리는 해가 갈수록 더 많은 책을 읽었고, 자신의 삶을 자신이 읽은 책과 연결시키는 버릇이 생겼다. 그러나 죄식자만큼 깊은 울림을 주는 주제는 없었다. 이 이야기는 그녀의 증상(폭식증과 섭식 강박), 그녀의 고통의 역사(아버지와 어머니의 죄), 봉사를 하고 있다는 그 자신의 경험(다른 사람의 고통을 간직하는), 섬뜩한 이야기를 좋아하는 개인적인 취향 등등을 모두 아울렀다. 죄식자의 이미지는 처참하기도 하고 숭고하기도 하고, 혐오스럽기도 하고 필연적이기도 한, '운명적인' 정체성이었고, 그녀는 그런 정체성을 받아들여 변화시킬 수 있었다.

죄식은 그 이상의 의미를 지니고 있었다. 그것은 그녀가 광범위한 사회 현상을 이해하기 위해 사용한 독창적인 이론의 일부이기도 했다. 미국에서 섭식장애가 전염병처럼 퍼지고 있다는—유럽의 추세이기도 하고 인도에서도 마찬가지다—기사를 읽은 에밀리는 맹렬히 비난을 가했다.

"여자들이 먹는 건 그것이 가족 안에서 우리가 했던 일이기 때문이에요. 그 사람들의 똥을 우리 목구멍으로 꾸역꾸역 삼킨다니까요. 얼마나 많은 비만 소녀들이 죄식자일까요?"

이는 제기할 만한 가치가 있는 질문이었다.

이 지점에서 내 마음속에 또 다른 이야기가 스쳐 지나갔고, 그것 역시 장례식에 관한 이야기였다. 바로 안티고네의 이야기이다.

이오카스테와 오이디푸스의 딸인 안티고네는 반역자인 추락한 오빠의 장례식을 치름으로써 법을 어겼다. 그녀는 왕이었던 삼촌에 의해 투옥되었고, 감옥 안에서 목을 매어 자살했다. 헤겔과 키르케고르부터 프로이트와 라캉에 이르기까지 많은 학자들이 철학적, 심리학적, 윤리적 관점에서 안티고네에 관해 언급했다. 그러나 거기에는 객관적 사실이 늘 간과되고 있다. 즉, 안티고네는 자기 어머니의 행동을 반복했다. 이오카스테 역시 자기 손으로 죽었고, 역시 목을 매달았다는 것이다.

안티고네처럼, 에밀리의 어머니도 자살한 자기 어머니의 길을 따랐다. 에밀리가 자신의 아이에게 선사한 가장 찬란한 선물은 절망의 유산을 거부했다는 사실이다. 그럼으로써 바라던 바, 비극의 고리를 끊었다.

치료의 마지막 해 어느 날, 기차가 지연되면서 나는 에밀리와의 약속을 지키지 못했다. 그녀와 연락할 방법이 전혀 없었고, 나는 문 앞의 그녀가 점점 걱정을 많이 하다가 화가 나서 집으로 돌진하는 상상을 하며 끔찍한 기분이 들었다. 확실히, 이런 일로 위기가 발생하지는 않으리라고 생각했지만, 한두 주는 그녀를 무너뜨릴 수도 있다.

기차가 역에 도착하자마자, 나는 에밀리에게 전화를 했고 따뜻하고 차분한 그녀의 목소리를 듣고 놀랐다. 물론 나에게 안 좋은 일이 생겼을 수도 있다고 그녀가 말했다. 하지만 응급상황에 처한 다른 환자 때문에 내가 못 오고 있을 가능성이 훨씬 더 크며, 시간이 나는 대로 곧 연락할 것이다.

나는 전화를 끊고 몇 분간 앉아 있어야 했다. 이런 순간이 치료자들이 지구가 움직인다는 느낌을 받을 때이다. 숨겨져 있던 어떤 큰 사건이 튀어나온다거나, 환자가 감사의 마음을 내비칠 때가 아니다. 한 사람의 분자구조가 더 나은 방향으로 재배치된 느낌을 주는, 어찌 보면 일상적인 장면이 가장 만족스러운 순간이다. 그동안 에밀리의 치유를 위해 쏟아부었던 모든 시간, 인내, 기술, 연민, 돈이 그녀에게 도달한 느낌이었고, 도달했을 뿐만 아니라 일종의 정서적 암반층으로 자리를 잡았다는 느낌을 받았다. 처음 시작할 때 단지 내가 그녀를 알고 있음을 확인하기 위해 매일 나와 연락을 해야 했던 그녀가, 3주간 자리를 비울 때 내가 다시 돌아오리라고 상상할 수 없었던 그녀가, 지금은 전혀 예상치 못한 설명되지 않은 부재를 견딜 수 있었다. 그녀는 다른 사람이 자신을 늘 마음속에 품고 있다고, 이를 증명하기 위해 눈앞에 있지 않을지라도, 그녀 앞에 나타나지 못할 때조차도, 그렇게 하고 있다고 믿을 준비가 되어 있었다.

나는 건너편에 프리첼 가판대가 있는 30th 스트리트 역에 앉아 손바닥으로 전해지는 벤치의 나뭇결을 기분 좋게 느끼고 있었다. 키 큰 장식 램프가 어느 때보다 밝게 타오르고 있었다. 집처럼 편안했다.

* * *

에밀리는 지금은 대학생이 된 아이네즈와 가까운 곳으로 이사를 할까 하는 생각을 거듭하기 시작했다. 그녀는 캘리포니아로 이사할 계획을 세우기 시작했고, 그곳에 사는 활동가 친구들과 연락을 했다. 그들은 그녀가 정착을 하고 직장을 찾을 수 있도록 도와주겠다고 제안했다. 이런 계획을 논의하던 중 그녀는 자신의 치료 진척 상황을 평가하고 싶어 했다.

"치료가 제게 어떻게 도움이 됐을까요? 무엇보다, 제가 살아 있어요. 아니, 그 이상이죠. 더 이상 걸어다니는 재앙이라고 느끼지 않아요. 좋은 점과 나쁜 점을 갖고 있는 한 사람이라고 느껴요. 그리고 사람을 어떻게 사랑하는지도 알게 됐죠."

"놀라울 정도로 많이 변했어요." 내가 말했다.

"음, 비행기 태우지는 마세요. 저는 여전히 담배를 피워요. 여자친구도 없어요. 때로는 박사님이 마음속 깊이 저한테 실망하고 계시지는 않을까 하는 마음이 들기도 해요. 하지만 치료에서 어떤 사람이 A-인지 C+인지 누가 말할 수 있겠어요?"

나는 그녀가 담배를 절반으로 줄였다고 상기시키는 수고를 굳이 하지 않았다.

"실망이라뇨? 에밀리, 치료는 완벽한 사람을 만드는 일이 아니에요. 작년에 **변화**가 무엇인지 같이 정했는데, 기억해요? 모든 사람이 일하고 사랑하는 방법을 배웠다고 느끼고 싶어 한다, 뿐만 아니라 자기 부모보다 더 낫기를 바란다고요."

"맞아요. 엄마는 자기 엄마가 했던 것보다 두 배 더 저를 버텨줬다고 우리가 말했었죠. 내가 아이네즈에게 평생 엄마를 가질 기회를 줬다는 건 아마 최고로 멋진 일일 거예요."

"살아 있을 뿐만이 아니죠." 내가 덧붙였다. "잘 들어주고 과하게 방해하지 않으면서 도와줄 수 있는 그런 엄마죠. 다시 학교에 가고 친구를 사귐으로써, 딸에게 스스로 삶을 잘 가꿔나가는 사람의 표본이 되어 주었어요. 다른 가족들이 5세대에 걸쳐 이룰 만한 치유를 1세대 만에 이루어 냈죠!"

에밀리와의 이런 마지막 시기의 작업은 수월했고 상처를 주지 않았다. 종결이 마땅하다고 느껴졌다. 위니컷은 '이만하면 좋은 치료자'와의 이별을 중간 대상 혹은 담요를 두고 떠나는 것에 비유했다. 한때는 심적인 안전을 위해 꼭 필요했지만, 이제 담요는 상관이 없어졌다. 위니컷이 말하길, 파괴되거나 먹히지는 않았고 그냥 남겨졌다.

* * *

에밀리는 3월의 어느 비오는 날 필라델피아를 떠났다. 그녀는 여러 주소지에서 카드를 보내며 자신이 잘하고 있음을 알렸다. 나는 그녀가 잘 해 나가고 있는 모습을 보는 즐거움으로 다른 일들을 좀 더 쉽게 견딜 수 있었다. 특히 그레이스 선생님의 죽음이 그랬다. 그레이스 선생님은 내가 바라던 만큼 우리보다 오래 사시지 못했다. 선생님이 늘 그립다.

10년 반을 이어온 치료의 성과를 어떻게 판단해야 할까? 환자가 사랑하는 사람과의 결혼 혹은 동반자 관계를 맺지 않은 채 치료가 끝났기 때문에 치료 성과가 부족하다고 보는 치료자들도 있을 것이다. 미혼자들이 이바지한 다양하고 광범위한 문화적 공헌에도 불구하고, 기혼이 더 낫다는 편견이 여전히 존재한다. 사람들은 독신남녀를 측은하게 보거나, 미성숙하고 흠집이 있고 이기적이라고 꾸짖는다. 다행히도 에밀리의 치료자인 나는 이런 관점을 갖고 있는 사람이 전혀 아니었다. 다른 환자들에게 그랬듯, 동거를 하든 결혼을 하든 둘 다 하지 않든 간에, 나는 그녀의 욕구와 그녀의 선택을 존중할 수 있었다.

결혼의 가치 혹은 친밀관계의 지속성이라는 문제는 우리를 '쇼펜하우어의 포큐파인 우화'로 돌아가게 만든다. 그 우화는 다음과 같이 끝난다.

> Wer jedoch viel eigene, innre Warme bat, bleit lieber aus der Gesellshcaft weg, um keine Beschwerde zu geben, noch zu empfangan.
>
> 안에 온기가 많은 자들은 무리와 떨어져 지내기를 선호했다. 그럼으로써 문제를 가장 적게 일으키고 가장 적게 맞닥뜨렸다.

에밀리는 보이지 않는 '내부의 온기'를 일구어 낸 사람이었다. 그럼으로써 사랑할 수도 있고 홀로 지낼 수도 있다.

자유롭게 혼자 살기를 선택하건, 사랑하고 그 사랑에 충실하건, 둘 다 바람직한 능력이다.

이것이 대화치료에서 하는 작업이다.

| 주석 |

★각주 앞의 숫자는 본문의 해당 페이지이다.

명구

10 "사랑을 이길 수 있는": Napoleon, *Maxims*

10 " … 여성의 신": A. Walker의 소설 *Possessing the Secret of Joy*(New York: Washington Square Press, 1992)의 등장인물 M' Lissa의 말

10 "사랑에 대해": E. E. Cummings의 *Complete Poems 1904-1962*(New York: Liveright Publishing Corporation, 1991), 편집 C. Firmage, p. 453. 허락을 받고 인용하였다.

사랑 안에 미움의 방 만들기

11 "작은 조각들": H. D(Hilda Doolittle), *Tribute To Freud*(New York: New directions, 1974), p. 175

12 "강의에 대한 불안": 야생 포큐파인을 구경하고 또 강의도 한다는 프로이트의 계획에 대한 설명은 E. Jones의 *Sigmund Freud: Life and Work, Vol. 2, Years of Maturity, 1901-1919*(New York: Basic Books, 1955), p. 59를 보라. 분명, "포큐파인을 찾는다."는 표현은

프로이트 주변에서 유명한 말이 되었다.

13 "쇼펜하우어의 유명한 우화": 포큐파인에 대한 프로이트의 관심이
    쇼펜하우어의 우화와 관련이 있지 않을까 생각한 사람이 내가 처음
    은 아니다. 그러나 내가 찾아본 바로는 그런 관련성을 언급한 유일
    한 문헌은 L. Ginsburg의 "Imprint of Sigmund Freud's interest in
    porcupines upon study of group constructs, in *Psychoanalysis
    and Contemporary Thought, 8*(1985), pp. 515-528였다. 우화 원문
    은 *Parega and Paraliptomena*, Vol. II(Zurich: Haffmans-Verlag,
    1988, pp. 559-560)에 실려 있다. T. B. Saunders의 영어번역을
    The Essays of Arthur Schopenhauer(New York: Willey Book
    Co.,1925), p. 100에서 볼 수 있다.

13 "집단심리학": 프로이트는 "*Group Psychology and the Analysis of
    the Ego*(1921), 번역 J. Strachey(New York: Norton, 1959), p. 33에
    서 쇼펜하우어의 우화를 논하였다.

14 "애증의 관계": D. Winnicott의 "Hate in the countertransferrence,
    in *Through Paediatric to Psychoanalysis*(New York: Basic Books,
    1975), pp. 194-203을 보라.

14 "자신이 좋은 사람이라고 믿는": Fay Weldon의 이 말은 R. Parker의
    Mother Love, Mother Hate(New York: Basics Books, 1995), p. 5에
    서 저자와 Fay Weldon의 개인적인 대화라며 인용되었다.

14 "사랑에는 미움의 방이 있음이 분명하.": Molly Peacock의 시집
    Take Heart(New York: Vintage Books, 1989), p. 71에 실린 시
    "There Must Be"에서 저자의 허락을 구하고 인용하였다.

16 "사랑은 무엇인가": Plato, *Eurthyphro, Crito, Apology and
    Symposium*(South Bend, IN: Regency/Gateway, 1953).

19 "나는 항상 불안한 근심이 … ": A. Schopenhauer, *Manuscript*

Remains, Vol. 4, 편집 A. Hubscher(Oxford, 1988-1990), p. 507.

19 "내 삶의 위안": *Parega and Paraliptomena*, Vol. II(Oxford: Oxford University Press, 1974), p. 397 및 C. Janaway, *Schopenhauer* (Oxford: Oxford University Press, 1994), p. 15.

19 프로이트와 쇼펜하우어의 관계는 복잡하다. 프로이트는 자신의 개념 인 죽음의 추동을 설명하면서 청중에게 다음과 같이 말했다. "아마도 여러분은 어깨를 으쓱거리면서 '그건 자연과학이 아니에요. 쇼펜하 우어의 철학이지!'라고 하시겠죠."(*New Introductory Lectures*[New York: Norton], p. 95). 프로이트는 다른 곳에서는 노년이 되기 전까 지는 쇼펜하우어를 읽어 본 적이 없다고 주장했다. 하지만 당시 유럽 에서 교육을 받은 사람이라면 쇼펜하우어의 철학을 얼마간은 알고 있었을 것이기 때문에, 비록 프로이트가 1921년 『집단심리학』 전까지 쇼펜하우어의 포큐파인을 인용한 적이 없더라도, 1909년 그가 미국 에 갈 때 그 우화를 염두에 둘 수 없었으리라고 결론 내릴 이유는 없 다. 두 사상가의 관계에 대한 더 많은 내용은 C. Young & A. Brook, "Schopenhauer and Freud", *International Journal of Psycho-Analysis*, 75(February, 1994), pp. 101-118을 보라.

19 "안나 오"는 역사상 최초의 정신분석 환자였던 활동가이자 페미니스 트인 Bertha Pappenheim에게 붙인 가명이다. J. Breurer & Freud, *Studies on Hysteria*(New York: Basic Books, 1982), pp. 21-47을 보라. Pappenheim의 경력에 관해서는 L. Appignanesi & J. Forrester, *Freud's Women*(New York: Basic Books, 1992)을 보라.

20 "기본 심리학": B. Spock, *Baby and Child Care*(New York: Pocket Books, 1998), p. 33. 이 책은 5천만 부가 넘게 팔렸다.

20 "전반적인 여론의 동향": W. H. Auden, "In Memory of Sigmund Freud", in *Collected Poems*, 편집 E. Mendelson(New Work: Vintage Books, 1991), p. 275.

20 "카우치 경험": S. Caesar(R. Gehman과의 대담), "What Psychoanalysis did for me," *Look*(October 2, 1956), pp. 48-51.

20 "10명 중 1명의 미국인들이 프로작을 복용한다.": J. Glenmullen, *Prozac Backlash*(New York: Simon & Schuster, 2000), p.15 및 P. Breggin, *Talking Back to Ritalin: What Doctors Aren't Telling You About Stimulants and ADHD*(Cambridge, MA: Persecus, 2001)를 보라.

21 "심리치료가 뇌에 화학적 변화를 일으킨다.": 정신과 의사 Susan Vaughan은 심리치료가 세로토닌 수준을 높여준다고 제안하는 연구를 설명하였다. 그녀의 The Talking Cure(New York: Henry Holt, 1997)를 보라.

22 "나는 정신분석가이다.": R. Lindner, *The Fifty-Minute Hour*(New York: Rinehart & Co., 1954). Lindner는 아마 *Revel Without a Cause*의 원저자로 더 많이 알려져 있을 것이다.

22 "역전이의 사용": S. Orbach, *Impossibility of Sex*(New York: Viking, 2000)를 보라.

22 "그에 따른 문제를 해결할 수 있는 완벽한 방법": 이 문제에 관한 윤리적, 임상적 복잡성을 다룬 *Psychoanalytic Dialogues*, 10, no. 2 (2000)를 보라.

23 "아내를 모자로 착각하는 사람은 없다.": O. Sacks, *The Man Who Mistook His Wife for a Hat*(New York: Harper & Row, 1987)를 보라.

24 "사례가 픽션": P. Roth, *My Life as a Man*(New York: Vintage Books, 1970), p. 242.

25 "전이와 저항": S. Freud, *On the History of the Psycho-Analytic*

Movement(1914), (New York: Norton, 1966), p. 16을 보라.

25 "전이관계": 역전이에 대한 Freud의 관점을 보려면, "The future prospects of psychoanalytic therapy", in *Therapy and Technique*(New York: Norton, 1963), pp. 80-81을 보라. 역전이를 유용한 치료도구로 보는 현대의 관점은 M. Tansey & W. Burke, *Understanding Countertransference*(Hillsdale, NJ: Analytic Press, 1989) 및 A. Green, *On the Private Madness*(Madison, CT: International Universities Press, 1972)를 보라.

27 "세 번째 중요한 차원": 정신분석에서 놀이와 버텨주기에 관한 위니컷의 관점은 그의 *Playing and Reality*(London: Tavistock Publication, 1971) 및 *Home is Where We Start From*(New York: Norton, 1986)를 보라.

27 "이만하면 좋은 엄마": "클라인이 사용했던 '좋은 엄마'와 '나쁜 엄마'라는 용어는 내적 대상이며 실제 여성들과는 아무런 관련이 없다. 실제 여성들이 아기들과 할 수 있는 최선은 **이만하면** 좋은 민감성을 보이는 일이다. ⋯ " D. Winnicott, 편집 E. Rodman, *The Spontaneous Gesture*(Cambridge, MA: Harvard University Press, 1987), p. 38을 보라.

28 "언젠가는 죽을 운명의 하찮은 존재"는 J. Lacan, "The mirror stage as formative of the function of the I", in *Écrits*, 번역 A. Sheridan(New York: Norton, 1977), p. 7에 나오는 문구이다.

29 "세 세대(두 세대가 아니라)를 파악해야 한다.": 전이에 관한 라캉의 세미나(아직 영어로 번역되지 않음)에서 세 세대의 중요성이 처음으로 언급되었다. *Le Séminaire, Livre VIII, La Transfert*(1960-1961) (Paris: Seuil, 1991)를 보라.

29 "성적인 관계는 존재하지 않는다.": 이 개념은 J. Lacan, *Encore: The*

Seminar of Jacques Lacan, Book XX, 번역 B. Fink(New York: Norton, 1999), p. 66에 설명되어 있다.

29　라캉은 La Transfert에서 『향연』을 논하며 아리스토파네스식 사랑을 비판한다.

29　"분석의 목표": 라캉주의자들은 분석이 '치료적'이라고 보지 않았다. 다음과 같은 프로이트의 말이 자신들의 견해를 지지한다고 말할 수 있을 것이다. "[나]의 발견은 일차적으로 치유가 전부가 아니다. 나의 발견은 매우 심오한 철학의 기초이다. 이를 이해하는 사람은 극히 드물다." H. D. (Hilda Doolittle), Tirbute to Freud(New York: New Directions, 1974), p. 18에서 인용. 라캉식 정신분석의 임상 사례는 S. Schneiderman, Returning to Freud(New Haven: Yale University Press, 1980)를 보라.

29-30　"위니컷은 치료를 경멸하지 않았다.": 실제로 그는 치료의 목표가 정신분석의 목표와 상반된다고 보지 않았다. Freud의 "On Psychotherapy", in Therapy and Technique(1904)(New York: Collier Books, 1963), pp. 63-76을 보라.

33　"일상생활의 포큐파인 딜레마": 프로이트의 유명한 말을 여기서 조금 달리 표현해 보았다. 즉, "당신의 히스테리적인 불행을 일상적인 불행으로 바꾸는 데 우리가 성공할 수 있다면 많은 것을 얻을 수 있을 겁니다." J. Breuer & S. Freud, Studies on Hysteria(New York: Basic Books, 1982), p. 305.

1장. 동상이몽

37　"사실 모든 결혼은 둘이다.": J. Bernard, The Future of Marriage (New York: Bantam Books, 1972).

37 "동상이몽": 내가 이해한 바로, 이 중국 경구는 결혼한 부부는 각자 다른 생각을 하며 함께 산다는 의미이다.

46 "정서 교류": '투사적 동일시'는 유아가 감당하기 어려운 정동을 분열시켜 어머니의 가슴에 '저장'하는 현상을 기술하기 위해 멜라니 클라인이 만들어 낸 용어이다. 대상관계 이론가들은 이 용어를 다른 관계로 확장하여 사용하였다. M. Tansey & W. Burke, *Understanding Countertransference: From Projective Identification to Empathy*를 보라. 이 용어를 '투사'와 혼동해서는 안 된다. 투사에는 분열된 정서를 다른 사람이 떠맡는다는 의미가 담겨 있지 않다.

64 "위기의 가족": 르로이 존슨의 이야기는 D. Luepnitz, *The Family Interpreted*(New York: Basic Books, 1988), pp. 280-316에서 볼 수 있다.

67 "아무도 혼자 먹은 적이 없다.": C. Bloom et al., *Eating Problems* (New York: Basic Books, 1994)를 보라.

71 "상처받은 자존심": R. Sennett & J. Cobb, *The Hidden Injuries of Class*(New York: Norton, 1972).

74 라캉의 '거세'는 전통적인 성차별주의자들이 사용하는 거세와는 다르다. 성차별주의자들은 약한 존재로 인식되는 여성들이 강한 존재로 인식되는 남성들을 '거세'한다는 의미로 이 용어를 사용했다. 라캉의 용어 사용에서는 생물학적인 여성성과 남성성은 중요하지 않다. 그는 "남성들과 마찬가지로 여성들도 거세를 겪어야 한다."고 썼다. *Seminar of 21 January 1975*, 편집 J. Mitchell & J. Rose, in *Feminine Sexuality*(New York: Norton, 1982), p. 168을 보라.

85 "자신들의 불안을 로지에게 투사하고 있었다.": 이는 단순한 투사이다. 만약 아이에게 자신들의 두려움을 저장하려 했다면, 투사적 동일시가 됐을 것이다. 지금 아이는 두려워하는 행동을 보이지 않는다.

그들이 그런 행동을 보였다.

2장. 7월의 크리스마스 ────────────────────

95 "초불안정형 당뇨병"은 1980년대에 Philadelphia Child Guidance Clinic의 연구자와 임상가들이 정신신체적 요인의 영향을 받는 당뇨병을 지칭하기 위해 통상적으로 사용하던 용어이다. S. Minuchin, *Families and Family Therapy*(Cambridge, MA: Harvard University Press, 1974), p. 7을 보라. 이후 당뇨병 의학에는 많은 발전이 있었다.

98 "아동의 정신신체질환에 관한 연구": S. Minuchin, B. Rosman, & L. Baker, *Psychosomatic Families*(Cambridge, MA: Harvard University Press, 1978)를 보라.

110 "다른 가족을 보내 주세요.": 이는 프로이트가 *The Psychopathology of Everyday Life*(1901)(New York: Norton, 1960)에서 기술한 일종의 실책 행동이다.

112 "이러한 가족의 계획은 … "은 S. Freud, "Notes upon a case of an obsessional neurosis", in *Three Case Histories*(1909)(New York: Collier Books, 1963), pp. 56-57에 나온다.

119 "스퀴글": D. Winnicott, "The Squiggle Game", in *Psychoanalytic Explorations*(Cambridge, MA: Harvard University Press, 1989), pp. 299-317을 보라.

125 "만약 내가 나를 위하지 않는다면 … ": *Pirke Avot*, Vol. 1. p. 14.

128 "이 나이는 … ": C. Gilligan, *In a Different Voice*(Cambridge, MA: Harvard University Press, 1982), 혹은 *The Birth of Pleasure*(New York: Vintage, 2003)를 보라.

136 "세 가지 등록소": 세 가지 등록소라는 라캉의 개념은 그의 첫 번째 세미나에서 등장하였고, 이후 그의 연구과정 전반에 걸쳐 발전하였다. *The Seminar of Jacques Lacan, Book I, 1953-4*, 번역 J. Forrester (New York: Norton, 1988)를 보라. R. Samuels, *Between Philosophy and Psychoanalysis*(New York: Routledge, 1993)에 이 세 가지 등록소가 잘 소개되어 있다.

137 "잠재적 공간": D. Winnicott, *Playing and Reality*(London: Tavistock, 1971)를 보라.

139 착한 사마리아인 이야기는 루카복음서 10장 30-35절에 나온다.

3장. 트렌턴의 돈 후안

146 "프로이트식으로 보면 … 묘한 구석이": S. Freud, "The uncanny" (1919), in *Studies in Parapsychology*(New York: Collier, 1963), pp. 19-62를 보라.

150 " '거짓 자기' 혹은 '가장' 인격": '거짓 자기'는 위니컷의 용어이며, '가장 인격'은 H. Deutsch가 처음 사용했고("Some forms of emotional disturbance and their relationship to schizophrenia", in *Neuroses and Character Types*[New York: International Universities Press, 1965]를 보라), M. Khan에 의해 채택되었다(*The Privacy of the Self*[London: Hogarth, 1974]).

151 "참 자기는 냉장고 속으로 들어가며": D. Winnicott, "Mirror role of mother and family in child development," in *Playing and Reality*(London: Routledge, 1971), pp. 111-118.

151 "세비야의 난봉꾼과 석상의 초대": *El Burlador de Sevilla y el convidado de piedra*, 번역 G. Edwards(Warminster, UK: Aris &

Phillips, 1986).

152 O. Rank, *The Don Juan Legend*, 번역 D. Winter(Princeton, NJ: Princeton University Press, 1975), p. 41; 1930년에 처음 출판되었다.

153 "끔찍한 아르헨티나 영화": 내가 본 영화는 〈마음의 심연(The Dark Side of the Heart)〉(1992)이다.

158 "네부카드네자르 왕": 임금이 신하들에게 말했다. "뭔가가 내게서 빠져 나간다: 너희가 그 꿈과 뜻을 나에게 설명해 주지 않는다면, 너희 사지는 찢겨나가고, 너희 집들은 쓰레기 더미가 될 것이다"(다니엘서 2장 3-6절). 다니엘은 시간을 더 달라고 청해서 승리한다.

162 "그가 여자들과 함께 있을 때 … ": G. Byron, *Don Juan*(New York: Penguin, 1973), Canto XV, 16, p. 501.

166 "남자아이들을 무감각하게 만드는 일들이 일어난다.": C. Gilligan, *The Birth of Pleasure*(New York: A. A. Knopf, 2002)를 보라.

166 "남자가 되기를 거부한다.": J. Stoltenberg, *Refusing to Be a Man* (Portland, OR: Breitenbush Books, 1989).

176 "우울은 하나의 성취": 위니컷의 이 말은 멜라니 클라인의 개념에 기초하고 있다. 멜라니 클라인은 유아의 우울 포지션은 편집-분열 포지션 다음에 오는 발달단계라고 하였다. D. Winnicott, "The Value of Depression", in *Home Is Where We Start From*, 편집 C. Winnicott(New York: Basic Books, 1986), pp. 71-79.

180 "**사실상** 낙태 찬성론자가 되는 낙태 반대론자들": 낙태를 반대하는 광신도들의 공격을 매일매일 겪는 병원 관계자들은 바로 그 여성들이 환자로 올 때 낙태수술을 해 줘야 하는지 하는 질문을 두고 골머리를 앓는다. 펜실베이니아의 알렌타운 여성센터는 이런 문제에 직면해서 낙태수술을 받는 조건으로 절차가 합법적이라는 진술서에 서명하도

록 그 여성들에게 요구했다. 그러자 국립여성기구(NOW)의 몰리 야드 회장은 병원은 조건 없이 모든 여성에게 수술을 제공해야 한다며 이러한 움직임에 반대했다. "Testing patients' politics: Clinic puts conditions on abortion foes", *Philadelphia Inquirer*, 1989년 8월 2일자를 보라.

180 "반복 강박": S. Freud, *Beyond the Pleasure Principle*(1922) (New York: Norton, 1961)를 보라.

191 "그 여자의 얼굴": Karen Horney는 "The Dread of woman"(in *Feminine Psychology*[New York: Norton, 1967], pp. 133-146)에서 남자들이 자기 자신의 열등감에 대한 반동형성으로 여자들에 대해 갖는 원시적인 경멸을 묘사하였다. 사내아이는 엄마를 원하지만 자신의 몸이 엄마를 만족시키기에는 적합하지 않다고 겁을 먹는다. 자기 자신이 작고 취약하다고 느끼는 대신, 아이는 엄마가 너무 크고, 게걸스럽고, 위험하다고 본다. 마찬가지 맥락에서, 강력하고 다루기 힘든 속성은 종종 여성화된다. D. Dinnerstein, The *Mermaid and the Minotaur*(New York: Harper & Row, 1976)도 보라.

200 "상담실에서 다양한 정치주제들": A. Samuels, *The Political Psyche* (London: Routledge, 1993). *Politics on the Couch*(New York: Other Press, 2001)도 보라.

200 "오이디푸스 콤플렉스 … 완전히 폐기": G. Deleuze와 F. Guattari, *Anti-Oedipus*(New York: Viking, 1977)를 보라. 여기서 저자들은 정신이상을 미화하며 정신분석을 '분열분석(schizoanalysis)'이라는 용어로 대체하자고 했다. 오이디푸스적 사고에 대한 페미니스트 비평으로는 L. Irigaray, *Speculum of the Other Woman*(Ithaca, NY: Cornell University Press, 1985) 및 C. Gilligan, *The Birth of Pleasure*(New York: A. A. Knopf, 2002)가 있다. Gilligan은 오이디푸스 신화를 에로스와 프시케 신화로 대체하자고 제안했다. 왜

냐하면 이 신화는 주인공이 여성일 뿐만 아니라 죽음과 상실이 결말이 아닌 결혼과 딸의 출생으로 끝나기 때문이다. N. O'Conor와 J. Ryan은 오이디푸스 이론을 없애지 말되 강압적이고 협소한 해석에서 벗어나야 한다고 했다. 이들의 *Wild Desire and Mistaken Identities: Lesbianism and Psychoanalysis*(New York: Columbia University Press, 1993)를 보라. 문화와 인종 문제에 초점을 맞춘 오이디푸스 비평으로 F. Fanon, *Black Skin, White Masks*(New York: Grove Press, 1967)를 보라. C. Bollas, "Why Oedipus?" in *Being a Character*(New York: Hill & Wang, 1992)도 보라. Lacan은 오이디푸스 콤플렉스는 정신분석의 초석이라는 입장을 유지했지만, 엄마, 아빠, 아이라는 기존의 삼각구도에 죽음이라는 네 번째 용어를 추가하였다. 그는 소포클레스의 '오이디푸스 왕'보다 '콜로누스의 오이디푸스'가 분석가들의 흥미를 더 끈다고 느꼈다. J. Lacan, "The Neurotic's individual myth", 번역 M. Evans, *Psychoanalytic Quarterly*, 48(1979), pp. 405-425를 보라.

4장. 다윈의 핀치

205 "얼마나 사소한 차이": C. Darwin, Asa Gray에게 보낸 편지, in *The Correspondence of Charles Darwin*, 8 vols, 편집 F. Burkhardt & S. Smith(Cambridge, UK: Cambridge University Press, 1985).

211 "조증 방어": M. Klein, "On the theory of anxiety and guilt", in *Envy and Gratitude*(London: Hogarth Press, 1975), pp. 25-42.

213-214 "페미니스트들은 … 지적했다.": 일례로, L. Eichenbaum & S. Orbach, *Understanding Women: A Feministic Psychoanalytic View*(New York: Basic Books, 1983)를 보라.

215 "내 자신의 목소리": J. Kincaid, *Anni John*(New York: Noonday

Press, 1983), p. 41.

217 "침범(impingement)": D. Winnicott, *Psychoanalytic Explorations* (Cambridge, MA: Harvard University Press, 1989).

219 "자기심리학자들": H. Kohut, *The Analysis of the Self*(New York: International University Press, 1971)를 보라.

219 "유아를 **알아봐 주는** 어머니의 능력": D. Winnicott, "Mirror role of mother and family in child development", in *Playing and Reality* (London: Routledge, 1971), pp. 111-118를 보라.

219 "거울단계(mirror phase)": J. Lacan, "The Mirror stage as formative of the function of the I as revealed in psychoanalytic experience," in *Écrits*, 번역 A. Sheridan(New York: Norton, 1977), pp. 1-7.

219 "남자를 실제 크기의": V. Woolf, *A Room of One's Own*(New York: Harcourt, Brace & World, 1929), p. 35를 보라.

222 "**근사한 낙원**": J. Kincaid, *Annie John*, p. 25(강조체는 인용자에 의함)

226 "자연에서 모성본능보다 더 강력한 것은 없다": 일례로, 다윈은 다음 과 같이 말했다. "다른 본능을 능가하는 본능 중에서 내가 알고 있 는 가장 흥미로운 본능은 모성본능을 능가하는 이주본능이다. … 이 주본능은 놀라울 만큼 강력하다. … 그럼에도 이주본능은 너무나 강 력하다. 그래서 늦가을에 제비와 흰털발제비는 연약한 어린 새끼 를 둥지에 버리고 떠나기 일쑤이며, 어린 것들은 둥지에서 끔찍한 최후를 맞이한다." *The Descent of Man*(Princeton, NJ: Princeton University Press, 1981), pp. 83-84를 보라.

229 "딜레이니 자매": S. Delaney & A. Delaney, *Having Our Say*(New York: Dell, 1993)를 보라.

229 "분석의 종결": M. Klein, "On the criteria for the termination of psycho-analysis," in *Envy and Gratitude*, p. 45를 보라. 클라인이 이 글을 쓴 목적은 분석 종결 시점의 우울 및 피해 망상적 불안의 감소를 기술하기 위함이다. 성에 대해서는 논의하고 있지 않다. 그러나 그녀가 아무렇지 않게 이성애를 규준에 추가할 수 있었다는 사실은 프로이트를 지우기 위한 많은 일들이 이미 이루어지고 있었음을 시사해 준다. 프로이트는 동성애가 질병이 아니라고 밝혔을 뿐만 아니라 동성애 남성과 여성을 분석가로 받아들이지 않는 Jones를 비롯한 다른 사람들을 격렬하게 반대하였다. M. Magee & D. Miller, *Lesbian Lives: Psychoanalytic Narratives Old and New*(Hillsdale, NJ: Analytic Press, 1997)를 보라.

231 "학대를 당한 많은 소녀들이 이렇게 말한다.": J. Herman, *Father-Daughter Incest*(Cambridge, MA: Harvard University Press, 1981)를 보라.

231 "많은 사람들이 외상 사건을 억압": 성학대의 과거력이 있는 129명의 여성들에게 그들이 학대당한 이력을 질문한 L. Williams의 탁월한 연구를 참고하기 바란다. 38%에 이르는 여성들이 17년 전 문서로 남아 있는 사건을 기억해 내지 못했다. 추행을 당한 나이가 어릴수록, 가해자가 아는 사람일수록 사건을 기억해 내지 못하는 경우가 많았다. "Recall of Childhood trauma": A prospective study of women's memories of child sexual abuse", *Journal of Consulting and Clinical Psychology*, *62*(1994), pp. 1167-1176을 보라.

234 "이 어려운 수수께끼의 열쇠는 … 논문에 있었다.": F. Sulloway, "Darwin and his finches: The evolution of a legend," *Journal of History of Biology*, *15*(1982), pp. 1-53. 인용문은 p. 40에 나온다.

235 "이종교배를 하지 않으려고 조심": D. Lack, *Darwin's Finches*, 편집 L. Ratcliffe & P. Boag(Cambridge, UK: Cambridge University

Press, 1983).

235 "가장 튼튼하다!": P. Grant & R. Grant, "Hybridization of birds species," *Science*, *256*(1992), pp. 193-197을 보라. 그리고 J. Weiner가 쓴 멋진 책 *The Beak of the Finch*(New York: Vintage, 1994)도 보라. Weiner에 따르면, 다윈은 유전자와 유전부호에 대해 몰랐지만 발견을 예견하였다. 그는 그것들이 "혈액 속을 흘러다니는 한 무리의 글자들"이라고 상상했다. 다윈은 이렇게 썼다: "그리고 이 글자들은 마치 종이에 보이지 않는 잉크처럼 쓰여 있어서 조직이 어떤 알려진 혹은 알려지지 않은 조건에 의해 방해를 받을 때마다 진화할 준비를 하고 있다."(p. 214) 여기서 다윈은 글자와 실재의 관계에 관심을 갖는 타고난 라캉주의자이다.

239 "상징계의 등록소(the register of the symbolic)": J. Lacan은 상징계 등록소의 중요성을 "The function and field of speech and language in psychoanalysis", in *Écrits*, 번역 A. Sheridan(New York: Norton, 1977), pp. 30-113에서 강조하였다. 그가 가족의 이름이 미치는 영향에 관심이 있었다는 사실은 Claudel의 "Coûfontaine family"를 소재로 한 전이에 관한 세미나에서 명백하게 드러난다. *Le séminaire, Livre VIII*(Paris: Seuil, 1991)를 보라.

239 "우리는 말을 하기 전부터": J. Lacan, *The Seminar of Jacques Lacan, Book II: The Ego in Freud's Theory and in the Technique of Psychoanalysis*(1954-1955), 번역 Sylvana Tomaselli(New York: Norton, 1988)를 보라.

240 "아름다움보다 더 영원한 은총": Sophocles, *Oedipus at Colonus*, in *Complete Greek Tragedies*, Vol. 1, 편집 D. Greene & R. Lattimore, 번역 D. Green(Chicago: University of Chicago, 1954), 3막, p. 105.

250 "성공해서 망한 사람들"은 S. Freud, *Character and Culture*(1916)

(New York: Collier, 1963), pp. 157-181 중 "Some character type met with in psychoanalytic work"라는 제목의 글 일부이다. 두 번의 인용문은 pp. 162-163에 나온다.

251 "얼어붙은 슬픔(frozen grief)"이라는 용어는 니카라과 혁명기에 니카라과에서 살며 일했던 정신분석가 Marie Langer의 책에서 처음 보았다. 그녀의 전기 작가 Nancy Hollander는 다음과 같이 썼다. "[Langer]는 니카라과에 광범위하게 퍼져 있던, 그녀가 '얼어붙은 슬픔'이라고 불렀던 현상에 관해 이야기하였다. 그녀는 다수의 개인들이 혁명전투와 반혁명전투에서 상실을 경험했으며, 애도할 … 기회를 갖지 못했다고 설명했다. 사랑하는 사람의 상실을 슬퍼하지 못했던 사람은 정신신체질환 혹은 대인갈등과 같은 전혀 무관해 보이는 증상에 시달릴 수 있음을 그녀는 지적했다. 그런 사람은 … 과거에 매여 있게 된다." M. Langer, *From Vienna to Managua: Journey of a Psychoanalyst*, 번역 M. Hooks(London: Free Association Books, 1989), p. 6을 보라.

252 "잃어버린 시간에 대한 애도": S. Freud, "Mourning and melancholia", in *General Psychological Theory*(1917)(New York: Collier, 1963), pp. 164-179.

255 "어머니가 딸과 과잉동일시하는 경향": S. Freud, "Female sexuality", in *Sexuality and the Psychology of Love*(1931)(New York: Collier, 1963), pp. 194-211.

255 "남아와 여아 간의 차이": Chodorow는 여아와 남아에 대한 어머니의 애착 속성에 대해서 프로이트의 설명을 따랐지만, 그 함의에 대해서는 다르게 주장하였다. N. Chodorow, *The Reproduction of Mothering*(Berkeley: University of California Press, 1978)을 보라.

255 "이름 지을 수 없는 무언가": J. Kincaid, *Anni John*, p. 88.

259 "인종은 중요하다.": *Race matters*는 Cornel West가 쓴 멋진 책의 제목이다(Boston: Beacon Press, 1993).

260 "자기 자신의 저항을 부인하기보다는": 이후 몇 년 사이에, 내가 백인이고 끝없는 빈곤을 알지 못한다는 이유로 우리의 배경을 '비교할 수 없다.'고 치료 초기에 결론 내린 것은 나의 또 다른 저항이었다고 생각하게 되었다. 아이일 때의 나의 운명을 그녀와 비교하는 건 지나치다고 느꼈었다—하지만 비슷한 점이 있었고 나는 정말 그녀와 강한 유대감을 느꼈다. 다른 사람과 과도하게 동일시하며 그 사람의 고통을 자신이 느낄 수 있다고 가정할 수 있듯이, 그런 생각에서 너무 빨리 도망갈 수도 있다. Philip Cushman은 이 사회에서 '백인'이라는 것은 돈과 권력이 있다는 의미이며, 그렇지 못한 백인은 어찌 보면 그냥 백인으로 "통할 뿐이다."라고 말했다. 내 자신이 주변부 출신이며 계층에서 오는 굴욕감이 있음을 기억하지 않기 위해 내가 저항했으며, 그럼으로써 펄이 나 대신 그것들을 간직하게 했다고 말할 수도 있다. 그녀를 가여운 흑인 여성으로 만든다면 나는 진정한 백인이 될 수 있었던 것이다! 내가 이러한 성찰에 이르기까지 다음 2편의 논문 덕을 보았다. P. Cushman, "White guilt, political activity and the analyst," *Psychoanalytic Dialogues*, *10*(2000), pp. 607-618, 그리고 J. Gump, "A white therapist, an African-American patient—Shame in the therapeutic dyad," *Psychoanalytic Dialogues*, *10*(2000), pp. 619-632.

260 "너무 흑인다울까 봐": K. Leary, "Racial enactment in dynamic treatment," in *Psychoanalytic Dialogues*, *10*(2000), pp. 639-654.

5장. 죄를 먹는 사람 ────────────

272 "가족 전체를 여기에 살게도": 우리 병원은 입원환자 정책으로 위기 가족(전부는 아니지만 대부분 가난한)이 2개월까지 살며 24시간 서

비스를 받을 수 있는 아파트 두 채를 운영하고 있었다. 이후에 이들은 외래환자로서 치료자를 배정 받는다. 세계적으로 유명한 이런 놀라운 프로그램은 1차 예산 삭감에서 폐지되었다.

273 "20%가 풀타임으로 일한다": 이는 비영리단체 Project H.O.M.E의 통계이다. 미국 주택 및 도시개발부(U.S. Department of Housing and Urban Development)는 1999년 노숙 성인의 44%가 최소한 파트타임으로 일한다는 사실을 발견했다. M. Otto, "HUD 보고서에 의하면 노숙자의 44%가 직업을 갖고 있다.", *Philadelphia Inquirer*, 1999년 12월 21일자, A21면을 보라.

277 "에밀리라는 이름은" '쇼펜하우어의 포큐파인들'을 위한 가명이 아니라 오로지 내 환자에 대한 나의 경험을 기술하기 위해 생각이 났다. D. Lessing, *Memoirs of Survivor*(New York: Knopf, 1975)를 보라.

287 "경계선 성격장애": 경계선 질환의 정의와 치료에 기여한 분들 중 J. Masterson, *Psychotherapy of the Borderline Adult*(New York: Brunner/Mazel, 1976)와 O. Kernberg, *Object Relations Theory and Clinical Psychoanalysis*(New York: Jason Aronson, 1976)가 있다. 경계선으로 진단받은 젊은 여성들의 저서로는 E. Gordon, *Mockingbird Years*(New York: Basic Books, 2000), S. Kaysen, *Girl, Interpreted*(New York: Vintage, 1993)를 보라. M. Layton, "Emerging from the shadows", *Networker*, 5-6월호(1995)는 경계선 진단과 그것의 정치학을 명쾌하게 비평하였다. J. Davis & M. Frawley, *Treating the Adult Survivor of Childhood Sexual Abuse: A Psychoanalytic Perspective*(New York: Basic books, 1994)도 보라.

289 "위니컷의 명논문": D. Winnicott, "Hate in the countertransference," in *Through Paediatrics to Pshcho-Analysis*(New York: Basic Books, 1975)를 보라.

294 "나는 살아있다": E. Dickinson, *The Complete Poems of Emily*

Dickinson, Poem #470, 편집 T. Johnson(Boston: Little, Brown & Co., 1960), pp. 225-226.

299 "증상성 섭식에 관한 대화": K. Chernin, *The Obsession*(New York: Harper & Row, 1981)과 C. Bloom 외, *Eating Problems*(New York: Basic Books, 1994)를 보라.

301 "역겨운 매트": 이 말은 삼촌에 대한 그녀의 외상을 지칭하기도 하지만 라캉이 물(物, das Ding)의 개념에서 설명했던 오이디푸스 이전의 원시적인 공포를 말할 수도 있다. *The Seminar of Jacque Lacan. Book VII, The Ethics of Psychoanalysis 1959-60*, 번역 D. Porter(New York: Norton, 1992)를 보라.

302 "6명에 1명": J. Herman, *Father-Daughter Incest*(Cambridge, MA: Harvard University Press, 1981)를 보라.

313 "제가 얘기한 적이 있는데 기억하세요?": 죄식 행위는 19세기까지 웨일스 지역에서 행해졌고, 웨일스 이민자들이 많이 정착한 애팔래치아에서도 있었다. 시체 위에 놓인 음식은 TV에서처럼 잘 차려진 만찬이 아니라 소금을 넣은 빵이었다. 이는 웨일스 카디프에 소재한 웨일스 생활사 박물관의 Robin Gwyndaf 소장에게 들은 정보이다. 이 행위는 많은 소설에서 언급되었고, 그중 M. Webb의 Precious Bane, M. Atwood의 "The Sin Eater", in *Dancing Girls and Other Stories*(New York: Simon & Schuster, 1982)가 있다.

315 "360만 명 정도": D. Morrow, "Lusting after Prozac", *New York Times*, 1998년 10월 11일자 3면, p.1.

318 "성이 결코 '한쪽'이 아니다.": 일례로, 프로이트는 플리스에게 다음과 같이 썼다. "양성애! 당신 말이 정말 맞아요. 저는 모든 성행동을 네 사람이 포함된 과정으로 보는 데 익숙해지고 있어요." *The Complete Letters of Sigmund Freud to Wilhelm Fliess*, 번역 J. Mason

(Cambridge, MA: Harvard University Press, 1985), p. 364를 보라.

318 "꼬마 한스": S. Freud, "Analysis of a phobia in a five-year-old boy(1909)", in *The Sexual Enlightenment of Children*(New York: Collier, 1963), pp. 47-184.

319 "콤플렉스의 두 가지 측면 … 즉, 양성과 음성": S. Freud, *The Ego and the Id*(New York: Norton, 1962), p. 23.

319 "동성애적인 대상 선택을 할 수 있으며": S. Freud, *Three Essays of the Theory of Sexuality*(New York: Basic Books, 1962), p. 11.

320 "동성애는 … 질병으로 분류될 수 없습니다.": S. Freud, *The Letters of Sigmund Freud*, 편집 E. Freud(New York: Basic Books, 1960); 1935년 4월 9일자 편지, p. 277.

320 "동성애를 병리적 상태로 분류했었다.": *Homosexuality and Psychoanalysis*, 편집 T. Dean & C. Lane(Chicago: University of Chicago Press, 2001)은 이 문제에 관한 훌륭한 저서이다.

320 "자기 자신이 게이이거나 레즈비언인 정신분석가들이 쓴 성에 관한 저서들": K. Lewes, *The Psychoanalytic Theory of Male Homosexuality*(New York: New American Library, 1988), M. Magee & D. Miller, *Lesbian Lives: Psychoanalytic Narratives: Old and New*(Hillsdale, NJ: Analytic Press, 1997)를 보라.

320 "완전한 양성애": K. Chernin, *A Different Kind of Listening*(New York: HarperCollins, 1995).

332 "독신남녀를 측은하게 보거나": M. Clements, *The Improvised Woman: Single Women Re-inventing Single Life*(New York: Norton, 1998).

333 "Wer jedoch viel eigene": A. Schopenhauer, *Parerga and*

Paralipomena, Vol. II (Zurich: Haffmans-Verlag, 1988), pp. 559-560.

333 "안에 온기가 많은 자들": 이 번역은 내가 직접 했다. 이 문장이 더 낫다고 생각하는데, 왜냐하면 일반적인 번역본에서는 원전에 있지 않은 '남자' 혹은 '그'라는 단어를 첨가했기 때문이다.

| 참고문헌 |

Appignanesi, L., and Forrester, J. (1992). *Freud's Women*. New York: Basic Books.

Aron, L. (1995). "The internalized primal scene." *Psychoanalytic Dialogues*, 5, pp. 195-238.

Benjamin, J. (1988). *The Bonds of Love*. New York: Pantheon.

Benjamin, J. (1995). *Like Subjects, Love Objects*. New Haven: Yale University Press.

Bernard, J. (1972). *The Future of Marriage*. New York: Bantam Books.

Bloom, C., Gitter, A., Gutwill, S., Kogel, L., and Zaphiropoulos, L. (1994). *Eating Problems: A Feminist Psychoanalytic Treatment Model*. New York: Basic Books.

Bollas, C. (1992). *Being a Character: Psychoanalysis and Self Experience*. New York: Hill and Wang.

Bracher, M. (1993). *Lacan, Discourse, and Social Change*. Ithaca, NY: Cornell University Press.

Breggin, P. (2001). *Talking Back to Ritalin: What Doctors Aren't Telling You About Stimulants and ADHD*. Cambridge, MA: Perseus, 2001.

Breuer, J., and Freud, S. (1982). *Studies on Hysteria*. New York: Basic Books.

Byron, G. (1977). *Don Juan*, edited by T, Steffan, E. Steffan, and W. Pratt. London: Penguin Books.

Chernin, K. (1981). *The Obsession*. New York: Harper & Row.

Chernin, K. (1995). *A Different Kind of Listening*. New York: HarperCollins.

Chodorow, N. (1978). *The Reproduction of Mothering*. Berkeley: University of California Press.

Clement, M. (1998). *The Improvised Women: Single Women Re-inventing Single Life*. New York: Norton.

Conway, K. (1997). *Ordinary Life: A Memoir of Illness*. New York: W. H. Freeman & Co.

Coontz, S. (1992). *The Way We Never Were*. New York: Basic Books.

Corbett, K. (2001). "More life: Centrality and marginality in human development." *Psychoanalytic Dialogues, 11*, pp. 313-335.

Cummings. E. E. (1991). *Complete Poems, 1904-1962*, edited by G. Firmage. New York: Liveright Publishing Corporation.

Darwin, C. (1839/1987). *Diary of the Voyage of the H.M.S. Beagle, Vol. 1, The Works of Charles Darwin*, edited by P. Barnett and P. Freeman. New York: New York University Press.

Darwin, C. (1859/1964). *On the Origin of Species*, edited by E. Mayr. Cambridge, MA: Harvard University Press.

Darwin, C. (1871/1981). *The Descent of Man, and Selection in Relation to Sex*. Princeton, NJ: Princeton University Press.

Davis, A. (1983). *Women, Race, and Class*. New York: Vintage.

Davis, A. (1998). *Blues Legacies and Black Feminism*. New York: Pantheon.

Dean, T., and Lane, C. (2001). *Homosexuality and Psychoanalysis*. Chicago: University of Chicago Press.

De Botton, A. (1997). *How Proust Can Change Your Life*. New York: Vintage.

Dickinson, E. (1960). *The Complete Poems of Emily Dickinson*, edited by T. Johnson. Boston: Little, Brown & Co.

Dimen, M. (1994). "Money, love, and hate: Contradiction and paradox."

Psychoanalytic Dialogues, 4, pp. 69-100.

Dinnerstein, D. (1976). *The Mermaid and the Minotaur: Sexual Arrangement and Human Malaise.* New York: Harper & Row.

Ehrenreich, B. (1983). *The Hearts of Man.* Garden City, NY: Doubleday.

Eichenbaum, L., and Orbach, S. (1983). *Understanding Women: A Feminist Psychoanalytic View.*

Epstein, M. (1995). *Thoughts Without a Thinker.* New York: Basic Books.

Falkenheim, J. (1993). "The education of a clinical social worker: Finding a place for the humanities." *Clinical Social Work Journal, 21,* pp. 85-96.

Fanon, F. (1967). *Black Skin, White Masks.* New York: Grove Press.

Fanon, F. (1968). *The Wretched of the Earth,* translated by C. Farrington. New York: Grove Press.

Felman, S. (1987). *Jacques Lacan and the Adventure of Insight.* Cambridge, MA: Harvard University Press.

Forrester, J. (1990). *The Seductions of Psychoanalysis.* Cambridge, UK: Cambridge University Press.

Forrester, J. (1997). *Dispatches from the Freud Wars.* Cambridge, MA: Harvard University Press.

Foucault, M. (1978). *The History of Sexuality,* Vol. 1, translated by R. Hurley. York: Random House.

Freud, E. (1960). *The Letters of Sigmund Freud,* translated by T. Stern and J. Stern. London: Hogarth Press.

Freud, S. (1961). *The Standard Edition of the Complete Psychological Works of Sigmund Freud,* 24 vols., translated by J. Strachey. London: Hogarth Press.

Gerson, M. (1996). *The Embedded Self: A Psychoanalytic Guide to Family Therapy.* Hillsdale, NJ: Analytic Press.

Gilbert, L. (2002). *The Last American Man.* New York: Viking.

Gilligan, C. (1982). *In a Different Voice.* Cambridge, MA: Harvard

University Press.

Gilman, S. (1993). *Freud, Race, and Gender.* Princeton, NJ: Princeton University Press.

Glenmullen, J. (2000). *Prozac Backlash.* New York: Simon & Schuster.

Goldner, V. (1991). "Toward a critical relational theory of gender." *Psychoanalytic Dialogues, 1,* pp. 243-248.

Green, A. (1972). *On Private Madness.* Madison, CT: International Universities Press.

Greenberg, J. (1991). *Oedipus and Beyond: A Clinical Theory.* Cambridge, MA: Harvard University Press.

Greenberg, J., and Mitchell, S. (1983). *Object Relations in Psychoanalytic Theory.* Cambridge, MA: Harvard University Press.

Greer, G. (1991). *The Change: Women, Aging, and Menopause.* New York: Ballantine.

Gump, J. (2000). "A white therapist, an African-American patient— Shame in the therapeutic dyad." *Psychoanalytic Dialogues, 10,* pp. 619-633.

H.D. (Hilda Doolittle) (1974). *Tribute to Freud.* New York: New Directions.

Herman, J. (1981). *Father-Daughter Incest.* Cambridge, MA: Harvard University Press.

Herman, J. (1992). *Trauma and Recovery.* New York: Basic Books.

Hollander, N. (1989). *From Vienna to Managua: Journey of a Psychoanalyst.* London: Free Association Books.

Hollander, N. (1997). *Love in a Time of Hate: Liberation Psychology in Latin America.* New Brunswick, NJ: Rutgers University Press.

Hooks, B. (2000). *All About Love.* New York: William Morrow.

Horney, K. (1967). *Feminine Psychology.* New York: Norton.

Jacoby, R. (1975). *Social Amnesia.* Boston: Beacon Press.

Jacoby, R. (1983). *The Repression of Psychoanalysis.* New York: Basic Books.

Janaway, C. (1994). *Schopenhauer.* New York: Oxford University Press.

Kincaid, J. (1983). *Annie John.* New York: Farrar, Straus & Giroux.

Kincaid, J. (1990). *Lucy.* New York: Penguin.

Kincaid, J. (1996). *The Autobiography of My Mother.* New York: Penguin.

Klein, M. (1975). *Envy and Gratitude and Other Works 1946-1963.* London: Hogarth.

Kovel, J. (1970). *White Racism: A Psychohistory.* New York: Pantheon.

Kramer, P. (1989). *Moments of Engagement.* New York: Penguin.

Kramer, P. (1993). *Listening to Prozac.* New York: Viking.

Lacan, J. (1938/1988). *Les complexes familiaux dans la formation de l'individu.* Paris: Navarin. Translated by C. Asp in abridged form under the title "The family complexes," *Critical Texts, 5,* pp. 12-29.

Lacan, J. (1977). *Écrits: A selection,* translated by A. Sheridan. New York: Norton.

Lacan, J. (1979). "The neurotic's individual myth." *Psychoanalytic Quarterly, 48,* pp. 405-425.

Lacan, J. (1988a). *The Seminar of Jacques Lacan. Book I , 1953-1954. Freud's Papers on Technique,* translated by J. Forrester. New York: Norton.

Lacan, J. (1988b). *The Seminar of Jacques Lacan. Book II, The Ego in Freud's Theory and in Technique of Psychoanalysis* (1954-1955), translated by S. Tomaselli. New York: Norton.

Lacan, J. (1988c). Seminar on "The Purloined Letter," translated by J. Mehlman. In *The Purloined Poe: Lacan, Derrida, and Psychoanalytic Reading,* edited by J. Muller and W. Richardson. Baltimore: Johns Hopkins University Press.

Lacan, J. (1991). *Le séminaire. Livre VIII, Le transfert,* edited by J. Miller. Paris: Seuil.

Lacan, J. (1992). *The Seminar of Jacques Lacan. Book VII, The Ethics of*

Psychoanalysis (1959-1960), translated by D. Potter. New York: Norton.

Lacan, J. (1993). *The Seminar of Jacques Lacan. Book III, The Psychoses* (1955-1956), translated by R. Grigg. New York: Norton.

Lacan, J. (1994). *Le séminaire. Livre IV, La relation d'object*, edited by J. Miller. Paris: Seuil.

Lacan, J. (1998). *The Seminar of Jacques Lacan. Book X X, Encore: Feminine Sexuality: The Limits of Love and Knowledge* (1972-1973), translated by B. Fink. New York: Norton.

Langer, M. (1992). *Motherhood and Sexuality*, translated by N. Hollander. New York: Guilford.

Laplanche, J., and Pontalis, J. B. (1973). *The Language of Psychoanalysis*, translated by D. Nicholson-Smith. New York: Norton.

Layton, M. (1995). "Emerging from the shadows: Looking beyond the borderline diagnosis." *Networker* (May/June), pp. 35-41.

Lear, J. (1998). *Open Minded.* Cambridge, MA: Harvard University Press.

Leary, K. (2000). "*Racial* enactments in dynamic treatment." *Psychoanalytic Dialogues, 10*, pp. 639-655.

Leclaire, S. (1971). *Démasquer le réel.* Paris: Seuil.

Lerner, H. (1988). *Women in Therapy.* New York: Jason Aronson.

Lessing, D. (1975). *Memoirs of a Survivor.* New York: Knopf.

Liebow, E. (1995). *Tell Them Who I Am: The Lives of Homeless Women.* New York: Penguin.

Lindner, R. (1954). *The Fifty-Minute Hour.* New York: Bantam.

Lippmann, P. (1996). "On dreams and interpersonal psychoanalysis." *Psychoanalytic Dialogues, 6*, pp. 831-846.

Luepnitz, D. (1988). *The Family Interpreted: Psychoanalysis, Feminism, and Family Therapy.* New York: Basic Books.

Luepnitz, D. (1996). " 'I want you to be a woman': Reading desire in Stoller's case of 'Mrs. G.' " *Clinical Studies: International Journal of Psychoanalysis, 2*, pp. 49-58.

Luepnitz, D. (2002). "The phallus and beyond: Lacan, feminism, and analysis." In J.-M. Rabaté, (ed.) *The Cambridge Companion to Lacan*. Cambridge, U.K.: Cambridge University Press.

Magee, M., and Miller, D. (1997). *Lesbian Lives: Psychoanalytic Narratives Old and New*. Hillsdale, NJ: Analytic Press.

Malcolm, J. (1980). *Psychoanalysis: The Impossible Profession*. New York: Vintage.

Miller, A. (1983). *For Your Own Good*. New York: Farrar, Straus & Giroux.

Mitchell, J. (1974). *Psychoanalysis and Feminine*. New York: Vintage.

Mitchell, J., and Rose, J. (1985). *Feminine Sexuality: Jacques Lacan and École Freudienne*. New York: Norton.

Molière, J. B. (1605). *Don Juan in Oeuvres Complètes*, Vol. 3. Paris: Nelson.

O'Connor, N., and Ryan, J. (1993). *Wild Desires and Mistaken Identities: Lesbianism and Psychoanalysis*. London: Virago, 1993.

Orbach, S. (1986). *Hunger Strike: The Anorectic's Struggle as a Metaphor for Our Age*. New York: Norton.

Orbach, S. (2000). *The Impossibility of Sex*. New York: Penguin.

Osherson, S. (1986). *Finding Our Fathers*. New York: Free Press.

Parker, R. (1995). *Mother Love, Mother Hate*. New York: Basic Books.

Peacock, M. (1989). *Take Heart*. New York: Vintage.

Perelman, R. (1999). *Ten to One* (selected poems). Hanover, NH: Wesleyan University Press.

Plato (1953). *Euthyphro, Crito, Apology and Symposium*. South Bend, IN: Regnery/Gateway.

Poster, M. (1978). *Critical Theory of the Family*. New York: Seabury Press.

Rank. O. (1975). *The Don Juan Legend*, translated by D. Winter. Princeton, NJ: Princeton University Press.

Ray, P. (1989). *Une saison chez Lacan*. Paris: Robert Laffont.

Rich, A. (1976). *Of Woman Born: Motherhood as Experience and Institution*. New York: Norton.

Rudnytsky, P. (1987). *Freud and Oedipus*. New York: Columbia University Press.

Rudnytsky, P. (1991). *The Psychoanalytic Vocation: Rank, Winnicott, and the Legacy of Freud*. New Haven: Yale University Press.

Sacks, O. (1987). *The Man Who Mistook His Wife for a Hat*. New York: Harper & Row.

Samuels, A. (1993). *The Political Psyche*. London: Routledge.

Samuels, A. (2001). *Politics on the Couch: Citizenship and the Internal Life*. London: Profile Books.

Sayers, J. (1995). *The Man Who Never Was*. New York: Basic Books.

Scharff, D., and Scharff, J. (1987). *Object Relations Family Therapy*. Northvale, NJ: Jason Aronson.

Schneiderman, S. (1980). *Returning to Freud: Clinical Psychoanalysis in the School of Lacan*. New Haven: Yale University Press.

Schneiderman, S. (1983). *Jacques Lacan: The Death of an Intellectual Hero*. Cambridge, MA: Harvard University Press.

Schopenhauer, A. (1819/1969). *The World as Will and Representation*, translated by E. Payne. New York: Dover.

Schopenhauer, A. (1851/1974). *Parerga and Paralipomena*. Vol. Ⅱ. New York: Oxford University Press.

Schopenhauer, A. (1851/1988). *Parerga and Paralipomena*. Vol. Ⅱ. Zurich: Haffmans-Verlag.

Schopenhauer, A. (1925). *The Essays of Arthur Schopenhauer*, translated by T. Saunders. New York: Willey Book Co.

Schwartz, J. (1992). *The Creative Moment: How Science Made Itself Alien to Western Culture*. New York: HarperCollins.

Schwartz, J. (1996). "Physics, philosophy, psychoanalysis and ideology: On engaging with Adolf Grubaum." *Psychoanalytic Dialogues, 6*, pp. 503-513.

Sennett, R., and Cobb, J. (1972). *The Hidden Injuries of Class*. New York: Knopf.

Sharpe, S. (2000). *The Ways We Love*. New York: Guilford.

Shaw, G. (1903/1977). *Man and Superman*. New York: Penguin.

Silverman, K. (1988). *The Acoustic Mirror: The Female Voice in Psychoanalysis and Cinema*. Bloomington: Indiana University Press.

Simon, C. (1997). *Madhouse: Growing Up in the Shadow of Mentally Ill Siblings*. New York: Penguin.

Sinason, V. (Ed.). (1998). *Memory in Dispute*. London: Karnac Books.

Slater, L. (1996). *Welcome to My Country*. New York: Random House.

Solomon, A. (2001). *Noonday Demon*. New York: Scribner.

Sophocles. (1947). *The Theban Plays*, translated by E. Watling. New York: Penguin.

Spock, B. (1998). *Baby and Child Care*. New York: Pocket Books.

Steinem, G. (1992). *Revolution from Within*. Boston: Little, Brown & Co.

Stringer, L. (1998). *Grand Central Winter*. New York: Seven Stories Press.

Sulloway, F. (1982). "Darwin and his finches: The evolution of a legend." *Journal of the History of Biology, 15*, pp. 1-53.

Turkle, S. (1978/1992). *Psychoanalytic Politics: Jacques Lacan and Freud's French Revolution*. New York: Guilford.

Vaughan, S. (1997). *The Talking Cure*. New York: Henry Holt.

Walker, A. (1992). *Possessing the Secret of Joy*. New York: Porket Books.

Weiner, J. (1994). *The Beak of the Finch*. New York: Vintage.

West, C. (1993). *Race Matters*. Boston: Beacon Press.

Winer, R. (1994). *Close Encounters: A Relational View of the Therapeutic Process.* Northvale, NJ: Jason Aronson.

Winnicott, D. (1958/1975). *Through Paediatrics to Psycho-Analysis.* New York: Basic Books.

Winnicott, D. (1965/1966). *The Maturational Processes and the Facilitating Environment: Studies in the Theory of Emotional Development.* New York: International University Press.

Winnicott, D. (1971/1984). *Playing and Reality.* London: Tavistock.

Winnicott, D. (1971/1985). *Therapeutic Consultations in Child Psychiatry.* London: Hogarth Press.

Winnicott, D. (1977). *The Piggle: An Account of the Psychoanalytic Treatment of a Little Girl,* edited by I. Ramzy. New York: International University Press.

Winnicott, D. (1989). *Psychoanalytic Explorations,* edited by C. Winnicott, R. Shepherd, and M. Davis. Cambridge, MA: Harvard University Press.

Woolf, V. (1929). *A Room of One's Own.* London: Harcourt, Brace and World.

Wright, E. (1992). *Psychoanalysis and Feminism: A Critical Dictionary.* London: Basil Blackwell.

Young-Bruehl, E. (1996). *The Anatomy of Prejudices.* Cambridge, MA: Harvard University Press.

Zizek, S. (1989). *The Sublime Object of Ideology.* London: Verso.

Zizek, S. (2001). *Did Somebody Say "Totalitarianism"?.* London: Verso.

Deborah Anna Luepnitz

데보라 안나 루에프니츠(Deborah Anna Luepnitz) 박사는 펜실베이니아 의과대학 정신의학과의 임상교수이다. 저서로 『Child Custody』(1982)와 『The Family Interpreted』(1988)가 있으며, 『Cambridge Companion to Lacan』(2003)의 기여 저자이다. 뉴욕의 여성치료센터(Women's Therapy Centre Institute)의 위원이며, 필라델피아에서 개업하고 있다.

이기련

    이기련(Kiryon Lee)은 이화여자대학교 영어교육학과를 졸업하고, 가톨릭대학교 대학원 심리학과에서 임상심리 전공으로 석사학위를 받았으며, 같은 대학원 박사과정을 수료하였다. 한국심리학회의 임상심리전문가 자격증을 취득하였고, 현재 세인임상심리연구소를 개업하고 있다. 역서로 『정신분석적 진단』(2018, 학지사)이 있다.

친밀감의 딜레마
- L 박사의 심리치료 이야기 -

Schopenhauer's Porcupines:
Intimacy And Its Dilemmas: Five Stories Of Psychotherapy

2022년 2월 15일 1판 1쇄 인쇄
2022년 2월 20일 1판 1쇄 발행

지은이 • 데보라 안나 루에프니츠
옮긴이 • 이기련
펴낸이 • 김진환
펴낸곳 • (주) 학지사

04031 서울특별시 마포구 양화로 15길 20 마인드월드빌딩
대표전화 • 02)330-5114   팩스 • 02)324-2345
등록번호 • 제313-2006-000265호

홈페이지 • http://www.hakjisa.co.kr
페이스북 • https://www.facebook.com/hakjisabook

ISBN 978-89-997-2581-4 03180

정가 16,000원

출판 · 교육 · 미디어기업 학지사
간호보건의학출판 학지사메디컬 www.hakjisamd.co.kr
심리검사연구소 인싸이트 www.inpsyt.co.kr
학술논문서비스 뉴논문 www.newnonmun.com
원격교육연수원 카운피아 www.counpia.com